JÜDISCHE BERLINER
LEBEN NACH DER SCHOA

Jüdische Berliner

Leben nach der Schoa

___14 Gespräche

Herausgeber: Ulrich Eckhardt | Andreas Nachama
Fotografie: Elke Nord

Jaron Verlag

Dieses Buch wurde auch aus Mitteln
des Hauptstadtkulturfonds realisiert.

Originalausgabe
1. Auflage 2003
© 2003 Jaron Verlag GmbH, Berlin, und Stiftung »Neue
Synagoge Berlin – Centrum Judaicum«
Umschlaggestaltung und Layout: Antonia Neubacher, Berlin
Lithografie und Satz: Pinkuin Satz und Datentechnik, Berlin
Druck und Bindung: GGP Media, Pößneck
Printed in Germany

ISBN 3-89773-068-5

___INHALT

___Leben nach der Schoa

Wie konnte Berlin nach der Befreiung von nationalsozialistischer Terrorherrschaft wieder Heimatstadt für jüdische Überlebende, deutsche wie eingebürgerte Juden, werden? In den hier abgedruckten Erinnerungen betroffener Zeitzeugen, die aus Tonbandinterviews hervorgegangen sind, spiegeln sich die unterschiedlichen Empfindungen: zwischen Resignation und Engagement, tiefer, unaufhebbarer Traurigkeit und Wiedergeburt in einer neuen, veränderten Welt, aber auch enttäuschte Hoffnungen und Zorn über anhaltende Bedrohung und Gefährdung.

Niemand hat uns zurückgerufen, keiner zur Rückkehr eingeladen. Die Wiedergutmachung ist Ausdruck schlechten Gewissens. Wir sind gefangen in einem unsichtbaren Netz aus Lügen, Verschweigen, Verdrängen, Entschuldigungen und Reinwaschungen – das macht misstrauisch und übersensibel. Bestimmte Wörter sind wie Schnitte, die verletzen können. Und es sind ja keine Einzelfälle, dass freundliche Nachbarn den Staat Israel für die eigentliche Heimat deutscher Juden halten, dass sie deutsche Staatsbürger jüdischen Glaubens mit der aktuellen Politik Israels meinen identifizieren zu müssen.

Heute noch von einer deutsch-jüdischen Symbiose zu sprechen, ist sicherlich zu euphorisch, bleibt wohl ein schöner Traum aus einer reichen gemeinsamen Geschichte; aber es ist dennoch ein erstaunliches, auffälliges Phänomen, wie sich deutsche Juden in den letzten zwei Jahrhunderten mit einem Land im Einklang wähnten, in dem sie gedemütigt, verfolgt oder misshandelt wurden – trotz aller Erfolge und Anerkennung als kreativer und nützlicher Teil des nationalen Gemeinwesens. Die allermeisten mochten überhaupt nicht glauben, dass schließlich zur administrativ geplanten industriellen Ausrottung führen sollte, was als systematische Entrechtung begann. Sie hielten noch immer an ihrem Heimatgefühl fest, als das Unheil über sie hereingebrochen war. Selbst fernab von Spree oder Rhein blieben sie ihrer deutschen Heimat und Kultur verbunden.

Der Überlebenswille stammt auch aus dem Glauben – selbst bei denjenigen, die erst in der Verfolgung ihre religiösen Wurzeln erkannten, wieder fanden oder zuweilen auch wieder verwarfen. Hinzu kommt oft der ausgeprägte Familiensinn, das Bewusstsein von der Einbettung des Einzelnen in einen größeren Zusammenhang, der Verfolgungen und Leid überstehen ließ.

Bis vor etwa zehn Jahren bildete die Schoa den gemeinsamen Nenner der in Deutschland lebenden Juden. Nicht nur weil die Generation der Schoa-Überlebenden aus dem Leben tritt, sondern auch vor dem Hintergrund der Immigration von Menschen jüdischer Herkunft aus der ehemaligen Sowjetunion ändert sich dies.

Viele Exponenten des deutschen Judentums nach der Schoa, Heinz Galinski, Ignatz Bubis oder Paul Spiegel *(Wieder zu Hause?)*, haben ihr Leben der Aufgabe gewidmet, dass aus den wieder aufgetauchten, zurückgekehrten, immigrierten oder hier gestrandeten »Juden in Deutschland« allmählich und mit gebotener Vorsicht wieder »deutsche Juden« werden konnten (das Fragezeichen ist wichtig und noch immer unerlässlich). Es sind immerhin wieder rund 100 000 Menschen.

Leo Baeck konstatierte unmittelbar nach der Befreiung aus dem Konzentrationslager Theresienstadt, die Epoche der Juden in Deutschland sei ein für alle Mal vorbei. Hoffnung, Glaube, Zuversicht seien zu Grabe getragen. Er sollte nicht Recht behalten.

Israels Präsident Moshe Katzav kam Ende 2002 in die deutsche Bundeshauptstadt Berlin, wo die größte jüdische Gemeinde Deutschlands mit etwa 12 000 Mitgliedern existiert. Nicht mehr in Frage stellte er die individuelle Entscheidung, in diesem Land der Täter zu leben – dass es also wieder lebendiges (gleichwohl polizeilich bewachtes) jüdisches Leben in Deutschland gibt.

Das war gewiss eine Erleichterung für viele, die vor dem Hintergrund der überstandenen Leiden das schlechte Gewissen geplagt hat, ob sie richtig entschieden hatten, als sie sich dort heimatlich verwurzelten und beruflich wieder ansiedelten, wo sie ausgegrenzt waren. Noch 1996 hatte Ezer Weizmann ganz anders formuliert: »Der einzige Ort, an dem ein Jude Jude sein kann, ist Israel.« Die Juden in Deutschland blieben ohne Akzeptanz und mussten den Vorwurf ertragen, unjüdisch zu existieren. Indessen ist auch wahr, dass allein die einschränkenden Sicherheitsbedingungen, unter denen sie zuweilen stöhnen, ihnen und auch den nichtjüdischen Nachbarn Tag für Tag den Mangel an Normalität im Leben der Gesellschaft beweisen.

Die Mehrheit der Verfolgten und mit dem Tode Bedrohten, die die Schoa überlebten, war noch vor der Wannseekonferenz ausgewandert und ist nicht zurückgekommen oder ist gleich nach der Befreiung emigriert. An dieser Stelle beginnen unsere Fragen, um die Motive derjenigen zu erfahren, die eine andere, zunächst unverstehbare Wahl trafen. Nicht immer waren es ganz bewusst und rational getroffene Entscheidungen, vielfach waren es Entkräftung und Mutlosigkeit, anderswo ein neues Leben in fremder Umgebung oder unvertrautem Klima beginnen zu können, also äußere Umstände, innere Notlagen, materielle Armut, gesundheitliche Probleme. Nicht jeder kann Held sein.

Keines der Gespräche verblieb bei der Nachkriegszeit, für alle hier Interviewten galt, dass die Zeit der Verfolgung und – bei den Glücklicheren – der Emigration von dem Leben nach der Befreiung nicht zu trennen war und ist, ja einige von ihnen noch heute, mehr als fünf Jahrzehnte nach der Befreiung, von in die Erinnerung zurückgerufenen Situationen dieses aus heutiger Sicht abenteuerlichen, aus damaliger Sicht lebensbedrohlichen Geschehens zu Tränen gerührt werden.

Es sind um die 1500 jüdische Menschen, die es geschafft haben, im Berliner Untergrund zu überleben – so viele und doch so wenige. Dreimal so viele haben es nicht geschafft, wurden von heimtückischen Greifern (auch jüdischen, die damit – vergeblich – ihr eigenes Leben zu retten versuchten) aufgebracht und bis zu den letzten Tagen des Kriegs und der Nazi-Diktatur in Vernichtungslager deportiert.

Wer in der großen Stadt untertauchte, wegen der großen Gefahr in ständig, nahezu täglich wechselnden Verstecken vegetieren musste, gesetzlos, anarchisch, ohne Identität, unter falschem Namen, unversorgt und hungernd, brauchte viele Helfer. »Stille Helden« wurden sie genannt; denn ihre Mitmenschlichkeit, humanistisch oder religiös motiviert, konnte ihnen selbst zum tödlichen Verhängnis werden. Das Schicksal der Untergetauchten hing ab von glücklichen Fügungen und

Zufällen, vom Mut der Verzweiflung oder von jugendlicher Tollkühnheit, besonders jedoch von der menschlichen Solidarität der vielen anderen. Die Erfahrung dieses geheimen Widerstands konnte den auf solche Weise Geretteten den Impuls geben, in der Stadt ihrer Retter zu bleiben, um auf diese Weise auch zu dokumentieren, dass nicht alle Deutschen Mittäter und Mitläufer waren. Wer Helfer fand, verlor Angst, gewann Zuversicht auf eine Überwindung der Schreckensherrschaft. Mit ihnen zusammen müsse sich doch eine ethisch erneuerte Gesellschaft aufbauen lassen. Wer Jude und Sozialist oder Kommunist war, sah darin sogar eine moralische Pflicht.

Und dann gab es das große »Trotz alledem« als Begründung des Verharrens! Warum sollte es ein faschistischer Tyrann und Massenmörder fertig gebracht haben, dem Judentum seinen diskriminierenden, erniedrigenden Stempel aufzudrücken? In der deutschen Kultur- und Zivilisationsgeschichte lässt es sich deutlich ablesen: Der jüdische Anteil am Fortschritt und Aufbruch im geistigen und künstlerischen Leben ist ebenso prägend, erheblich und unauslöschlich wie der Beitrag zum wirtschaftlichen Aufstieg des Deutschen Reichs. Ein Verdikt antisemitischer Nationalisten und Faschisten kann daran überhaupt nichts ändern.

Wer durch die Hölle gegangen ist, sucht ein bisschen Normalität in allem. Aber die Träume, Albträume holen ein, die Erinnerung tut weh. Davon zu berichten, lässt den Schmerz aufbrechen. Darüber lieber zu schweigen, ist der Schutzwall um das Innerste. Die Angst, ein Fremder im eigenen Land zu sein, macht unsicher und schwankend. Unterschiedlich stark ist das Verhältnis zur Umgebung geprägt von vorsichtiger Distanz; denn wer weiß schon genau, was der Freund oder Nachbar zuvor dachte oder tat. So entstehen mentale Störungen zwischen Integrationswunsch und Separationsinstinkt. Sein wie die anderen – Fliehen in die Geborgenheit der Familie, der Gemeinde, der Synagoge. Bürgerliches Ambiente, ästhetisches Verhalten, Wahrung von Stil und gepflegtem Äußeren sind Ausdrucksformen des Widerstands gegen erlittene und hautnah erfahrene Herabwürdigungen und Verluste, vermischt mit der Angst vor erneuter Beschädigung menschlicher Lebensart.

»Der Kampf des Menschen gegen die Macht ist der Kampf der Erinnerung gegen das Vergessen«, formuliert Milan Kundera. Das Vergessen ist ein Instrument der Mächtigen, zur menschlichen Existenz gehört die Erinnerung. Das erinnernde Schreiben und Reden verhilft dazu, weiterleben zu können – so meint man. Aber für manchen gilt die Alternative: Die Erinnerung an Schrecknisse und tödliche Gefahren, an Unmenschlichkeit und massenhafte Verbrechen kann das Weiterleben nach diesen Erfahrungen noch schwerer machen. Man überlebt als ein anderer, als man vorher war. Das Trauma, vielfach als Einziger einer ganzen großen Familie überlebt zu haben, bleibt. Der Überlebende fühlt sich schuldig. Sein Glück, davongekommen zu sein, kann ihm zum Vorwurf gegen sich selbst werden, und andere können ihm gegenüber misstrauisch sein; denn der Überlebende ist ein glaubwürdiger Zeuge der Anklage und vermag Schuldgefühle auszulösen. Die Toten sollen die wahren Zeugen sein. Wer aber erzählt dann den Nachfahren der Täter, was geschehen ist? Die Historiker können es nicht sein.

Wer über die Schoa berichtet oder sie wissenschaftlich deuten will, befindet sich in einer schwierigen Lage. Allein mit Worten lässt sie sich gar nicht beschreiben. Die Geschichten vom Sterben, Leiden oder Überleben werden in der Sprache der Täter überliefert. »Diese Sprache ist nicht seine und auch nicht die der Nation, von der er sich die Sprache für seine Erzählung ausgeliehen hat.« (Imre Kertesz)

Je älter sie werden, umso näher und bedrängender rückt die Vergangenheit den Opfern auf den Leib – wortwörtlich. Manche vermögen überhaupt erst jetzt eine bislang verschlossene Tür zu öffnen – selbst für ihre eigenen Nachkommen. Aber gleichzeitig werden schmerzhafte Emotionen mit den Berichten freigesetzt, die nicht selten an physische und psychische Grenzen stoßen.

In ihrer geistigen und seelischen Verletzbarkeit wird den Überlebenden zunehmend unerträglicher, wenn fehlgeleitete, hirn- und ahnungslose Jugendliche mit Nazi-Parolen immer noch durch die Straßen ziehen dürfen, jüdische Gräber schänden und Mahnmale oder Gedenktafeln beschädigen. Sie fragen, was die Umgebungsgesellschaft versäumt hat. Manche resignieren und mögen ihren eigenen Kindern und Enkeln diese Art Heimat nicht empfehlen, solange die Prüfung in Demokratie und Toleranz noch nicht vollständig bestanden ist.

Die Lebensberichte der in diesem Buch vorgestellten Überlebenden – mit Einblicken, Rückblicken und Ausblicken – sind entstanden aus Gesprächen, die wir nach Tonbandtranskriptionen aufgezeichnet haben. Sie sind von den Porträtierten autorisiert worden. Entstanden sind keine vollständigen Biografien, sondern Momentaufnahmen aus dem Jahr 2002. Die Fotografin Elke Nord hat uns stets begleitet in die Wohnungen, an die Arbeitsplätze und in einigen Fällen auch an andere Orte wie den Jüdischen Friedhof, zum Grab Heinz Galinskis, in die Synagoge Pestalozzistraße oder auf das Maifeld hinter dem Olympiastadion unter dem Glockenturm.

Zeitlicher Ausgangspunkt, historischer Dreh- und Angelpunkt für das Aufrufen der Erinnerung, war immer der Tag der Befreiung, der 8. Mai 1945, der nur für wenige in Deutschland ein glücklicher Tag der Wiedergeburt war. Für diejenigen, für die er tatsächlich die Befreiung brachte, hätte er auch der Beginn eines neuen, vielleicht geschenkten Lebens anderenorts als in Deutschland bedeuten können. Und doch gab es unter denjenigen, die befreit wurden, eine größere Zahl, die sich entschieden, hier zu bleiben.

Wir fragten: War im Rückblick die Entscheidung richtig, im besiegten Deutschland zu bleiben oder hier Fuß zu fassen, oder war es, wie Ignatz Bubis kurz vor seinem Tode resignierend feststellte: fast umsonst? Dabei geht es nicht nur um eine Frage von persönlicher Bedeutung für diejenigen, die wir befragt haben, sondern auch um eine Frage, die die neu gegründete Bundesrepublik Deutschland selbst für ihre Legitimation als toleranter demokratischer Rechtsstaat zu beantworten hat. Gab oder gibt es noch immer so etwas wie eine Abstimmung mit den Füßen durch diejenigen, die als Juden (zuweilen zugleich als Sozialisten oder Kommunisten) verfolgt waren?

Die in diesem Begleitbuch zu einer Ausstellung im Centrum Judaicum versammelten Gesprächsaufzeichnungen sind entstanden, weil wir gemeinsam mit der Fotografin es genauer wissen und die Zeugen der Wiederaufbaugeneration noch einmal zu später Stunde über Motivationen und Zusammenhänge zu Wort kommen lassen wollten.

Die Auswahl der Interviewten ist willkürlich, eher als Beginn zu verstehen, der anregen soll, noch mehr nachzufragen, ehe die Berichte von Zeitzeugen notdürftig durch Geschichtsbücher ersetzt werden.

Nicht alle, die angesprochen worden sind, konnten sich für ein Gespräch und seine äußeren Bedingungen (Tonbandaufzeichnung und begleitende Fotoaufnahmen) entscheiden. Umso mehr danken wir denjenigen, die diese mitunter schmerzhafte Last auf sich nahmen.

Unsere Dankbarkeit gebührt auch Susanna Salman für die mühevolle und sorgsame Arbeit der Transkriptionen, dem Jaron Verlag für die Betreuung und Herstellung des Buches sowie besonders dem Centrum Judaicum für die ermutigende Begleitung des gesamten Vorhabens und die Einrichtung der zugehörigen Ausstellung, schließlich dem Hauptstadtkulturfonds für die Ermöglichung durch eine großzügige Zuwendung.

___MANFRED ALPERN

Ich habe hier nichts zugelegt

Ich hatte mir nie vorgestellt, dass ich hier noch mal leben kann. Das erste Mal nach dem Krieg kam ich 1954 nach Berlin, zurück in meine Heimatstadt. Mein Vater war in Israel. Als er hörte, der Sohn ist da: »Dann komm ich auch.« Vorher hatte er keinen Mut. Nach ihm kam meine Mutter hinterher, zum Schluss auch mein Bruder. Zwar bin ich 1957 nach Amerika ausgewandert, aber nach drei Jahren aus Sehnsucht nach Berlin zurückgekommen, na ja, aus Sehnsucht zu meinen Eltern. Weil ich ein Visum mit Rückkehrerlaubnis hatte, meinte ich, es spielt ja keine Rolle, vielleicht bleibe ich ein halbes Jahr und fahre dann wieder zurück nach Amerika. Ich bin geblieben.

Die Ruinen des Anhalter Bahnhofs und der Synagoge in der Fasanenstraße standen noch. Vieles wäre zu erhalten gewesen oder hätte wieder aufgebaut werden können. Auch jüdische Einrichtungen sind noch nach dem Krieg zerstört worden. Die Ruine der Synagoge, die ich als Kind besuchte, ist für das Parkhaus des KaDeWe in der Passauer Straße abgerissen worden.

Das Licht der Welt erblickte ich im Jüdischen Krankenhaus. Meine Eltern wohnten im Grunewald, in der Hubertusbader Straße, zogen dann in die Schwäbische Straße, als meine Mutter mit mir hochschwanger war. Dort wohnten wir, bis der Vermieter uns als Juden rauswarf. Man brauchte viele leere Wohnungen für Parteigenossen. Mein Vater kam für kurze Zeit nach Sachsenhausen, vom 9. November 1938 bis Anfang Januar 1939. Und dann gingen wir weg – nach Palästina. Eigentlich sollten wir nach Buenos Aires emigrieren, aber es wurde Palästina. Ganz kurz vor Schluss. Wir sind am 10. Februar 1939 hier raus. Meine Mutter hatte hinter unserem Rücken schnell und rechtzeitig alle Vorbereitungen getroffen für die Auswanderung nach Argentinien. Die Spedition Kopania hatte die Möbel schon nach Buenos Aires geschickt. Aber Vater sagte, er gehe nie nach Buenos Aires, da ist alles voller Latinos, da komme er um. Er gehe nur nach Palästina. Und das war's dann.

Mein Vater hatte hier mehrere Kaufhäuser, Textilien, Bettwäsche – und alles, was mit Wäsche zu tun hat. In der Goltzstraße 28 stand meines Vaters Geschäft, in der Nettelbeckstraße 24 war das Hauptgeschäft und Stammhaus meines Großvaters. Beide haben dann noch für zwei Jahre eine dritte Filiale aufgemacht an der Ecke Tauentzien/Marburger Straße.

In der Goltzstraße war der Ariseur noch immer drin, als ich zurückkam nach Berlin. Ich habe sogar mit ihm gesprochen. Der Herr Wieland wusste natürlich von nichts, dass wir verfolgt waren. Und die Nettelbeckstraße war eine Ruine, im Krieg zerbombt. Die Arisierer, die unsere Häuser und Werte billig erwarben, waren Strauchdiebe. Und das Merkwürdige ist ja, dass ihnen hinterher nicht viel passierte. Das wurde nicht über Entschädigung reguliert, sondern über Wiedergutmachung. Und was dabei herausgekommen ist, war doch nichts. Sie konnten die Beute behalten und noch viele Jahre damit Geld verdienen.

Viele jüdische Familien sind nicht rechtzeitig ausgewandert, weil sie eine zu starke Bindung an ihre Heimat hatten,

wie meine Großeltern. Mein Vater war im Vorstand des Paläs-
tina-Amtes in der Meinekestraße. Er hätte meinen Großeltern
Zertifikate zur Einreise nach Palästina besorgen können. Aber
mein Großvater entschied: »Ich gehe doch nicht weg aus
Deutschland. Ich war Frontkämpfer im Ersten Weltkrieg. Wer
wird mir etwas tun?« Bis 1943, also bis zur 19. Welle, haben
sie es geschafft, sich in der Nettelbeckstraße zu halten. Die
große Siebenzimmerwohnung im Hochparterre mussten sie
abgeben und mit anderen jüdischen Familien in ein »Judenhaus« umziehen. Dort waren sie bis Ende 1943 und sind dann
nach Auschwitz gekommen.

Dieses Schicksal ist meinen Eltern erspart geblieben. Meine
Mutter war so klug und hat vorher, als mein Vater in Sachsenhausen war, heimlich alles erledigt. Die Möbel waren weg. Somit konnten wir sowieso nicht bleiben. Der Vermieter wollte
uns unbedingt aus der Wohnung in der Schwäbischen Straße
raus haben. Da ist nichts stehen geblieben, alles weggebombt.

1939, als wir fortgingen, war ich siebeneinhalb Jahre alt.
Wir kamen nach Haifa in ein Flüchtlingslager, ausgestattet mit
den üblichen vier Dollar, je Person ein Dollar. Dann sind wir
nach Tel Aviv gezogen. Wir wohnten in einer Einzimmerwohnung.

Als wir aus unserer Wohnung in Berlin raus mussten, da
haben wir sozusagen das Wichtigste an deutscher Literatur
eingepackt. Wir identifizierten uns mit der deutschen Kultur.
Es gab so etwas wie eine deutsche Kulturgemeinschaft damals
in Palästina, zum Beispiel die Vereinigung der Auswanderer
Deutschlands. Es gab deutschsprachige Klubs, wo auch mal
Lesungen oder Kabarettabende veranstaltet wurden. In deutscher Sprache, obwohl es die ganzen Jahre über verboten war,
öffentlich in Deutsch aufzutreten. Das hatte nichts zu tun mit
dem Boykott von Richard Wagners Musik. Man durfte nur un-

ter der Bedingung auftreten, dass es in einer geschlossenen Gesellschaft deutschsprachiger Senioren stattfand. Kabarettisten wie Sakaschanski und andere Leute, die aus Berlin kamen, bildeten dazu eine kleine Theatergruppe. Und am Freitagabend, in einem geschlossenen Theater – wofür die Karten in der Woche verkauft werden durften, aber nicht mehr am Freitagabend –, in einer völlig geschlossenen Veranstaltung wurde da in Deutsch gespielt, gesungen, getanzt und was alles. Tatsächlich nur in deutscher Sprache.

Die Älteren haben ja noch nicht einmal mehr die hebräische Sprache gelernt. Mein Vater war die ganzen Jahre in Palästina – er hat zwar Hebräisch gesprochen, aber den jeckischen Akzent hat man natürlich sieben Meilen gegen den Wind gehört. Eigentlich fanden sich die vertriebenen, verfolgten jüdischen Menschen als durchaus der deutschen Kulturtradition verhaftet, die sie selbst beeinflusst und bereichert haben. So waren sie in einem Dilemma und Zwiespalt. Dieses Land verfolgte eigentlich seine besten Bürger. Das haben manche nicht begriffen, bis es zu spät war.

Die deutsche Sprache war offiziell tabu. Und in der Musik? Es gab kein Problem, außer mit dem *Lied von der Erde* und mit Wagner-Opern. Warum mit dem *Lied von der Erde* von Gustav Mahler, der selbst Jude war? Weil Mahler als abtrünnig galt, denn er war katholisch geworden. Ihm wurde das verübelt. Das erscheint uns heute merkwürdig. Denn die Nazis haben ihn ja auch verboten. Er war also von beiden Seiten verfemt.

Auch von Richard Tauber war man nicht begeistert, obwohl eine Plakette zu seinem Gedenken im Jüdischen Gemeindehaus angebracht wurde – aber erst nach vielen Jahren. Wie auch die Wiederentdeckung Gustav Mahlers erst später einsetzte. Leonard Bernstein hat das betrieben. Als er in Berlin war – so in den 60er Jahren –, ging Bernstein zu Galinski in die Fasanenstraße, brachte diesem eine von ihm eingespielte Mahler-Langspielplatte mit. Danach gab es in Berlin die erste Mahler-Aufführung mit Galinski als Schirmherrn. Es war Bernstein wichtig, dass die Juden nicht gegenschießen. Er sah da Schwierigkeiten. In Israel wurde Mahler damals nicht gerne gehört. Heute darf das *Lied von der Erde* in Israel in deutscher Sprache aufgeführt werden, aber Wagner nach wie vor nicht. Dafür gibt es ja auch ganz gute Gründe. Nur einmal hat Daniel Barenboim das Tabu gebrochen.

Der Staat Israel war in diesen kulturellen Dingen äußerst empfindlich und fanatisch. Kam irgendein italienischer Tenor – ich wüsste heute noch nicht einmal seinen Namen – und fand man heraus, dass er ein Bewunderer Mussolinis war, durfte er nicht singen. Kam der berühmte Tino Rossi, ein französischer Chansonier, der mit der Vichy-Regierung in Verbindung gebracht wurde, auf einer Tournee nach Israel, haben sie ihn mit Steinen beworfen, und er musste wieder abreisen.

Mein Vater bekam schon bald nach unserer Ankunft in Palästina die Handelsvertretung für eine Gummifirma aus England namens Primaros, die Gummihandschuhe, Gummischürzen und Kondome herstellte, damals noch nicht so populär wie heute. Er baute Beziehungen zu Privatkrankenhäusern auf, denn in den städtischen Krankenhäusern war wenig zu verdienen. Er hat da gut verkauft. Es ging uns einigermaßen gut. Allmählich erweiterte er das Verkaufen in Richtung Kosmetik, Nagellack und Lippenstifte, von der französischen Firma Lucienne Lelón. Und dabei ist er dann geblieben, bis er wieder ausgewandert ist – zurück nach Berlin.

In Palästina bin ich zur Schule gegangen und auf das Gymnasium gekommen. Ein Jahr vor dem Abschluss musste ich zum Militär, weil dann der Staat Israel gegründet wurde. Damals war es noch friedlich. Ich war als Jugendlicher in Tulkarem stationiert, bin jeden zweiten Tag durch den Zaun und per Anhalter nach Hause, nach Tel Aviv, gefahren und frühmorgens, so kurz vor sechs, wieder durch den Zaun zurück. Damals ging das alles noch so locker.

Es waren überwiegend Deutsche, die einwanderten. Man nannte das die »jeckische« Welle. Sie bestand aus Akademikern, Rechtsanwälten und Medizinern. Sie hatten es schwer, eine Arbeit zu finden. In ihren eigentlichen Berufen bekamen sie keine Direktkonzessionen von den Engländern, weder als Zahnarzt noch irgendwie sonst. Und als Jurist konnte man gar nichts anfangen. Aber mit der Zeit musste jeder irgendeinen Posten annehmen, was man ihm eben so angeboten hat. Wir haben es ja alle ganz gut überlebt: schwierig, schlecht und sparsam im Vergleich zu dem Lebensstandard, den wir vorher in Berlin gewohnt waren.

In Palästina/Israel hatten die Jeckes untereinander Kontakt, einen Zusammenhalt, fast eine Kolonie, mehr in Haifa als in Tel Aviv. Mein Vater war aber auch durch seine Kosmetikvertretungen für das Gebiet Haifa und Galiläa ohnehin die ganz Woche von Sonntag bis Freitag in Haifa. Er hatte dort eine große Clique um sich geschart. Meine Eltern sind mit mir ab und zu an Wochenenden dorthin gefahren, um viele Freunde zu treffen. In Tel Aviv bin ich ins berühmte Ben-Jehuda-Gymnasium gegangen, wo die Jeckes ihre Kinder hinschickten.

Aber Deutsch als Fremdsprache, das gab es nicht, um Gottes willen! Ganz im Gegenteil, die deutsche Sprache war verflucht, man wollte sie vergessen zur damaligen Zeit. Trotzdem wollten die deutschen Juden ihren deutschen Bildungskanon noch festhalten als eigenes Erbe.

Andere Gruppen europäischer Juden kamen erst nach dem

Krieg, wie die Rumänen oder die Bulgaren. Es gab eine riesige Welle von Ankömmlingen aus Varna und Burgas – so um das Jahr 1950. Das war alles nach dem Krieg. Für deutsche Juden war schon 1939 Schluss. Im Krieg kam keiner mehr, nur noch diese Flüchtlingsschiffe gab es, die unterwegs viel Pech hatten, eines explodierte, ein anderes ist nach Beschuss gesunken. Diejenigen, denen es gelang, nach Palästina durchzukommen, sind von den Engländern abgefangen und nach Famagusta auf Zypern weitergeschickt worden. Dort kamen die Flüchtlinge in Lager. Die Engländern haben sich teilweise nicht sehr anständig benommen. Aber da war natürlich auch schon damals der Druck der Araber im Spiel, der Druck des Öls und politischer Interessen.

In einen Kibbuz zu gehen, kam mir nicht in den Sinn, obwohl ich die Kibbuz-Bewegung kannte und gut fand. Mit meinen Altersgenossen kam ich auf Schulausflügen manchmal zu einem Kibbuz, zum Beispiel nach Ganigar, und fand das wunderschön. Die Jugend hatte es hier ganz prima, aber für mich selber kam es nicht in Frage. Ich war ein Stadtkind. Ich brauchte die Stadt, musste Theater und Kinos um mich haben, alles andere blieb für mich im Hintergrund, auch die Schule.

Ich war im Habimah-Theater fünf Jahre lang aktiv und habe in fünfzig Vorstellungen von *Cry the Beloved Country* – nach dem berühmten Buch von Allan Paton über die Negerproblematik in Südafrika und mit der Musik von Kurt Weill, auch ein Berliner – mitgespielt. Das war ein sehr großer Erfolg des Habimah. Nach der fünfzigsten Vorstellung bin ich ausgeschieden, nach England gefahren und nie mehr zurückgekehrt.

Im Habimah war ich zu Hause, es wurde so etwas wie meine neue Heimat. Ich hatte gute Rollen in vielen Stücken, zum Beispiel in *Peer Gynt* den Schuster und in *Cry the Beloved*

Country den Polizeiinspektor und manches andere, alles in hebräischer Sprache. Als ich 1939 nach Palästina kam, konnte ich nicht Hebräisch, nur so viel, wie ich bei Kantor Appel in der Passauer Straße im Religionsunterricht gelernt hatte. Aber das war natürlich ein ganz anderes Hebräisch als das, was man in Palästina sprach. Ich habe aber dann sehr schnell modernes Hebräisch gelernt.

In England wollte ich in London Dramatic Art studieren. Das war 1950. Zwei Jahre lebte ich dort und hätte auch das dritte Jahr noch überlebt, wenn ich nicht bei Schwarzarbeit erwischt worden wäre. Da musste ich mein Köfferchen packen. Die englischen Behörden malten mir ein großes Kreuz in den Pass. Ich hatte ja nur Aufenthaltsrecht als Student mit einer Arbeitserlaubnis lediglich während der Ferien. Aber ich habe natürlich das ganze Jahr schwarz gearbeitet. Das hatte für mich die Konsequenz, dass sie mich ausgewiesen haben. Zurück in Israel, blieb ich dort noch bis 1952. Das israelische Militär zog mich für ein weiteres Jahr wieder ein. Meine Eltern blieben noch bis 1955. Und kamen dann auch nach Berlin.

Ich stamme aus einer religiösen Familie. Als meine Eltern nach Berlin zurückkamen, haben sie sich daran gestört, dass man hier so viele Prozeduren machte mit dem koscheren Essen, denn es war so wahnsinnig teuer. Mein Vater aß so gerne Gänsebraten. Eine halbe Gans von Lehrner, Metzgerei und Imbiss in der Dallmannstraße, kostete ein Vermögen, weil sie koscher war. Das wollte er nun doch nicht mitmachen. Und dann hat er das erste Mal nicht koscher gegessen und schon bald das zweite Mal, und so ist das ein bisschen abgeflaut mit der Orthodoxie. Aber wir sind sehr traditionell geblieben, bis zum heutigen Tag.

Am 8. Mai 1945 war ich in Tel Aviv. Auf diesen Tag der Befreiung haben alle gewartet, weil er die Niederlage der Nazis bedeutete. Aber es wäre ein Irrtum anzunehmen, dass deutsche Juden am Tage null, am 8. Mai 1945, daran dachten, nach Deutschland zurückzukehren. Keiner stand auf dem Absprung, niemand wollte zurück und mit eigenen Augen sehen, was in Deutschland vor sich ging, wie das besiegte Land aussah.

Am 8. Mai 1945 war ich vierzehn Jahre alt. An den V-Day kann ich mich noch gut erinnern. Wir haben alles aus der Wochenschau erfahren. Man hat damals sehnsüchtig gewartet von einem Freitag zum anderen. Jede Woche Freitag wurden die Programme im Kino gewechselt. Dann kam die *Fox tönende Wochenschau*, wo man das Ende des Weltkrieges im Film erlebte, die Unterschriften der kapitulierenden Generäle, dann später die Kriegsverbrecherprozesse. Wir sahen zerstörte deutsche Städte. Berlin war für mich der Inbegriff von Vollkommenheit, eine herrliche Stadt. So hatte ich meine Heimatstadt in Erinnerung. Jetzt sah man die Ruinenfelder. Auch meine Schule in der Kufsteiner Straße war abgebrannt. Was empfindet man da? Es war schrecklich mit anzusehen. Als siebeneinhalb Jahre altes Kind hatte ich nicht so viele Erinnerungen, dass ich jedes Detail genau beschreiben könnte. Für mich gab es die Hauptstraße in Schöneberg, den Kurfürstendamm und den Tauentzien – das war für mich Berlin. Ich konnte mich besonders gut erinnern an die Dinge, von denen ich selber profitiert hatte. Also sagen wir mal: das Kaufhaus von Arnold Müller. Das war das große jüdische Kinderbekleidungskaufhaus. Aber die Außenbezirke, das kaputte Spandau, das zerstörte Steglitz – diese Bezirke kannte ich nicht vor ihrer Zerstörung. Für mich lag die Welt zwischen Schwäbischer und Kufsteiner Straße, Bayerischem Platz und Volkspark Schöneberg.

Erst mal hatte bis 1949 jeder israelische Laissez-passer einen großen Stempel hinten drin; er war gültig für »tout le

monde, l'exception de l'Allemagne« – das war ganz groß ein-
gestempelt. Wer nach Deutschland fahren musste, hatte beim
Innenministerium in Israel zu erklären, warum er dort hin will
und was er dort vorhat. Die ersten Leute, die zurückwollten,
waren alte Leute, die mit dem Klima in Israel nicht zurechtka-
men. Viele ältere Leute waren amöbenkrank, bedingt durch
die Hitze, an die sie sich nicht gewöhnen konnten. Wer nach
Deutschland gefahren ist, also die Genehmigung bekommen
hatte, wurde beschimpft. Man zeigte mit dem Finger auf ihn.
Das war ganz übel. Und es waren noch nicht sehr viele. In der
späteren Zeit sind Leute als Touristen nach Berlin gereist, um
sich umzusehen, ob sie irgendjemanden aus ihren Familien lebendig antreffen.

Für meinen Vater war es ganz schlimm, das zerstörte Berlin
wieder zu sehen. Eigentlich hätte es ja auch für ihn eine gewisse Genugtuung bedeuten können, dass die Verbrecher ihre
Strafe bekamen. Aber Vater war in dieser Beziehung ganz anders. Mein Vater, der immer vorgab, ein großer Zionist zu sein,
wurde gefragt, wieso er überhaupt den Mut fassen konnte,
nach Berlin zurückzukommen. Seine Antwort: »Ich bin hier
auf die Schule gegangen, habe im Mommsen-Gymnasium gelernt, ich bin ein Berliner Junge. Und hier ist auch sprachlich
meine Heimat.« Deshalb wollte er zurück. Er hatte keine
Rachegefühle. Er trauerte nur um Verluste und Zerstörung.

Mein Vater hat hier bei mir die ersten zwei, drei Tage ge-
nächtigt, damals in der Holsteinischen Straße, wo ich ein Zimmer hatte. Eines Tages wurde ich um ein Uhr nachts wach,
und da war er weg. Er lag nicht mehr in seinem Bett. Da bin
ich rausgegangen, habe meinen Vermieter geweckt und gefragt, ob er ihn gesehen habe. Er hatte nur gehört, wie die Tür
zuschlug. Ich schaute auf den Tisch, meine Schlüssel waren
weg. Er hatte also meine Hausschlüssel mitgenommen. Dann

ging ich ihn suchen. Ich musste nicht lange suchen. Ich ahnte, wo er war. Er saß auf der Ruine in der Nettelbeckstraße, wo sein Elternhaus stand. Das war, glaube ich, das Ergreifendste für mich. Er konnte nicht begreifen, dass das alles nicht mehr da war. Vom ganzen Haus war nur noch ein Treppensims an der Seite und ein Stück Mauer mit dem Relief eines Löwen vorhanden, wo früher mal eine Glocke dran gehangen hatte. Dort saß er stumm. Es war zwei Uhr frühmorgens, als ich ihn wieder mit nach Hause genommen habe. Er ist ein Berliner Junge geblieben, bis er gestorben ist. Er war ein Jecke, wie er im Buche steht.

Dass er Empfindungen von Rache oder Genugtuung gehabt hätte, dass hier alles kaputt war – nein, keine Spur. Ich bin da schon ein bisschen anders, ein kleines bisschen anders. Wie anders? Ich meine, es war noch lange nicht genug. Trotz Weltkrieg und dessen Folgen, Besatzung, Okkupation des Ostens durch die Russen, trotz Teilung, trotz Mauer scheint das deutsche Volk die Lektion noch nicht gelernt zu haben. Ich habe die Empfindung, dass ein großer Teil der Bevölkerung sich nicht geändert hat, sich nie ändern wird! In den letzten zehn Jahren mussten wir das erfahren. Das ist natürlich eine bittere Einsicht.

Bedauere ich im Nachhinein, zurückgekommen zu sein? Ich werde es mal so sagen, wie meine Mutter es mir gesagt hätte: Ich habe hier nichts zugelegt. Ich habe hier jahrelang sehr schwer gearbeitet, manchmal sogar in Doppelschichten. Ich habe mich einigermaßen hochgearbeitet, auch bei der Jüdischen Gemeinde. Ich habe mein Alter erreicht und meinen Lebensstandard erarbeitet. Insofern darf ich mich nicht beklagen, wenn ich sage, ich habe hier wirklich nichts zugelegt. Wenn ich, 35 oder 40 Jahre alt, wieder vor dieser Entscheidung stünde, würde ich niemals mehr in dieses Land zurückkehren! Emigration? Für mich war England kein Exil. Für mich ist England ein Traumland, weniger Amerika. Richtig wohl fühle ich mich nur an einem Ort, und das ist London.

Trotzdem lebe ich jetzt hier in Berlin auf beiden Beinen, nicht weil ich es so wollte, sondern weil es sich so ergeben hat, weil die Umstände leider Gottes so gewesen sind. Meine Frau hat ihre Mutter hier. Wir haben einen gemeinsamen Sohn hier, jetzt auch noch ein Enkelkind. Ich habe noch eine Tochter hier. Eine andere Tochter ist mit 21 Jahren verstorben. Meine Frau würde hier nicht weggehen. Sie würde weder ihre 73 Jahre alte Mutter hier allein lassen noch unseren Sohn – obwohl unser Sohn sich selbst mit der Idee beschäftigt, nach Amerika zu gehen. Ich kann hier nicht raus. Ich bin hier …

Überall bin ich zu finden gewesen, um meinen Lebensunterhalt zu verdienen. Ich habe nie zu Hause sitzen können. Ich war nicht einen Tag in meinem Leben arbeitslos. Ich habe nie nach Arbeit suchen müssen. Wenn ich irgendwo habe aufhören müssen, habe ich am nächsten Tag eine neue Arbeit gehabt, weil ich das wollte. Ich ging in die Gastronomie, weil ich mich in Amerika in der Gastronomie vom Tellerwäscher zum Kellner hochgearbeitet hatte – innerhalb von drei Jahren im größten jüdischen Hotel »Grossingers Country Club« mit 3100 Zimmern und einem Speisesaal für 3100 Gäste.

Ich habe zwar auch versucht, auf der Bühne etwas zu erreichen. Es wurde nichts. Ich fuhr zu Atze Brauner in die verlängerte Baumstraße, aber alles, was man für mich tun konnte, war einmal zwei Tage Komparserie für zwanzig Mark. Das war damals viel Geld für mich. Wenn es hoch kam, habe ich mal eine kleine Rolle bekommen mit sieben oder acht Takes. Und dann eines Tages, als meine erste Frau schwanger war, habe ich entschieden: Ende, Schauspielerei an den Nagel gehängt, jetzt gehe ich zurück in die Gastronomie. So habe ich mich die ganzen Jahre hindurch über Wasser gehalten, bis ich schließlich in der Synagoge angefangen habe, dann auf dem Friedhof am Scholzplatz und nach der Wende in Weißensee.

Vor fünf Jahren bin ich pensioniert worden. Es waren über dreißig Jahre Arbeit in der Synagoge. Aber nebenbei blieb ich auch immer in der Gastronomie, im Palais am Funkturm, später im ICC. Von 1990 an war ich Friedhofsinspektor in Weißensee. Erst da habe ich die Gastronomie aufgegeben, weil es sich mit dem Friedhof nicht mehr vereinbaren ließ. Als ich meine jetzige Frau kennen lernte, habe ich noch einen neuen Beruf erlernt. Sie ist Kosmetikerin und Fußpflegerin. Ich ließ mich auch in Fußpflege und Kosmetik ausbilden und unterhielt dann noch neun Jahre einen Fußpflegesalon. Aber wohlgemerkt, die Tätigkeit für die Jüdische Gemeinde blieb immer die Hauptsache.

Der Wiederaufbau jüdischer Gemeinden in Deutschland unmittelbar nach 1945 war möglicherweise nicht gern gesehen. Die Anfänge waren sehr langsam und zaghaft. Juden aus Israel waren nicht in der Mehrheit. Viele kamen aus lateinamerikanischen Ländern. Immerhin überlebten alleine in Argentinien mindestens 180 000 Juden. Viele stammten aus Polen. Als ich 1954 nach Berlin kam, waren die polnischen Juden in der Mehrheit. Nur wenige deutsche Juden waren aus Israel zurückgekommen. Sie trafen sich im Israel-Club im Café Möhring am Kurfürstendamm, im Hinterzimmer an jedem Freitag. Die jüdischen Gemeinden, die hier wieder entstanden sind, hatten kaum Beziehungen zu Palästina oder Israel.

Als Ignatz Bubis 1955 zum ersten Mal nach Israel fuhr, kam er mit der Erwartung, er werde als Jude zweiter Klasse begrüßt. Er kam dann zurück mit der Überzeugung, er sei als Jude zehnter Klasse begrüßt worden. Weil er aus Deutschland kam.

Mein Motiv für die Rückkehr? Meine Tante aus London schrieb mir: »Wenn du nach Berlin fährst, machst du keinen Fehler. Warum? Weil du wahrscheinlich unter das gerade verabschiedete Entschädigungsgesetz fallen wirst. Sie werden dir fünftausend Mark Schulgeld nachzahlen«, ein Begriff, den ich überhaupt nicht verstanden habe. Ich ging zum Entschädigungsamt. Das Entschädigungsgesetz war noch neu. Ich erfuhr, ja, es gibt eine Ausbildungsentschädigung. »Aber du musst nicht denken, dass du heute den Antrag stellst und nächste Woche das Geld abholst. Es geht nach der Reihenfolge der Einreichung, Wartezeit ein halbes bis drei viertel Jahr.« Dann habe ich den Antrag gestellt, aber es passierte natürlich nichts. Dann gab man mir den Rat, zu dem halbjüdischen Innensenator Joachim Lipschitz am Fehrbelliner Platz zu gehen und ihn zu bitten, die Sache in Bewegung zu bringen. So habe ich nach vier Monaten diese fünftausend Mark bekommen. Das war natürlich ein Vermögen. Wenn ich das heute bedenke, was damals fünftausend Mark waren. Es war einfach kolossal. Und dann kam zwei Jahre später eine neue Gesetzesnovelle, mit den zweiten fünftausend Mark und dann noch Rückwandergeld. Und das hat dann alles das Hierbleiben erträglich gemacht.

Inzwischen waren ja auch meine Mutter und mein Bruder hier. Ich hatte Arbeit, die Eltern waren versorgt, sie erhielten Überbrückungsgeld vom Entschädigungsamt. Und so ist man dann eben hier hängen geblieben. Es war also nicht irgendein starker Wille und planmäßiger, aus Überzeugung gefasster Entschluss, sondern es hat sich so ergeben. Es war so nicht vorher geplant. Es war kein Idealismus dabei. Das muss ich ehrlich zugeben.

Das erste Mal kam ich 1954 hierher und blieb bis 1957. Ich habe diese drei Jahre positiv erlebt und in guter Erinnerung.

Heute winkt keiner mehr mit der Visitenkarte: Ich bin Jude, ich komme aus Israel. Ich glaube, das versuchen die meisten heute schon nicht mehr so auf den Tisch zu legen, zu präsentieren, eher zu verbergen. Damals konnte man das aber. Man ist in irgendein Geschäft reingekommen, und man hörte, wie die Deutschen sich zum Teil mit einer Hand voll jüdischer Begriffe unterhielten. Das waren Wörter, die aus der Konfektionszeit hier in Berlin so populär waren. Die gibt es ja bis zum heutigen Tage, beispielsweise Mischpoke. Man konnte Leute sagen hören, nur in diesem Land hier war es möglich, dass man so viele Juden hingemordet hat und keiner den Mut hatte, aufzustehen und zu sagen, so geht das alles nicht. Ich habe mich hier in diesen ersten drei Jahren nach 1954 sehr sicher gefühlt. Das war eine positive Erfahrung.

Meine Mutter war – anders als mein Vater – immer skeptisch und empfindlich. Wenn sie damals jemanden kennen gelernt hat, der etwa 55 oder 60 Jahre alt war, hat sie sofort den Verdacht gehabt, das war ein Nazi. Ich selbst ging nicht voreingenommen in die Gesellschaft. Ich habe mich wohl gefühlt in der Umgebung. Aber es gab ja auch keine Auftritte von Neonazis oder Skinheads. Die jüdischen Einrichtungen waren noch nicht wie Bunker gesichert und befestigt. Das brauchte man nicht. Das war das Wunderbare. Wenn man sich als Jude zu erkennen gab, meinten manche Leute sogar, sie müssten etwas Besonderes für uns tun. Man hat schon manchmal den Eindruck gehabt, dass der Betreffende »Honig schmiert«, seitdem er weiß, dass ich Jude oder aus Israel zurückgekommen bin. Das gab es natürlich auch. Das spürte man.

Eigentlich kann man es nicht sehen, ob einer Jude ist. Und trotzdem kann es bei bestimmten gesprochenen Wörtern oder, wenn man sich zu erkennen gibt, zu solchen Überreaktionen kommen. Ich habe nie negative Erfahrungen gemacht in diesen Jahren, bevor ich nach Amerika ging, auch nicht, als ich nachher wieder zurückkam. In dieser Zeit war alles sehr friedlich, freundlich und ordentlich.

Dass ich 1957 nach Amerika fuhr, hatte keine besonderen Gründe. Von dieser Reise träumte ich seit meiner Jugendzeit in Tel Aviv. Damals wollte ich mich schon einmal auf einen Passagierdampfer schmuggeln. Wie man sich das als Zwölf- oder Dreizehnjähriger so ausdachte. Es hat sich dann später einfach so ergeben. Wir hatten einen Bekannten, der wiederum eine Familie in Amerika hatte, die bereit war, mir ein Sponsorship zu geben, um das Affidavit zu zeichnen, das damals noch nötig war. Ich habe dann einfach die Gelegenheit genutzt. Als ich 1960 wieder zurückkam, war Berlin in vier Sektoren geteilt.

Juden missionieren nicht. Wir freuen uns zwar, wenn jemand, wie man sagt, zurückkehrt zum Urglauben, aber man macht damit keine Werbung. Durch die Sicherheitsmaßnahmen, mit denen alle jüdischen Einrichtungen jetzt geschützt werden müssen, wird alles Jüdische zu etwas Geheimnisvollem, die Ghettobildung wird unwillkürlich verstärkt. Die ganz selbstverständliche Einbettung in eine komplexe Umgebung geht verloren, wird zurückgeworfen. Dabei wäre es wünschenswert, dass möglichst viele Leute jüdische Rituale und Traditionen in der Synagoge auch mal selbst erleben, aber es sind nur wenige ... Inzwischen wissen zwei Generationen nichts mehr davon, wie jüdischer Glaube sich darstellt. Auf diese Weise entstehen natürlich Distanzen. Und dadurch wird das Jüdische wieder in eine Ecke gedrängt. Es wäre besser, wenn es wieder mehr in die Gesellschaft zurückkäme.

Ich glaube, dass die jüdischen Gemeinden einfach zu klein sind. Der prozentuale Anteil der Juden in Deutschland ist ja winzig. Wir haben in Berlin die größte Gemeinde mit knapp

12 000 Juden. 1937 waren es 181 000. 1937 gab es in Deutschland 734 000 Juden. Heute gibt es 100 000. Von den 100 000 sind vielleicht 70 000 russischsprachige Juden, die zu einem Dialog mit ihrer nichtjüdischen Umgebung aus sprachlichen und anderen Gründen nicht in der Lage sind. Wer weiß denn wirklich über jüdische Feiertage Bescheid? Feiertage anderer Religionen kennt man ja auch, warum nicht die jüdischen? Was in einer Synagoge vor sich geht, wissen zu wenige aus eigener Anschauung. In eine katholische Kirche geht man einfach mal so eben hinein, wenn es einen interessiert oder wenn man das Gefühl hat, da ist ein Ort der Besinnung, der Meditation. Das ist eine Synagoge auch. Aber in die Synagoge gehen sie nicht. Da gehen sie eher in den Dom.

Und das hat auch mit den Sicherheitsvorkehrungen zu tun. Das jüdische Gemeindehaus hat heute auch viel weniger nichtjüdische Besucher als noch vor zehn Jahren, auch die Bibliothek oder das Restaurant. Die Situation mit der bewaffneten Polizei vor der Tür und dem Schießeisen im Anschlag schreckt doch ab.

Das war anders vor dem Krieg, da wusste jeder gute deutsche Kaufmann, wann die jüdischen Feiertage sind. Jeder anständig ausgerüstete deutsche Kaufmann, der jüdische Geschäftsfreunde hatte, hatte seine eigene Kipa, sein eigenes Käppchen, in der Tasche. Wenn er zu einer frommen jüdischen Familie ging, brauchte er sie nicht aus einem Kästchen zu borgen. Die Leute wussten Bescheid. Das ist in London heute noch so. In London gibt es heute auch nur noch knapp 400 000 Juden, aber die Leute, die mit Juden in täglicher Verbindung stehen, kennen den jüdischen Glauben. Sie eignen sich diese Kenntnisse an, aus Interesse, damit sie nicht unangenehm auffallen. Sie haben ihre Kipa in der Tasche und wissen genau, dass man zu Neujahr gratuliert. Und man braucht nur einen *Jewish Chronical* aufzuschlagen, dann sieht man, wie viele christliche Firmen oder Bankhäuser in England den Juden zu ihrem Neujahrsfest gratulieren. In Deutschland – auch heute – interessiert das doch keinen Menschen.

Ich werde im übernächsten Monat siebzig Jahre alt. Ich bin hier geboren. Ich habe durch die Emigration viel einstecken, auf meine Jugend verzichten müssen. Wir haben in sehr, sehr schweren Verhältnissen gelebt. Wenn ich als alter Überlebender erleben muss, dass am »Tag der Deutschen Einheit«, die mir zwar gar nicht so nahe steht, junge Nazis über den Kurfürstendamm marschieren dürfen, dass das hingenommen wird in diesem Land: Dann haben sie noch lange nicht genug gelernt!

___Inge Borck

Ich war nie weg

Ich bin Vorsitzende des jüdischen Sportvereins TUS Makkabi, der nicht mehr auf seinem angestammten Platz im Grunewald, sondern auf dem Maifeld übt und spielt. Mir wird immer ganz schlecht, wenn ich dorthin komme und auf die Führerloge blicke. Man gab uns Räume im Gebäude des Glockenturms – seltsame Geschichtsvergessenheit. Ein jüdischer Sportverein haust in Naziarchitektur. Aber man kann es auch umgekehrt sehen: Wir sind da! Man hat es nicht geschafft, uns auszurotten. Wir nehmen das Gebäude unserer besiegten Feinde in Besitz. Es geht ja auch nicht, dass die Erinnerung an die Nazizeit, an Tod und Vertreibung ständig perpetuiert wird. Es ist gut so, wie es ist. Wir spielen nun da, wo wir eigentlich nie hätten spielen dürfen, wo wir nicht dabei sein durften und wo sie eigentlich wollten, dass wir nicht mehr existieren.

Ich engagiere mich für TUS Makkabi, weil ich leidenschaftliche Sportlerin bin. Ich war Leichtathletin und Handballerin. Ruth Galinski und ich haben zusammen Handball gespielt. Es gibt ein Foto von uns beiden aus dem Jahre 1947. Im Krieg konnte ich natürlich nicht Sport treiben, wiewohl die NS-Behörden vergessen hatten, uns den Sportplatz im Grunewald wegzunehmen, er ist uns ja nie entzogen worden. Der Makka-bi-Sportplatz im Grunewald war so etwas Ähnliches wie eine geheime Stätte, wo wir uns heimlich trafen, aber das hatte schon nichts mehr mit Sport zu tun. Der Sportplatz existierte noch immer nach der Befreiung 1945.

Ich heiße Inge Borck. Mein Vorname ist Inge, mein Nachname ist Borck – ich muss das so betonen, weil das zusammengezogen sonst wie der urdeutsche Vorname Ingeborg verstanden werden könnte. Ich stamme aus der Familie David, sehr jüdisch. Und ich bin in Berlin geboren. Meine Eltern und Großeltern haben hier gelebt. Sie sind 1918 nach dem Ende des Ersten Weltkriegs aus der damaligen Provinz Posen, die laut Versailler Vertrag polnisch wurde, nach Berlin gezogen, da sie um alles in der Welt deutsch sein und nicht polnisch werden wollten. So lebte die ganze Familie in der deutschen Reichshauptstadt Berlin, und ich lebe heute noch hier. Ich habe diese Stadt, abgesehen von kleinen Unterbrechungen während meiner illegalen Zeit, nie verlassen.

Ich bin hier zur Schule gegangen, bis man mich aus der Schule geworfen hat. Ich war erst in der normalen Grundschule in der Borsigstraße im Bezirk Tiergarten. Das war keine jüdische Schule. Zum Schluss war ich auf der wirklich weltberühmten Theodor-Herzl-Schule. Darauf bin ich sehr stolz. Die stand dort, wo jetzt das SFB-Fernsehzentrum am Theodor-Heuss-Platz ist. Vor kurzem wurde eine Gedenktafel dort angebracht. Wir hatten eine sehr eindrucksvolle Feier, die wiederholt werden soll, denn aus dieser Schule haben verhältnismäßig viele Menschen überlebt. Es war eine höhere Schule, aber wir hatten keine Genehmigung, mit dem Abitur abzuschließen. Die Schule war wirklich etwas Besonderes: Wir haben uns mit den Lehrern, wenn wir wollten, geduzt, das hat uns motiviert. Ich möchte behaupten, alles, was ich heute

kann – und das ist gar nicht so wenig –, habe ich von dieser Schule bekommen. Auch Hebräisch, also Iwrith, wie man heute sagt, wurde unterrichtet. Die Grundbegriffe habe ich erlernt und behalten. Wir hatten Lehrer, die heute noch berühmt sind: Hans Gärtner in Israel, Herbert Samuel, der ein berühmter Sportlehrer war. Wir hatten einen eigenen Schulgarten, den wir selbst versorgt haben. Es gab eine Küche, in der wir – egal wie alt wir waren, ob Junge oder Mädchen – einen Tag in der Woche gekocht haben. Wir haben keine Diktate, sondern Arbeiten nach eigener Wahl innerhalb von vier Wochen geschrieben, wofür wir uns das Material selbst zusammensuchen durften. Ich habe mir damals das Thema »van Gogh« ausgesucht und habe mir alles über ihn besorgt. Ich wurde zur Kunstliebhaberin, male auch selbst.

Dass jüdische Schüler kein Abitur machen durften, gehörte zur Politik der Ausgrenzung. Zuvor war ich für eine ganz kurze Zeit auf dem Kleist-Lyzeum in der Levetzowstraße. Diese Schule musste ich als Jüdin verlassen – bereits in der ersten Klasse, also sehr jung. Das war Ende der dreißiger Jahre. In der Theodor-Herzl-Schule dominierte die praktische Arbeit. Jungen und Mädchen hatten zusammen Werkunterricht, Sport und Gartenarbeit. Wir saßen auch völlig durcheinander, das ist im weitesten Sinne ein Montessori-System, aber orientiert an Israel. Wir sind natürlich total zionistisch ausgerichtet worden, mit Leidenschaft. Es war eine ungewöhnliche Schule. Sie wurde 1939 geschlossen, nachdem sie uns vorher unglaublich empfindliche Einschränkungen auferlegt hatten. Zum Beispiel haben sie uns einen großen Teil des Gartens weggenommen mit der Begründung, die deutsche Erde darf von jungen jüdischen Menschen nicht bearbeitet werden. Der Garten war doch unsere ganze Leidenschaft.

Mein Vater war in der Schuhbranche tätig, zuletzt als Geschäftsführer der Firma Konrad Tack in Dresden, in einer sehr hoch dotierten Position. Das war damals ein großes Unternehmen. Am Tag des Boykotts 1933 lebten wir in Dresden und hatten in einem Villenviertel eine schöne große Wohnung in der Canalettostraße. Mein Vater durfte an diesem Boykott-Tag im April 1933 nicht mehr das Geschäft betreten. Die SA stand mit Sturmgewehren davor. Die Fenster waren beschmiert. Wir mussten unsere Wohnung innerhalb von 24 Stunden verlassen und noch in der Nacht mit einem Lastwagen zu unserer Familie nach Berlin fahren, nur mit dem Nötigsten im Gepäck, ohne Existenz, ohne Geld. Allerdings waren meine Großeltern recht wohlhabend. In Berlin angekommen, haben wir erst mal bei ihnen gewohnt.

Mein Vater versuchte, eine neue Existenz aufzubauen, aber es war schon schwer genug, eine Existenz zu halten, eine neue zu gründen war nahezu unmöglich, zumal er keine »Ellenbogen« hatte und kein Mensch war, der andere umreißen konnte. Er hat also noch mal ein kleines Geschäft angefangen, hat dann bei Verwandten in Berlin-Mitte gearbeitet. Als sie dann nach Amerika auswanderten, wurde er arbeitslos. Und ein Arbeitsloser ist schon 1940 zur Zwangsarbeit eingezogen worden. Er musste im Tiefbau schuften, bis er abgeholt wurde. Die Arbeit war schwer, die Entlohnung war so niedrig, dass man davon nicht leben konnte. Aber umgebracht hätten sie uns damit natürlich überhaupt nicht. Wir hätten das schon irgendwie ausgehalten.

Und dann kam – ich will mich damit nicht allzu lange aufhalten, es sind so viele Episoden dazwischen – das Jahr 1941, ich glaube, dass es 1941 war. Da bekamen wir die Mitteilung, dass die Transporte beginnen. Zuerst nach Litzmannstadt (Lodz), nachher nach Auschwitz etc. Mutters Bruder war schon 1938 abgeholt worden. Er ist dann noch mal rausgekommen, weil er nachweisen konnte, dass er nach England auswandern kann. Wir bekamen also die Nachricht, dass wir uns zum Transport nach … – ich weiß nicht mehr, wohin – in der Synagoge Levetzowstraße einzufinden haben.

Das waren so die kleinen eingestreuten Bestialitäten: In einer Synagoge, in die wir oft zum Gottesdienst gingen, wurden wir zusammengetrieben. Wir haben unsere Wohnung aufgelöst, uns noch ein paar Wertsachen eingepackt. Ich glaube, meine Mutter nahm auch noch ein paar Brillanten mit. Niemand dachte daran, dass dies das Ende des Lebens bedeuten konnte. Das ist menschlich. Jeder Mensch hofft bis zum letzten Atemzug – ob ein Krebskranker, ob ein anders Kranker, ob Juden –, er werde am Leben bleiben. Nicht umsonst sind ja auch viele Menschen freiwillig mitgegangen, um mit der Familie zusammenzubleiben.

Meine Großmutter hatten sie vorher schon geholt. Ich war dabei. Sie war erst 69 Jahre alt. Mein Großvater war vorher eines natürlichen Todes gestorben. Die SS-Männer kamen mit einem offenen Pritschenwagen. Mit einer Mistgabel wurde sie auf einen Lastwagen geschmissen. Wenn sie schon so bestialisch waren, sie abzuholen – warum muss man so eine Frau noch so schlecht behandeln? Was sind das für Menschen? Was für Bestialität steckt im Menschen drin, wenn man sie nur freilässt? Wie Tiere. Meine Oma und wir waren für den Transport vorgesehen. Mein Vater war offensichtlich bei einer Firma, die kriegswichtige Arbeiten ausführte. Auf jeden Fall haben wir eine Mitteilung bekommen: Eltern und Tochter David sind vorläufig von Transporten zurückgestellt. Den Text weiß ich wie heute.

Jetzt waren wir wieder da, hatten aber alles verschenkt. In der leeren Wohnung stand zwar noch ein Bett, aber sonst nicht viel mehr. Keiner hat irgendetwas Geschenktes wieder zurückgegeben. Kein Mensch! Ich wollte eine Nacht bei einer Freundin schlafen, deren Eltern in einer so genannten Mischehe lebten. Der Vater war jüdisch und die Mutter nichtjüdisch, das heißt, sie galt nicht als jüdisch. Sie war privilegiert. Ich wollte bei ihr eine Nacht schlafen. Das hat sie mir nicht erlaubt. Ich bin ein nicht sehr jüdisch aussehender Mensch und sah damals aus wie der Prototyp eines deutschen Kindes. Ich konnte also bequem ein BDM-Mädchen sein. Mich für eine Nacht bei sich schlafen zu lassen war wirklich kein Risiko. Nur eine Episode am Rande: Ich hab' sie nach 1945 auf der Straße getroffen. Ich hatte in meinem ganzen Leben noch keinen Menschen geschlagen und werde das auch nie wieder tun. Ich habe ihr auf der Straße rechts und links ein paar Ohrfeigen ins Gesicht gehauen, dazu kein Wort gesagt und bin weitergegangen. Das hat mir zumindest eine kleine Genugtuung verschafft. Ich sah sie nie wieder. Sie hat sich nie gemeldet.

Also, jetzt waren wir wieder da, und wenige Zeit danach kam das Gesetz, dass die noch verbliebenen Juden in Berlin – es wurden ja jeden Tag weniger – in so genannte »Judenhäuser« umziehen müssen. Wir wurden in ein »Judenhaus« in unserer Nähe, Mommsenstraße 42, Ecke Waitzstraße, eingewiesen, eine sehr schöne, große Altbauwohnung. Weitere vier oder fünf jüdische Familien lebten dort zusammen. Wir teilten uns gemeinsam die Küche. Ich habe ein kleines Mädchenzimmer bekommen. Ich war alleine, hatte niemanden, der mit mir spielte, und habe die ganze Wand von unten bis oben bemalt.

Wir haben Lebensmittelkarten bekommen, die mit einem »J« gekennzeichnet waren und erheblich weniger Marken drauf hatten als bei jedem anderen Bürger in Deutschland. Wir bekamen so gut wie kein Fleisch. Ich möchte mich nicht festlegen, vielleicht fünfzig Gramm, ich weiß es nicht. Weniger Milch … Von allem bekamen wir weniger. Die Besitzerinnen des Milchladens haben uns ab und zu Milch gegeben, der Fleischer hat uns zumindest Knochenfleisch gegeben, aus dem wir eine Brühe kochen konnten. Diese Menschen waren zum Teil unglaublich mitfühlend. Wir durften nur zwischen vier und fünf Uhr einkaufen. Die Juden, die noch da waren, die Erwachsenen, mussten ja alle zur Zwangsarbeit, hatten also keine Chance einzukaufen. Die Bewohner in den Judenhäusern pflegten, weil sie so eng wie in einem Ghetto miteinander wohnten, untereinander eine intensive Kommunikation. Sie hatten gemeinsam das Gefühl, dass sie bedroht sind und dass sie versuchen sollten, aus der Bedrohung herauszukommen, sich durch Auswanderung zu retten.

Wir waren nicht lange in dieser gemeinschaftlichen Wohnung. Mein Vater fühlte sich als Deutscher, er war Weltkriegsteilnehmer, und war fest davon überzeugt: »Mich als Soldaten mit Eisernem Kreuz werden sie doch nicht abholen – das kann doch nicht sein!« Er war ein Mensch, der Gefahren nicht gut meistern konnte. Illegal bei Bekannten in der Mommsenstraße zu leben hat er einfach nicht geschafft. Das war ohne viel Geld auch sehr schwer. Das war eine Frage der finanziellen Mittel, denn man musste alles schwarz kaufen. Nur wenige hatten die Möglichkeit, sich irgendwie bei Freunden durch Schwarzarbeit zu betätigen. Er hat es jedenfalls nicht durchhalten können. Seelisch war für ihn die Belastung zu groß.

Inzwischen war die Gestapo bei uns, um uns abzuholen. Sie haben einfach geklingelt, und jeder jüdische Mensch, der noch da war, hat nicht einfach die Tür aufgemacht, sondern mit großer Angst immer erst nachgeschaut. Meine Mutter war zu Hause. Mein Vater war zur Arbeit. Ich war nicht zu Hause. Meine Mutter hat gesehen, dass das die Gestapo war, hat die Tür nur ein Ritzchen aufgemacht, wieder zugeschlagen und ist durch den zweiten Eingang rausgerannt. Sie hat nichts mitnehmen können.

Meine Eltern haben versucht, illegal zu leben, es aber nicht ausgehalten. Also sind sie zurück in ihre eigene, versiegelte (!) Wohnung. Das ist so wahnsinnig und so makaber, man kann sich das gar nicht vorstellen. Für Juden, die nicht mehr existierten, war ein Siegel von der Gestapo an der Tür, also so über die Türangel rübergeklebt. Und dieses Siegel haben meine Eltern Tag für Tag abgelöst, sie sind tagsüber stundenlang im Wald spazieren gegangen und dann irgendwann in der Nacht zum Schlafen wieder in diese leere Wohnung zurückgekommen. So kann man doch nicht leben! Manchmal denke ich, dass sie froh waren, als sie endlich abgeholt wurden. Ich denke es manchmal.

Meine Eltern haben immer probiert, mich irgendwo unterzubringen, mit »schlaf doch da« und »schlaf doch dort«. Sie wollten mich auf diese Weise retten. Letzten Endes war das auch der Weg, dass ich gerettet wurde. Es gab eine Pension in Charlottenburg, ich glaube in der Guerickestraße, betrieben von einer nichtjüdischen Frau. Sie war meine Heldin. Sie hat Menschen aufgenommen, die gegen Hitler waren oder durch das NS-System gefährdet waren, auch Soldaten, die sich »gedrückt« hatten. Oder Menschen, die – aus welchen Gründen auch immer – verfolgt waren, also auch jüdische Menschen. Und so etwas spricht sich ja rum. Meine Mutter hat mich zu ihr geschickt.

Und es gab einen Mann, Max Bukofzer, der mich letzten Endes auch gerettet hat, ein Jude aus Bromberg, weitläufig verwandt mit der Familie meiner Eltern. Er lebte schon illegal und war sehr geschickt.

Eines Tages geht das Telefon. Es ist meine Mutter, die sagt: »Bleib wo du bist, komm nicht her! Sie sind da!« Es waren die letzten Worte, die ich von meiner Mutter gehört habe. Sie sind dann – es gab schon keine anderen Lager mehr – in die Große Hamburger Straße gebracht worden, wo heute das Jüdische Gymnasium ist.

Um jungen Menschen diese Zeit näher zu bringen, gehe ich in Schulen und berichte, soweit das meine Kraft zulässt. Ganz leicht fällt mir das nicht. Das habe ich also auch im Jüdischen Gymnasium gemacht, bis ich – vor zwei Jahren – fast zusammengebrochen bin, als ich mir vorstellte, dass ich vielleicht auf dem Boden stehe, auf dem meine Eltern ihre letzte Nacht in Berlin verbracht haben. Das ist alles kaum zu beschreiben. Ein Bote brachte mir noch ihre Trauringe, ihre Uhr und einen Zettel, auf dem stand, wo sie noch ein paar Sachen versteckt hätten, die ich verkaufen kann. Und dann habe ich noch eine Postkarte von unterwegs auf der Fahrt nach Auschwitz bekommen. Das war das letzte Lebenszeichen.

Meine Oma ist in Theresienstadt umgekommen, meine Eltern starben in Auschwitz. Auch Vaters Schwestern und viele Verwandte und alle meine jungen Freundinnen und Freunde, sie alle müssen in Auschwitz oder anderen Vernichtungslagern umgekommen sein.

Ich bin die Einzige, die aus der ganzen Familie übrig geblieben ist, außer einem Cousin, der nach England emigrierte. Er wurde britischer Soldat und ist im Krieg als Fallschirmjäger über Deutschland abgesprungen.

Mindestens zwei Mal hätte ich Gründe und Möglichkeiten gehabt, Berlin zu verlassen, als die Bedrohung zu stark wurde. Aber die familiäre Bindung zu den Eltern war das Hindernis, obwohl man ja in den Schulen Propaganda für Emigration nach Palästina gemacht hat. Und zum zweiten Mal nach der Befreiung. Aber ich war überhaupt nicht fähig, so etwas nur zu denken.

Ich hatte die Chance, mit der Jugend-Alija nach Palästina auszuwandern. Meine Eltern hatten das wohl auch vorgesehen. Aber über das Erwägen sind wir nicht hinausgekommen. Denn sie haben gespürt, dass das ein Abschied für immer gewesen wäre. Das war der Grund, glaube ich, dass sie mich nicht zur Jugend-Alija gegeben haben. Denn geplant hatten sie es und verhandelt hatten wir auch. Aber sie haben mich nicht fahren lassen. Nach dem Krieg habe ich viele Jahre für die Jugend-Alija gearbeitet.

Als die Situation immer brenzliger wurde und die Abholungen begannen, gab es immer noch Möglichkeiten auszuwandern, und meine Eltern haben es auch noch mehrmals versucht. Einmal probierten sie, eine Ausreise nach Südamerika zu bekommen. Sie hatten bereits die Passage – so hat man das damals genannt – per Schiff in Reichsmark bezahlt. Es gab immer wieder diese unglaublichen Gemeinheiten der Nazis. Als sie diese Passage schon bezahlt hatten, wurden dafür Devisen verlangt, aber Devisen konnten wir nicht mehr aufbringen, hatten auch keine Möglichkeit, aus dem Ausland Geld zu transferieren. Also waren wir keinen Schritt weiter.

Dann haben sie probiert, und das war dann das allerletzte Mal, eine Ausreise in das damalige Siam zu bekommen. Das war die allerletzte Chance. Das kam noch nach Shanghai. Warum wir es dann aber doch nicht mehr geschafft haben, nicht gefahren sind, kann ich nicht sagen. Ich weiß es nicht. Wahrscheinlich war es nicht mehr möglich, war es zu spät.

Etwas sehr Schlimmes beschäftigt mich noch immer und belastet mich seelisch: Meine Eltern und Vorfahren stammten aus der Provinz Posen, die heute polnisch ist. Unendlich viele Juden kamen aus dieser Gegend. Man sagt oft, alle Berliner Juden sind über den Schlesischen Bahnhof eingereist. Weil die Amerikaner offensichtlich – ich sage das so, wie es ist – nicht zu viele Juden hereinlassen wollten, haben sie diese Menschen, die Deutsche waren, hundertprozentig Deutsche waren, auf die »Polnische Quote« gesetzt. Und das bedeutete, dass aus dieser Gruppe Menschen, von der allein in Berlin an die hunderttausend gelebt haben, nur zirka viertausend pro Jahr einwandern durften. Wir hätten alle Vorbedingungen erfüllt, aber aufgrund der »Polnischen Quote« konnten wir nicht ausreisen. Das Ausland hätte uns alle (!) – und ich sage das so, wie ich das denke – retten können. Meine Eltern konnten nicht ein einziges Wort Polnisch, meine Großeltern auch nicht. Sie wollten Deutsche sein. Sie haben für Deutschland optiert. Sie sind von Amerika auf die »Polnische Quote« gesetzt worden und haben deshalb nicht überlebt. Das ist für mich ein ganz, ganz wichtiger wunder Punkt, ebenso die Kenntnis, die man im Ausland von den Vernichtungslagern der Nazis hatte. Sie haben alles gewusst! Sie haben doch alles gewusst. Und es hat nicht zu Reaktionen geführt.

Wie habe ich nun überlebt, mit welcher Identität? War ich sozusagen Deutsche mit gefälschten Dokumenten und konnte mich so frei bewegen oder war ich als Jüdin im Untergrund?

Mit Hilfe von Max Bukofzer begann ich, illegal zu leben. Das sagt sich so leicht. Alleine hätte ich das nicht gekonnt. Ich war nicht alt genug, hatte auch gar kein Geld, keine Erfahrungen. Er hingegen hatte sehr gute Beziehungen, hatte auch eine Freundin, die im Reichsluftfahrtministerium arbeitete. Sie schrieb für uns einen Zettel, dass er wichtige Arbeiten machte. Was auf dem Papier stand, wurde geglaubt. An sich konnte man sie wunderbar leicht betrügen! Dieser Bukofzer stammte aus einer bekannten jüdischen Berliner Familie, sah hervorragend aus, eigentlich eher wie ein ungarischer Gutsherr, eine große, stattliche Erscheinung. Er hat sich auch so angezogen. Er lernte in Berlin einen Herrn Pohl kennen, der nach außen hin ein ganz gläubiger Katholik war und ein Grundstück in Alexanderdorf bei Zossen besaß. Dort gibt es – heute noch – auf dem Nachbargrundstück ein Nonnenkloster. Herr Pohl hat dem Bukofzer und seiner Frau – von der dieser schon getrennt war, die er aber trotzdem gerettet hat – seine Laube zur Verfügung gestellt. Dort lebten wir zusammen im Versteck.

Die Gartenlaube auf dem Grundstück des Katholiken bestand nur aus einem Raum, ohne Toilette. Dort konnte ich nicht auf Dauer zusammen mit Bukofzer und seiner Frau leben. Ich war hübsch und jung. Und die geschiedene Frau war eifersüchtig auf mich. Ich habe mich deshalb überwiegend in Berlin bei Bekannten von Bukofzer aufgehalten; weil man mich als Kurier benutzt hat, bin ich hin und her gefahren. Es gab aber keine S-Bahn mehr, sondern nur einen Vorortzug. Ich meine, es kommt nicht von ungefähr, dass jüdische Menschen clever sind. Wie schlau musste ich damals sein! Ständige Kontrollen, die Militärkontrollen … Man nannte sie die Kettenhunde, denn sie hatten Schilder an einer Kette um den Hals. Wenn ich die gesehen habe, bin ich aus dem Abteil ausgestiegen und bis zur nächsten Station auf dem Trittbrett gefahren. Immer die Angst, entdeckt zu werden … O Gott, das ist alles ganz schlimm …

Am Anfang gab es die Möglichkeit, sich unter falschem Namen einen Postausweis zu besorgen, den man als Ausgebombte ohne Nachweis und Geld bekam. Den habe ich bis heute aufbewahrt. Mit dem Postausweis bin ich als Kurier zwischen Berlin und Alexanderdorf gependelt. Kurier hat auch bedeutet, dass mir Bukofzer gesagt hat: »Fahre zu Herrn Schulz, dort bekommst du fünf Pfund Butter. Bringe ein Pfund dahin, ein Pfund dahin und das halbe Pfund, was übrig ist, bringst du uns mit.« So ging das auch mit Kaffee. Er war vorher in der

Textilbranche tätig, hatte noch eine Menge Dinge, die er erstklassig tauschen konnte – Strümpfe, Wäsche und ich weiß nicht was. Das war ja damals wie Brillanten.

Der Bukofzer lebte einige Zeit schon illegal, als ich untertauchte. Am Anfang waren meine Eltern noch da, und als sie endgültig weg waren … Irgendwie registriert man das nicht alles gleich, das kommt später … Manche brechen zusammen. Ich bin nicht zusammengebrochen. Aber ich habe Nesselfieber bekommen, am ganzen Körper. Das ist wie Tausende von Flohstichen. Und das wochenlang. Ich bin bald irre geworden. Ich war nun wirklich nicht »vorhanden«, lebte unter falschem Namen mit gefälschten Ersatzpapieren. Um gegen meine Krankheit etwas zu unternehmen, mussten wir in dem kleinen Ort Alexanderdorf zum Ortsarzt gehen. Der war ein riesiger SS-Mann. Den Bukofzer kannte er, mich nicht. Wir haben nichts gesagt. Er hat auch nichts gefragt. Die Behandlung blieb ohne Erfolg. Ich bekam zwei Tage später starke Schmerzen und vierzig Grad Fieber. Ich war richtig krank, konnte weder gehen noch irgendetwas tun. Der Taxifahrer des Ortes hat mich mit dem Bukofzer ins SS-Krankenhaus nach Zossen gebracht. Das war riskant, weil ich doch keine richtigen Papiere hatte, nur gekaufte Lebensmittelkarten für einen Tag. Damit war wenigstens bewiesen, dass man lebt. Ich hatte irrsinnige Angst, dass ich eine Narkose kriege und in der Narkose rede, mich und andere verraten könnte. Ich wurde punktiert, der Eiter ist gespritzt. Ich musste geschnitten werden, bekam eine Narkose und musste eine Nacht dableiben. Und dann fingen die am nächsten Tag auch schon an zu fragen. Da hat mich dieser Taxifahrer mit einem Bettlaken aus dem Fenster geholt. Auch diesem Taxifahrer verdanke ich mein Überleben. Seinen Namen kenne ich nicht. Und ich habe ihn später nicht wieder gefunden.

Man durfte nicht krank werden, wenn man illegal im Untergrund lebte. Da ich noch pflegebedürftig war, haben mich die benachbarten Nonnen im Kloster aufgenommen, ohne zu fragen. Kein Wort, denn sie lügen ja nicht. Sie wollten gar nicht wissen, wer ich bin. Laube und Kloster lagen Tor an Tor. Mein Retter Bukofzer freundete sich mit dem Bürgermeister des Dorfes an, der gegen die Nazis war. Das war natürlich sehr geschickt. Er gewann serbische Kriegsgefangene, die im Ort stationiert waren, für sich. Diese großartigen Jungs konnten sich frei bewegen und sind dann bei uns ein- und ausgegangen. Sie haben uns eine kleine Küche eingerichtet mit einem Herd und noch ein Zimmer mit einem kleinen Bad und einer Toilette. Er wurde vertraut mit dem Gendarmen des Ortes, der jeden Abend kam, um den Feindsender *BBC* zu hören. Sie haben gewiss noch andere geheime Sachen getrieben. Denn sie saßen oft an Morseapparaten. Ich weiß nicht, was sie da gemacht haben.

Die Laube lag neben dem Kloster, so abseits und einsam, dass sie lange unbeobachtet blieb. Es ist eine verrückte Geschichte. Wir saßen dort in der heimlichen Gartenlaube in unserem Versteck. Es war am 20. Juli 1944. Da kam der Ortsgendarm und sagte:»Ich komm' heute nicht ›England‹ hören, ich soll Euch verhaften. Ihr seid Juden.« Da haben sich die beiden Männer hingesetzt, alleine, irgendwo. Er wusste nicht, wie wir heißen. Er wusste auch nicht, warum er uns abholen sollte. Und er hat auch gleich dazu gesagt, dass wir denunziert worden sind.

Der Dorfpolizist hatte ein Angebot, in einem anderen, nicht weit entfernten Ort, eine Gendarmerie zu übernehmen, eine ganz normale Versetzung. Daraufhin sind die beiden Männer, der Gendarm in Uniform und der jüdische Mensch, bei Nacht und Nebel in diesen Ort gefahren, er heißt Pechüle und liegt bei Treuenbrietzen in der Nähe von Beelitz. Sie haben sich dort ein Bauerngehöft angesehen, ob das geeignet ist für möglichst viele illegale Menschen. Am nächsten Tag hat der Gendarm die neue Stelle angenommen. Er hat den Bukofzer und seine Frau in dieses Haus gebracht, einen richtigen Bauernhof mit Waschküche, Ställen und Scheune. Dieser Polizeibeamte war ein stiller Held. Er hat uns gerettet. Er war gegen die Nazis, blieb später in der DDR und wurde Kommunist.

Der Bukofzer hatte falsche Papiere auf den Namen Hagen. Bei dem Attentat auf Hitler war ein Oberstleutnant gleichen Namens. Er geriet in Verdacht. Vom Taxifahrer des Ortes erfuhren wir, wer uns denunziert hat, denn er hatte die Denunziation übermittelt. Unser Gastgeber war der Denunziant, Herr Pohl, der Eigentümer des Grundstücks. Er ist später, nach 1945, deswegen bestraft worden. Er hat das auch mit anderen jüdischen Menschen gemacht, sobald er nichts mehr von ihnen holen konnte. Bukofzer hatte inzwischen kein Geld mehr. Herr Pohl war ein frommer Mann, kniete vor dem Hausaltar und betete vor jedem Essen. Unglaublich! Dieser Mensch hat nicht nur uns, sondern auch andere Juden denunziert, wenn sie ihm nichts mehr nutzten.

Das Ende des Krieges erlebte ich in unserem Zufluchtsort Pechüle. Ganz zuletzt hat der Bukofzer, der unglaublich mutig war, noch nichtjüdische Freunde zu sich genommen, die sich vor dem Krieg gedrückt haben, nicht zum Volkssturm wollten, und auch seine Freundin aus dem Reichsluftfahrtministerium. Das Gehöft war ein Nest untergetauchter Illegaler, unglaublich! Es kam der Tag des Kriegsendes. Als die ersten amerikanischen Soldaten zu sehen waren, sind wir auf die Straße gerannt. Wir waren selig. Die Amerikaner blieben aber nur einen Tag. Die Deutschen fingen noch einmal an zu kämpfen. Wir hätten vielleicht noch am Tag der Befreiung geschnappt werden können. Man kann sich überhaupt nicht vorstellen, wie groß unsere Angst war. Denn wir waren zu früh auf die Straße gelaufen. Alle aus dem Dorf hatten uns gesehen. Das Gehöft liegt mitten im Dorf. Die Deutschen haben das Dorf zurückerobert, und die Russen haben mit diesen schrecklichen »Stalinorgeln« geschossen. Das heißt, wir waren für ein, zwei Tage wieder mitten im Krieg.

Als die deutschen Soldaten wieder abgezogen waren, kamen die Russen. Wir liefen nun wieder raus auf die Straße. Ein russischer Zwangsarbeiter, mit dem wir Kontakt hatten, schrieb für uns einen Brief, dass wir Juden sind und überlebt haben. Die ersten russischen Soldaten, die in das Dorf kamen, haben erst einmal alles mitgenommen, Uhren, alles. Sie sagten: »Es gibt keine Juden. Ihr seid Spione. Juden haben nicht überlebt. Es gibt keine Juden mehr.« Bukofzer war damals schon fast fünfzig Jahre alt, schwer herzkrank. Er wurde vor einen Leiterwagen gespannt, mit dem er nach Treuenbrietzen laufen musste. Das sind viele Kilometer. Ich durfte oben sitzen. Wir wurden in die Kommandantur gebracht. Der Stadtkommandant – ich sah das schon – war ein jüdischer Mensch, sein Adlatus auch. Er las das Schreiben und sagte auf jiddisch: »Na, die kleine Schickse da ist niemals Jüdin.« Das werde ich in meinem ganzen Leben nicht vergessen. Ich sagte: »Fragen Sie mich nach irgendeinem Gebet. Es gibt kein Gebet, was ich nicht sprechen kann.« Dann haben wir beide *Schma Israel* gesagt, ein Gebet, das Juden in aller Welt kennen. Wir waren frei. Ich hatte Glück. Denn die Russen haben es vielen Juden nicht geglaubt. Weil es auch tatsächlich Nichtjuden gab, die vorgaben, Juden zu sein, um sich zu retten. Mir hat also geholfen, dass meine Familie religiös war, nicht orthodox, traditionell, aber liberal. Ich bin heute noch auf meine Weise sehr gläubig. Ohne Glauben hätte ich das alles nicht geschafft.

Wir kamen frei. Der Kommandant und seine Leute haben sich rührend um uns gekümmert. Mit ihnen zusammen sind wir weitergezogen in den nächsten Ort, nach Dahme im Oder-Spree-Kreis. Erst einmal haben sie mir zu essen gegeben, Eierkuchen, Omelett mit Sahne. Ich hatte, glaube ich, drei oder fünf Jahre keine Sahne gegessen. Ich wurde sofort krank. Dann haben sie mir Marmelade gekocht mit Zucker, Pfund auf Pfund. Ich lag flach, bekam Durchfall und dann die Ruhr. Ich habe das doch alles überhaupt nicht vertragen. Soldaten standen vor meiner kleinen Kammer, in der ich geschlafen habe, um mich vor Vergewaltigung zu schützen. Sie haben uns Wohnungen besorgt, mir eine kleine Einzimmerwohnung. Der Bukofzer hatte noch seine Frau bei sich. Ich habe später mit ihm zusammengelebt. Er war mein Vater, mein Onkel, mein Gefährte. Ich wusste gar nicht, was er von mir wollte. Ich hatte keine Lebenserfahrung.

Nach der Befreiung habe ich gelebt wie eine Marionette, die sich bewegt ohne Seele. Ich habe versucht zu denken. Ich habe erst mal überhaupt nicht verstanden, warum ich lebe. Und ich habe auch überhaupt nicht leben wollen. Warum lebe ich? Dann begann die Suche. Ich habe Wochen, Monate und Jahre gesucht. Ich konnte nicht glauben, dass alle umgekommen sind. Nicht einmal da hört die Hoffnung auf. Bei der ersten Möglichkeit, die sich mir bot, bin ich mit dem Kommandanten nach Berlin gefahren, bin durch die Straßen gelaufen, habe das Haus gesucht, wo wir früher gelebt hatten, alle Menschen, die noch da waren, gefragt, ob sich einer von uns gemeldet habe. Ich fragte bei der Jüdischen Gemeinde nach. Ich weiß nicht, was sonst noch alles. Natürlich war alles vergeblich. Kein Mensch hatte irgendjemanden gesehen, den ich suchte.

Mit dem neuen sowjetischen Kommandanten, Sokolski hieß

er, fuhren Bukofzer und ich wieder nach Berlin, um noch mal in Ruhe nachzuforschen, ob ein Familienangehöriger oder Freunde noch lebten. Ich werde nie vergessen, wie wir mit einem alten Pkw durch die Brandenburgische Straße fuhren. Er steuerte nach rechts, und das Auto knallte auf einen Baum, auf ein Geländer. Ich flog mit dem Kopf durch die Scheibe. Die beiden Männer blieben unverletzt. Ich lag blutend auf der Fahrbahn. Neben uns hielt ein Auto, ein amerikanischer Wagen, khakibraun mit einem aufgemalten amerikanischen Stern. Drei junge Männer stiegen aus. Sie sprachen perfekt Deutsch, hoben mich auf und brachten mich ein paar Häuser weiter zu einem Arzt. Die Praxis war dunkel. Es gab kaum Strom. Meine Wunde wurde ohne Narkose genäht. Sie brachten mich mit ihrem Auto zurück nach Dahme. Diese drei waren »Die drei Travellers«, eine Musikgruppe, die für die Amerikaner spielte. Deshalb durften sie ein amerikanisches Militärauto fahren und Uniform tragen. Sie waren Deutsche und bei den Amerikanern angestellt. Wir haben uns angefreundet. Sie haben uns besucht und durch die Gegend gefahren, Schokolade und Kaffee geschenkt. Wir revanchierten uns mit Wild, das wir von den Russen bekamen. Eines Tages trafen wir uns wieder einmal in Dahme, und wir ließen uns gemeinsam fotografieren. Dieses Foto haben missgünstige Mitbewohner nach Potsdam zum sowjetischen Oberkommando geschickt und uns angezeigt wegen Gründung einer amerikanischen Liga im sowjetischen Sektor. Einmal kamen wir von Berlin zurück in die Wohnung. Die Telefonleitung war durchgeschnitten. Sie beschlagnahmten unsre Joint-Pakete mit Milchpulver und Schokolade, die alle Überlebenden bekamen. Den Bukofzer haben sie mitgenommen, ohne ein Wort zu sagen. Mich überließen sie einem deutschen Kriminalpolizisten, der zwar ein überzeugter Kommunist war, der aber all das hasste, was die Russen machten, denn das war für ihn kein Kommunismus. Der saß nun bei mir und musste mich bewachen. Wir unterhielten uns, und er merkte, dass wir völlig harmlos sind. Dann überlegte er, wer uns helfen könnte. Also ist er mit mir nach Berlin gefahren zu Julius Meier und zu Heinz Galinski – daher die lange Bekanntschaft mit Galinskis –, den damaligen Vorständen der Jüdischen Gemeinde. Er fragte, ob sie uns helfen könnten. Und dann hat er etwas Wahnsinniges gemacht. Er ist in der Nacht nach Potsdam gefahren, in die zentrale Kommandantur. Dort hat er die uns betreffenden Unterlagen gestohlen. Ich habe die Originale noch! Er hat sie durchgelesen, um überhaupt erst mal zu wissen, was man uns vorwarf. Dann hat er die Papiere unserem Kommandanten weitergegeben und auch Heinz Galinski. Der Bukofzer ist nach 48 Stunden freigekommen. Allerdings mit der Maßgabe, sofort nach Berlin zu ziehen und niemals in die sowjetische Besatzungszone zurückzukehren. Ich durfte noch unsere Sachen holen. Dies geschah im Jahre 1946. Seitdem lebe ich ohne Unterbrechung wieder in meiner alten Geburtsstadt Berlin.

Ich habe immer noch gehofft. Und eigentlich habe ich das Leben nicht verstanden. Alles war anomal, wie ein Albtraum, selbst die Liaison mit dem Bukofzer. Er begann im Branntweinmonopol zu arbeiten. Das war sehr einträglich. Es ging uns finanziell gut. Aber er wurde zum Deutschen-Hasser und konnte handgreiflich werden, wenn er Leute traf, die er für Nazis oder Verräter hielt.

Von Deutschland weggehen – nach all diesen Erfahrungen? Aber wo sollte ich denn bitte schön hin? Ich wusste nicht, wo mein Onkel in England lebte. Ein Cousin war in Israel, von ihm wusste ich aber gar nichts. Emigrieren war wahnsinnig teuer. Wenn wir auch genug für den Alltag hatten, viele tausend Mark für eine Reise hatte ich nicht. Und wo sollte ich hingehen, ohne irgendeinen Menschen zu kennen? Ich begann ja überhaupt erst zu leben. Eigentlich hätte ich auswandern müssen, gar keine Frage. Ich war ja jung genug. Ich weiß nicht, ob es falsch war hier zu bleiben. Vielleicht war es sogar richtig. Vielleicht konnte ich hier mehr wirken und bewirken als anderswo.

Schließlich begann ich hier doch wieder ein normales Leben – vielleicht doch nicht ganz normal. Ich entdeckte mein Talent für Mode. Ich habe gemalt und Handarbeiten gemacht, war auch auf der Modeschule. Mit dem Bukofzer fuhr ich nach Düsseldorf. Düsseldorf war die Modehauptstadt. Da gab es schon die IGEDO. Er hat sich dort umgesehen, weil er ja auch aus der Textilbranche kam. An einem Firmenstand saß eine alte Dame, eine sehr schicke Person. Für mich damals uralt. Sie war 65 oder 70. Sie sagte zu mir: »Na, steh mal auf und laufe.« Ich fragte: »Warum?« »Na, lauf mal.« Ich sagte: »Ich will kein Mannequin werden.« Sagte sie: »Nein. Was hast du an?« Ach so, ich habe natürlich genäht. Ich habe für mich genäht und für andere. Ich konnte das einfach. Ich konnte auch zuschneiden. Und da sagte sie: »Was du anhast, wo hast du das her?« Ich sagte: »Das habe ich selber genäht.« Da sagte sie: »Wenn du das genäht hast, dann hast du viel Geschmack und dann kannst du das. Kannst du für Peek & Cloppenburg in einem halben Jahr sechs solcher Kleider machen? Die werden wir dann exklusiv verkaufen.« Ich habe erst einmal Ja gesagt. Ich wusste weder, wo ich den Stoff herbekomme, noch, wo ich die Menschen herbekomme, die das nähen, noch, ob es in Berlin einen Zwischenmeister gab. Ich wusste das ja alles nicht. Ich bin also zurückgefahren und habe gelernt, mich sachkundig gemacht. Und irgendwie war ich wohl clever. Ich habe mir gedacht, wenn die mich gut finden, werden mich ja vielleicht andere auch gut finden. Und dann habe ich nicht sechs Kleider gemacht, sondern erheblich mehr. Habe mir von den Stoffleuten erklären lassen, wo ich Stoff herbekomme, wo ich den Zwischenmeister kriege. Habe eine sehr nette Frau kennen gelernt, die Muster für Detlef Albers gemacht hat, die mir sehr geholfen hat. Also bin ich mit diesen kleinen Kollektionen nach Düsseldorf gefahren und habe gedacht, wenn die meine Sachen kaufen wollen, werde ich mir einen kleinen Stand nehmen und ein Mannequin. Und so habe ich auf der IGEDO verkauft. Und dann ist jemand an Bukofzer und mich herangetreten. Der hatte eine Konfektionsfirma mit einem alten Partner, der aufhörte. Er hat uns gefragt, ob wir einsteigen wollen für 23 000 Mark. Die hatten wir natürlich überhaupt nicht. Aber er kannte einen Bankier in Düsseldorf, der uns diese 23 000 Mark gegeben hat. Was wir vor lauter Euphorie nicht gesehen haben: dass die Firma vor dem Konkurs stand.

Heute lebe ich ohne Hass. Damals habe ich die Deutschen weiß Gott nicht gemocht. Ich hatte eine Aversion, die ich glücklicherweise allmählich abbauen konnte. Natürlich immer ausgenommen die Menschen, von denen ich weiß, dass sie nichts getan oder sogar geholfen haben. Es gab ja auch viele, die sich so passiv wie möglich verhalten haben. Man muss ja heute nicht richten und sagen, ihr hättet mehr tun können. Das ist nicht unsere Aufgabe. Das ändert auch im Nachhinein nichts. Das macht auch niemanden mehr lebendig.

Ich hatte kein gutes Gefühl für Deutschland und hatte auch kein Heimatgefühl – obwohl ich hier geboren bin! Ich muss auch sagen, dass ich das heute noch nicht habe. Ich lebe hier. Ich lebe auch gerne hier. Aber ich lebe hier, weil ich sehr viele Menschen hier habe, die ich sehr gerne habe. Vielleicht sammle ich Menschen, die mir nahe sind, wie andere Bilder sammeln. Für mich ist ein gutes Gespräch mehr wert, als mich irgendwo amüsieren zu gehen. Ich lebe sehr auf Mitmenschen bezogen. Mein Zuhause ist da, wo ich meine Freunde gefunden habe. Wahrhaftig nicht nur jüdische. Ich bin ein überzeugter Kosmopolit. Das ergibt sich einfach durch meinen Beruf. Ich fühle mich offen.

Für den Aufbau einer Jüdischen Gemeinde hat sich Bukofzer sofort engagiert. Durch Freunde in Doberlug-Kirchhain, die in der Lederstadt eine Fabrik hatten, besorgte er Leder für die Orgel in der Synagoge Pestalozzistraße. Wir sind immer in die Synagoge gegangen. Ich glaubte, in der Synagoge Schutz und Ruhe zu finden. Ich habe geschrien vor Schmerz die ersten Male. Ich war nicht fähig, wenn ich Kaddisch gesagt habe, unser Totengebet zu ertragen. Dann bin ich monatelang nicht in die Synagoge gegangen. Ich konnte es nicht aushalten. Doch irgendwann fängt man an – ich weiß nicht, was man mit sich macht –, seine Seele zu programmieren, sich innerlich eine Mauer aufzubauen. Nur so kann man nach dieser Zeit sein Leben meistern. Denn weder ein jüdischer noch ein nichtjüdischer Mensch kann im Grunde wirklich verstehen, was damals geschehen ist. Das kann man nicht begreifen! Niemand wird es je verstehen. Wenn ich ein Bild meiner wunderschönen jungen Mutter, meines herrlichen Vaters ansehe … Meine Mutter war so schön, jeder, der sie kannte, hat sie »die schöne Paula« genannt … Dass man so einen Menschen entweder durch Menschenhand in einen Ofen steckt oder unter eine Giftbrause stellt. Wie kann man so etwas verstehen? Das kann man nicht begreifen! Das kann man auch nicht mit logischem Denken erklären. Das kann man niemals verstehen!

Ich gehe öfter in Schulen, um vom Geschehenen zu berichten. Ohne Hass. Wenn ich schon lebe, gesund bin und meinen Geist zusammenhabe, habe ich die Pflicht, das zu tun. Ich spreche mit den jungen Menschen, so gut ich das kann. Ohne auf Deutschland zu schimpfen. Aber ich habe neulich in einer wunderbaren neuen Schule gesagt: »Stellt euch doch mal vor, so, wie ihr jetzt hier alle sitzt, ihr habt alle hoffentlich Eltern, vielleicht geschieden, aber ihr habt welche ... und ihr kommt nach Hause und ihr habt keine Eltern mehr, ihr seid plötzlich Waisen, ihr habt keine Großeltern, ihr habt keine Familie. Kann man sich das vorstellen? Das kann man sich doch nicht vorstellen. Wie kann das ein Mensch verstehen? Überhaupt nicht.«

Im Grunde genommen war es unverständlich, wieder in einer deutschen Umgebung eine jüdische Gemeinde zu gründen. Es gab viele jüdische Menschen, die eigentlich dagegen waren, auch heute noch dagegen sind. Aber wenn man eine jüdische Gemeinde aktiv wieder gestaltet, dann macht man das ja nicht nebenher, sondern bewusst. Da musste man sich schon wirklich überlegen: Wie existiert eine jüdische Gemeinde in dieser Umgebung? Ich war schon früh aktiv dabei in führender Rolle. Weil ich gar nicht weg war, war das ganz selbstverständlich. Anders war es für Menschen, die entwurzelt waren und zurückkamen. Sie waren auf Wanderschaft. Ich war ja eigentlich immer hier.

Es gibt unterschiedliche Schätzungen, wie viele im Untergrund oder mit illegalen Papieren überlebt haben. Überlebt haben insgesamt etwa 1500, aber man kann diejenigen an einer Hand abzählen, die heute noch hier leben. Die meisten sind gegangen, ausgewandert. Es gibt eine Gemeindeliste von 1946. Da sind 6000 Mitglieder aufgeführt und aufgezählt, wie viele Leute überlebt haben, illegal oder anders. Daher kennt man diese Zahl von 1500. Die meisten dieser 1500 Namen, die in der Liste von 1946 stehen, blieben bis etwa in die sechziger Jahre in Berlin und sind dann fortgegangen oder verstorben, denn viele waren sehr alt.

Obwohl es in der Illegalität sehr gefährlich war, gab es doch viele unterirdische Kontakte der Untergetauchten zueinander und auch Möglichkeiten, sich zu treffen. Die Lebensmittelkarten, die ich im Krankenhaus von Zossen vorgezeigt habe, waren natürlich gekauft, ohne »J«. Man konnte sie am Kurfürstendamm, im Café Melodie, Ecke Wilmersdorfer Straße, kaufen. Dort traf ich Freundinnen, die noch legal lebten. Ich hatte eine enge Freundin, Margot Weißbrot. Wir beide sind zusammen in das Café Melodie gegangen und haben für andere Leute Lebensmittelkarten besorgt, weil wir völlig harmlos aussahen. Oben im Café trafen sich ältere jüdische Menschen und tranken dort Kaffee, machten Geschäfte und unterhielten sich.

Nur selten haben sich die Überlebenden später ihre Geschichten erzählt. Ich spreche eigentlich auch heute im privaten Umfeld noch nicht darüber, obwohl doch sehr viel Zeit vergangen ist. Mein Sohn macht mir Vorwürfe, dass ich nicht genug berichte.

Ich habe viele Dokumente aufbewahrt. Ich will und sollte ein Buch schreiben, aber ohne Seele geht es nicht. Ich kann mit niemandem darüber sprechen, der meine Seele nicht versteht. Ich habe später einen nichtjüdischen Mann geheiratet. Manches kann auch er nicht verstehen. Es gibt Tage, da kann ich das Lied *Jiddische Mame* nicht hören. Ich kann's nicht hören. Da kommen mir Bilder … Ich kann's nicht ertragen. Ich verliere die Fassung. Es gibt bestimmte Wörter, die etwas Schreckliches in mir auslösen. Hier haben schon junge Mädchen aus einer Schule gesessen. Wir haben uns völlig normal unterhalten. Und die haben irgendein Wort gesagt. Mittendrin. Ich bin in Tränen ausgebrochen. Ich konnte mich überhaupt nicht mehr beherrschen. Es war gar nicht so etwas Wichtiges. Aber auch das ist menschlich und verständlich.

1970 ist der jüdische Sportverein TUS Makkabi wieder gegründet worden. Ich bin seit 31 Jahren aktives Mitglied, seit

30 Jahren im Vorstand und seit 15 Jahren die Vorsitzende. Ich habe schon im Kindergarten unsere Kinder im Sportunterricht »trainiert« und sie bis zum Sportabzeichen geführt. Unmittelbar nach dem Krieg wurde Hakoah wieder gegründet, ein hundert Jahre alter jüdischer Sportverein. Da habe ich mit Frau Galinski Handball gespielt. Ich nehme an, es war 1947. Auf einem gemeinsamen Foto ist auch Hans Rosenthal zu sehen, aber er hat nicht Sport getrieben. Hakoah hat wie Makkabi auf unserem Sportplatz im Grunewald gespielt. Wir hatten viele Zuschauer. Unter ihnen waren Hans Rosenthal und Heinz Galinski. Und als Zuschauer hat Heinz Galinski eines Tages die Ruth Galinski kennen gelernt. Sozusagen unter meiner Obhut haben sie sich kennen gelernt. Der Sportplatz ist verkauft worden. Er gehört uns nicht mehr. Die Claims-Conference hat in den fünfziger Jahren alles versilbert, was nur zu versilbern ging. Die Claims-Conference war offensichtlich dagegen, dass hier noch mal jüdische Sportler auftreten. Aber ich bin nicht sicher, ob es die Claims-Conference war. Es könnte auch die Gemeinde gewesen sein, was noch schlimmer wäre. Der Platz wurde an das Bezirksamt verkauft.

Sport ist eine sehr wichtige, gemeinschaftsbildende Aktivität. Ich finde es auch richtig, dass ich mich da so engagiert habe über die ganzen Jahre. Ich kann es wirklich täglich sehen, wie sich junge Menschen besser miteinander verstehen, wenn sie gemeinsam Sport treiben und auf dem Sportplatz oder bei Hallenfesten aktiv sind. Und wir haben es mit Menschen aus vielen Nationalitäten zu tun. Makkabi ist ein jüdischer Sportverein. Aber da wir Toleranz üben, sind wir auch überkonfessionell offen, so weit wir das vertreten können, denn wir bekommen Zuschüsse von der Jüdischen Gemeinde.

Zur Position der Jüdischen Gemeinde in der Gesellschaft das passende Wort zu finden ist schwierig. Geduldet? Ernst und wahrgenommen – in bestimmten Schichten? Es gibt immer Unterschiede. Ich selbst habe keine negativen Erfahrungen, denn ich bewege mich logischerweise in den Kreisen, die mich so akzeptieren, wie ich bin. Und es gibt niemanden, der nicht weiß, dass ich jüdisch bin. Aber was bekannt ist und was man liest, ist ja doch genug. Es muss ja nicht immer am eigenen Körper erfahren werden.

Ich behaupte, auch wenn ich selbst keine negativen Erfahrungen gemacht habe, dass es einen unvorstellbar großen, latenten Antisemitismus gibt, der tief verwurzelt ist. Das hängt nicht von der Zahl der jüdischen Menschen ab, die hier wohnen. Ob wir hier 6000 waren oder jetzt an die 12 000 sind, das ist nicht die Sache. Wir spielen doch im Prozentsatz überhaupt keine Rolle. Wir spielen nur insofern eine Rolle, als wir offensichtlich durch unser Jahrtausende altes schweres Schicksal zur Klugheit des Überlebens geboren sind. Es bleibt uns doch aber auch gar nichts anderes übrig, als clever zu sein. Was ich als junger Mensch durchgemacht habe, würde ich als Erwachsener niemals mit vollem Bewusstsein durchstehen, niemals! Seit der Zerstörung der Tempel sind jüdische Menschen in die ganze Welt zerstreut und haben erst seit 1948 eine echte Heimat in Israel. Und Menschen ohne eine Heimat sind immer eine Minderheit, immer sind sie assimiliert oder immer die Prügelknaben der Nation. Und so haben sich die Juden in Jahrtausenden dieses schwere Schicksal aufgeladen.

___ERNST CRAMER

Ich bin deutscher Jude

Jüdisches Leben in Deutschland nach der Schoa: Zum Anfang war es doch so, dass so gut wie niemand – ich möchte beinahe sagen: niemand – die Hoffnung gehabt hat oder die Hoffnung sich überhaupt getraut hat zu haben, dass es in Deutschland nach dieser Zeit wieder jüdisches Leben geben würde.

Als ich wieder in Deutschland ankam, war ich amerikanischer Soldat. Ziemlich bald kam ich mit jüdischen Menschen zusammen, die ich in München oder Augsburg traf. Überlebende, die irgendwie untergetaucht waren in den kleineren Städten, auch in Berlin, hauptsächlich durch die Unterstützung von Ehefrauen oder Ehemännern aus Mischehen. Und da war die Tendenz doch so, wenn man überhaupt von einer Tendenz reden kann: Wir müssen wieder jüdische Gemeinden aufbauen. Das hatte auch Galinski immer wieder gesagt. Aber es sollten Übergangsgemeinden zur Vorbereitung der Auswanderung sein. Das gleiche galt für die Displaced Persons, die es in Berlin, aber viel mehr noch in Süddeutschland gab. Sie bereiteten sich im Wesentlichen darauf vor wegzugehen. Von ihnen sind nur einige hier geblieben und Mitglieder der verschiedenen jüdischen Gemeinden geworden, haben die deutsche Staatsangehörigkeit relativ bald bekommen und sich nun jahrzehntelang gefragt: Was sind wir eigentlich?

Viele fragen sich das heute noch. Ich war kürzlich in Augsburg und habe eine Rede gehalten zur »Woche der Brüderlichkeit«. Augsburg, muss ich dazu sagen, ist meine Heimatgemeinde, ich bin in Augsburg geboren. Der Leiter der dortigen Jüdischen Gemeinde hat ein Grußwort gesprochen. Und er hat eben auch gesagt: »Wir leben wieder in Deutschland, wir sind wieder anerkannte Menschen, wir sind Juden in Deutschland. Wann irgendwer von unseren Nachkommen deutscher Jude wird, oder gar jüdischer Deutscher, das steht in den Sternen.« Anschließend habe ich die so genannte Festrede gehalten und eine Antwort eingeschoben – das hatte ich gar nicht vorbereitet. Ich sagte: »Auch ich weiß nicht, wann das sein wird.« Ich kann nur für mich alleine sprechen. Ich bin als deutscher Jude geboren und war gleichzeitig jüdischer Deutscher. Das war für mich kein Unterschied. Und ich habe auch niemals diese Frage gestellt. Die Frage kam überhaupt erst ab 1933 auf.

Im Februar 1945 war ich als US-Soldat an der Befreiung von Buchenwald beteiligt. Ich bin wahrscheinlich der Einzige – ich habe jedenfalls niemanden sonst gefunden –, der sowohl Gefangener in Buchenwald als auch später »Befreier« gewesen ist.

Wo war ich am 8. Mai 1945? In meiner Heimatstadt Augsburg. Ich war Mitglied der amerikanischen Armee und zwei Tage vorher, also am 6. Mai – vielleicht war es auch der 5. Mai –, waren wir in der Nähe von Nürnberg. Da ließ ich mich von meiner Einheit beurlauben, mir einen Pass geben, weil ich nach Kadolzburg fahren wollte. Cadolzburg war der Wohnsitz von Julius Streicher. Und ich wollte sehen, was von ihm noch übrig war. Ich kam dahin. Das Haus stand leer. Aber ich fand seine

Privatsammlung *Der Stürmer*, eingepackt teilweise in rotem Leder, teilweise noch in Pappe. Ich habe alles mitgenommen und es später in die Hoover Memorial Library in Palo Alto, in der Nähe von San Francisco, gegeben. An den Bänden ist ein Schild angebracht: »Dedicated from tech-sergant Ernest J. Cramer.« Das war ich.

Am 8. Mai kam ich nach Augsburg. Ich habe mich sofort bei der dortigen Militärregierung gemeldet. Die war seit etwa drei, vier Tagen im Amt. Man hat mich gleich vereinnahmt und gesagt: »Sie kennen die Leute hier, den Mann wollen wir dafür einsetzen, jenen dafür.« Natürlich kannte ich nicht alle. Ich bin schließlich als junger Mann aus Augsburg weggegangen. In einem Fall konnte ich aber sagen: »Der Mann war meines Wissens niemals Mitglied der Partei und dennoch ein Nazi.« Es war für meine Gesprächspartner in der dortigen Militärregierung eine große Überraschung, dass es so etwas auch gab. Und dann ein anderer, der war in der Partei gewesen, ist aber ausgetreten. 1938 ausgetreten. Und da habe ich gesagt: »Das ist ein erstklassiger Mann.« So konnte man damals als jemand, der sich ein bisschen an die Vergangenheit erinnerte, mithelfen.

Also, noch einmal: Am 8. Mai war ich in meiner Heimat in Augsburg und hatte bis zu dem Tag die Hoffnung gehabt, meine Eltern haben es vielleicht doch überlebt. Doch sie wurden deportiert am 2. April 1942. Das war der Gründonnerstag, und am Karfreitag – ausgerechnet an einem Karfreitag! – sind sie quer durch Deutschland nach Polen transportiert worden.

Meine Schwester ist etwas früher, ich bin viel zu spät weggegangen – und dass wir es überhaupt konnten, war reines Glück. Viele Juden, sehr, sehr viele Juden haben zu lange gewartet. Am Anfang haben alle gedacht, das sind schlimme Zeiten, aber die überwintert man, die übersteht man. Mir ist 1935 von der Firma, bei der ich damals gearbeitet habe, das war das Kaufhaus Schocken, angeboten worden, nach Südafrika auszuwandern. Ich habe gesagt: »Was soll ich in Südafrika? Ich gehöre hierher.« Man muss dableiben, das war meine Haltung. Wir haben uns viel zu spät für eine Auswanderung angemeldet. Ich bin nur deshalb rausgekommen, weil ich mich 1937 zum Landwirt habe ausbilden lassen. Damals haben die Amerikaner eine Sonderregelung für die Einwanderung von landwirtschaftlich ausgebildeten Leuten gehabt, weil Landwirte gesucht wurden. Deshalb habe ich überlebt. Meine Eltern haben alles Mögliche versucht. Mit Kuba hat es nicht mehr geklappt und mit keinem anderen Land. Und natürlich war es damals auch eine Geldfrage. Wenn wir viel Geld gehabt hätten ... Mit Geld war – wie immer – alles zu machen.

In Amerika habe ich dann noch Nachrichten von meinen Eltern bekommen. Die letzte Nachricht von meinem Vater kam bei meiner Schwester an über die Schweiz. Sie datierte von Ende November oder Anfang Dezember 1941. Aus Gründen, die ich nicht kenne, war ab 1942 – ich glaube, es hat irgendetwas mit der Wannseekonferenz zu tun – auch die Möglichkeit, in die Schweiz zu schreiben, nicht mehr gegeben. Wir haben danach jedenfalls nichts mehr voneinander gehört. Ich habe erst an diesem 8. Mai 1945 erfahren, dass meine Eltern mit dem ersten großen Transport aus Augsburg nach Polen geschafft worden waren. Später habe ich erfahren, dass es Piaski war.

Völlig in Ungewissheit über das Schicksal meiner Eltern, bin ich amerikanischer Soldat geworden. Ich kam nach Amerika auf eine Farm und habe da gearbeitet, weil ich als Farmer ausgebildet war. Dann habe ich durch die Quäker die Möglichkeit bekommen, ein Studium anzufangen. Ich wollte Landwirtschaft studieren, weil ich das ja hier schon wollte. Aber jedes Mal, wenn ich hier so weit war, Abitur zu machen, ging das nicht mehr. So habe ich versucht, das Abitur in Abendkursen zu erreichen, aber nach drei Jahren war es vorbei. Ging alles nicht. So habe ich mir gesagt, vielleicht schaffe ich es drüben, mir eine akademische Grundlage zu schaffen. Dort bekam ich dann die Möglichkeit, auf ein landwirtschaftliches College in Mississippi zu gehen. Wir hatten eine der führenden Football-Mannschaften, und auch die naturwissenschaftlichen Abteilungen waren recht gut. Ich konnte das Studium nicht beenden, hoffte auf die Zeit nach dem Krieg. Es kam nie mehr dazu. Ich bin als unstudierter Mensch durchs Leben gegangen, mich prägte die »University of Life«.

Während ich an diesem College war, das war im Herbst 1941, kam Pearl Harbor, der Angriff der Japaner. Ich musste mich vorher schon – wie alle anderen Leute auch – registrieren lassen. Jeder Mann in einem gewissen Alter musste sich beim Militär registrieren lassen, gleichgültig, ob man Staatsbürger war oder nicht. Ich hatte die amerikanische Staatsangehörigkeit noch nicht. Am Tag nach Pearl Harbor habe ich der Meldebehörde in Virginia geschrieben, dass ich eingezogen werden möchte, obwohl ich Landwirt war. Landwirte wurden allgemein erst später eingezogen, weil sie in der Landwirtschaft unentbehrlich waren. Und so wurde ich ein paar Wochen später, nämlich Ende Januar 1942, in die Armee aufgenommen. Wie sich dann später herausstellte, war das ein paar Wochen, bevor meine Eltern umgebracht wurden.

Dann im März 1943 wurde ich amerikanischer Staatsbürger. Das passt sicher nicht ganz hier rein, aber es gehört zur Story. Der liebe Gott ist unerhört gnädig zu mir, denn ich kann schlafen bei jeder Gelegenheit. Es kann passieren, was will, schlafen kann ich immer. Es gab zwei Ausnahmen. Eine davon erzähle ich. Die zweite Ausnahme habe ich vorhin erwähnt, das war der Tag, ehe ich nach Augsburg kam, wo ich mich fragte, treffe ich die Eltern, treffe ich sie nicht. Vorher gab es noch eine andere Ausnahme. Wie gesagt, am 13. März 1943 war ich zu einem amerikanischen Gericht bestellt, um Bürger zu werden. In dieser Nacht konnte ich nicht schlafen. Warum? Das hatte mit meinem deutschen Judentum zu tun. Ich habe mir gesagt: Ich bin aus Deutschland rausgeschmissen worden, mir sind die Bürgerrechte abgesprochen worden. Im Grunde habe ich das nie anerkannt, niemals. Die können sagen, was sie wollen. Ich bin als Deutscher geboren, ich bleibe Deutscher. Ich bin deutscher Jude. Deutscher! Schluss! Nun gehe ich zum Gericht und schwöre, dass ich ein treuer Amerikaner sein werde? Begehe ich damit Verrat? Gegenüber meinem eigenen Land, das immer – von mir aus gesehen – noch mein Land war. Oder, die nächste Frage, begehe ich, indem ich solche Gedanken habe, bereits Verrat, vielleicht sogar Hochverrat gegenüber dem neuen Land. Das war das Problem.

Zum Glück haben sich die Dinge so ergeben, dass ich heute keine Schwierigkeiten mehr habe, wieder Deutscher und immer noch Amerikaner zu sein – oder Amerikaner und immer auch noch Deutscher zu sein. Das war eine der ganz großen inneren Schwierigkeiten in meinem Leben. Das sind Identitätsfragen. Was bin ich? Und kann man eigentlich in einem Land wieder Staatsbürger werden, in dessen Namen solche Verbrechen begangen wurden? Ich habe viele Freunde, die meine Entscheidung für falsch – nein, falsch ist das verkehrte Wort –, für nicht richtig halten. Ich kenne viele, die noch heute aus Gründen, die ich wiederum nicht für richtig halte, die ich aber völlig verstehe, nicht nach Deutschland reisen. Ich habe für mich eine andere Entscheidung getroffen. Wobei man sich natürlich auch fragen kann: Was sind Entscheidungen? Es hat sich natürlich vieles auch ergeben.

In der Armee wurde ich als Infanterist ausgebildet und ging dann in die psychologische Kriegsführung. Das ist das, was hier in Deutschland die Propaganda-Kompanie war. Das heißt, wir waren in der vordersten Linie und haben mit einem Lautsprecher – damals noch sehr einfach – Aufrufe und Nachrichten übertragen. Weil wir immer ganz vorne agierten, waren wir sehr gefährdet. Aber Krieg ohne Gefährdung ist kein Krieg. Ich hatte wieder Glück, blieb ohne Schaden. Der liebe Gott war immer bei mir. Das heißt nicht immer, sonst hätte er meine Eltern nicht … Aber nicht Gott hat meine Eltern umgebracht, sondern Menschen. Das darf man nie vergessen. Man wird so oft gefragt: Wo war Gott? Ich frage immer: Wo waren die Menschen?

Wie waren nun im Nachkriegsdeutschland die Begegnungen mit den Menschen, von denen man ja nicht wusste, wer was getan hat? Am Anfang waren die Begegnungen natürlich getragen von unerhörter – na ja, nicht Zurückhaltung, aber doch von ein bisschen Sorge. Das sind fremde Leute, in meinem Alter. Waren sie bei der SS oder gar bei der Waffen-SS? Was hat er gemacht? War er in der Wehrmacht? Denn auch damals wusste man schon, was die Wehrmachtsausstellung angeblich erst jetzt zeigt, dass es auch in der Wehrmacht schlimme Dinge gab.

An diesem 8. Mai 1945 bin ich in Augsburg natürlich auch auf den Friedhof gegangen. Auf diesem Friedhof liegen meine Großeltern, meine Urgroßeltern und deren Eltern, also ganze Generationen meiner Familie. Und ich wollte sehen: Was ist mit dem Friedhof passiert, wenn ich schon die Eltern nicht treffe. Der Jüdische Friedhof war ziemlich verwildert. Ich traf die Witwe des alten Gärtners. Sie sagte: »Wir haben es einfach nicht mehr geschafft.« Und dann sah ich etwas weiter hinten eine dürre alte Frau. Und ich sagte zur Gärtnerin, Frau Reiser hieß sie: »Das ist doch Fräulein Pfister?« Fräulein Pfister war die arme alte Jungfer aus meiner Kindheit. Sie ging als Weißnäherin – das gab's damals noch. Wir haben nichts weggeworfen. Alles wurde wieder verwendet, und dazu brauchte man Knöpfe und Garne. Außerdem hat sie mir, als ich noch klein war, noch ehe ich in die Schule ging, Flechten, Häkeln und Stricken beigebracht. Sie war sehr oft bei uns zu Hause. Und jetzt traf ich sie hier wieder nach langer Zeit. Sie war in all den Jahren an jedem Tag, mit Ausnahme des Samstags, hierher gekommen und hatte die Gräber derjenigen gepflegt, bei denen sie früher gearbeitet hatte. Das berichtete die Gärtnerin. Das gab es also auch. Und solche Leute habe ich noch öfter getroffen. Da habe ich mir gesagt: Vielleicht geht es doch wieder.

Nach der psychologischen Kriegsführung kamen mit Befreiung und Niederlage die Re-Education-Programme. Eine ganze Reihe von Leuten haben da mitgemacht. Die psychologische Kriegsführung fand ihr Ende. Viele sind in irgendeiner Funktion zur Militärregierung gegangen, etwa beim Aufbau des Filmwesens, des Verlagswesens oder des Pressewesens. Aber eine Fortführung der Arbeit kann man es nicht nennen. Da in der Abteilung für psychologische Kriegsführung sehr viele Leute waren, für die Deutsch ihre Heimatsprache war, die sich in der deutschen Kultur besser auskannten als viele der Leute, die die deutsche Kultur zwischen 1933 und 1945 verwaltet hatten, war es ganz logisch, dass sie – und fast noch stärker in Österreich als hier in Deutschland – Kulturfunktionen in der US-Militärbehörde wahrnahmen. Ich selbst war dann viele Jahre bei der Militärregierung in München.

Damals wurde dort eine wunderbare Zeitung gegründet, die *Neue Zeitung*. Ins Leben gerufen hat sie Hans Habe. Der nächste Chef war dann Hans Wallenberg, er hat mich dorthin geholt. Unter ihm habe ich als Stellvertretender Chefredakteur bei der *Neuen Zeitung* in München gearbeitet. Da hatte ich selbstverständlich die Uniform schon längst ausgezogen.

Mit Hiroshima kam das Ende des Krieges. Im Oktober 1945 bin ich aus der Armee ausgeschieden und Zivilist geworden. Aber man musste dann noch eine ganze Zeit lang so eine Dienstuniform haben, ohne Abzeichen, ohne alles. Ich weiß nicht mehr genau, ob man Zivilsachen tragen durfte. Jedenfalls war ich bei der Geburt der *Neuen Zeitung* dabei, aber nicht einer der ersten.

Die *Neue Zeitung* brauchte keine Genehmigung der Militärregierung, sie war eine Zeitung der Militärregierung. Genehmigungen von der Militärregierung hingegen erhielten zum Beispiel die *Süddeutsche Zeitung* oder der *Tagesspiegel*. Axel Springer hatte eine britische Genehmigung für die Zeitschrift *HÖRZU* und für die *Nordwestdeutschen Hefte*. Er wollte keine Zeitungslizenz von den Briten bekommen, weil die Briten damals im Unterschied zu den Amerikanern parteigebundene Zeitungen bevorzugten. Springer aber wollte Zeitungen, die frei sind. Die Franzosen verfolgten eine andere Politik, es war ihnen gleichgültig, was die Zeitungen machten, vorausgesetzt, dass die verantwortlichen Leute ihnen passten.

Zum ersten Mal nach dem Krieg erlebte ich Berlin im Sommer 1945. Ich kam als Militärangehöriger, aber ich weiß nicht mehr, was mein Auftrag war. Ich erinnere mich noch an eine Tagung auf amerikanische Initiative im Harnack-Haus. Berlin kannte ich so, wie ich Zürich kannte. Ich war natürlich als junger Mensch einige Male zu Besuch in Berlin. Eine Cousine meiner Mutter hat hier gelebt. Sie ist ausgewandert. Also so ein echter Berliner, der nach Hause kommt, war ich nicht. Anders Heinz Galinski. Er war ein Berliner, der zurückkehrte. Ich hatte keine inneren Beziehungen zur Stadt. Nur in dem Sinne, dass es natürlich für mich die deutsche Hauptstadt war, und das ist sie immer geblieben, zu jeder Zeit. Es ist auch kein Zufall, glaube ich, dass ich gerade in diesem Punkt – wie in vielen anderen – mit Springer völlig übereingestimmt habe. Berlin ist die deutsche Hauptstadt.

Ja, der Axel Springer hätte gerne noch erlebt, dass Berlin wieder richtig Hauptstadt wurde. Aber Moses ist auch nicht ins Heilige Land gekommen. Springer hat sein Verlagshaus bewusst an diese Stelle, direkt hinter der Sektorengrenze neben die Berliner Mauer, gebaut. Und es gab keinen Besucher, der in das Haus kam, den er nicht ans Fenster geführt hätte. Rabbiner Max Grünewald, der damalige Leiter des Leo-Baeck-Instituts in New York, fragte ihn: »Herr Springer, warum bauen Sie Ihr Haus an das Ende unserer Welt?« Die Antwort: »Ich bin in der Mitte der Stadt, zentraler kann man gar nicht bauen.« Obwohl Springer ja kein geborener Berliner war, war er doch in mancher Beziehung mehr ein Berliner, als es so manch ein »echter« ist.

Im Sommer 1945 ahnte ich noch nicht, dass Berlin der Mittelpunkt meines beruflichen Lebens werden sollte. Ich war in der Militärregierung und bei der *Neuen Zeitung*. Als im Jahr 1954 die Bundesausgabe der *Neuen Zeitung* eingestellt wurde, habe ich mich in Amerika nach Arbeit umgesehen. Inzwischen war ich verheiratet, und wir meinten, dass zumindestens am Anfang die Kinder in Amerika aufwachsen sollten. Ich bekam alle möglichen Angebote, aber nur eines war wirklich interessant, es kam von *United Press*, die mich in ihr Deutschland-Büro setzen wollten. Und so kam ich – mit der ganzen Familie – doch wieder zurück nach Deutschland, nach Frankfurt am Main zu *United Press*.

Ende 1957, Anfang 1958 hat mich Springer zu sich gebeten. Durch einen gemeinsamen Bekannten ist er auf mich aufmerksam gemacht worden. Er bot mir an, beim ihm zu arbeiten. Zuerst war ich als Stellvertretender Chefredakteur in Hamburg bei der *Welt* tätig. Im Jahre 1966 hat Springer mich gebeten, ihn auf seiner erste Reise nach Israel zu begleiten. Da bin ich gern mitgefahren. Die Zusammenarbeit hat gut geklappt. Dann hat er mich gefragt, ob ich in seinem Büro bleiben will. Ich zögerte, weil ich den damaligen Leiter des Büros nicht verdrängen wollte, der dann aber sowieso bald ausschied. Und so wurde ich Springers Bürochef und arbeitete danach noch in weiteren Funktionen. Und bin heute noch da. Das Hochhaus, in dem ich seitdem arbeite, ist im selben Jahr gebaut worden.

Während wir auf der zweiten Reise in Israel waren, haben wir die große Rede vorbereitet, die Springer hier gehalten hat. Ich bin zu einer Art Ghostwriter von Springer geworden. Ghostwriter in dem Sinne, dass er keine Geduld hatte, sich hinzusetzen und Reden zu schreiben. Er ist immer durchs Zimmer gelaufen und hat gesagt: »Das musst du schreiben.« Und: »Das müssen wir tun.« Ich habe irgendwie ein Gedächtnis dafür – oder damals dafür gehabt. Ich habe es dann einfach aufgeschrieben. Beim ersten Mal war das noch gar nicht so geplant. Da habe ich gesagt: »Sie haben gestern so eine großartige Rede gehalten, als wir unterwegs waren. Ich habe versucht, sie mal aufs Papier zu bringen.« »Na ja, geben Sie mal her«, sagte er. Und dann: »Das ist ja genau das, was ich gesagt habe, heute weiß ich das schon gar nicht mehr.« So begann meine Tätigkeit als Ghostwriter.

Ich werde oft gefragt, ob Springer durch mich angeregt war, seine engen Beziehungen zu Israel zu knüpfen. So ist es nicht. Gut, ich habe ihn nicht gebremst, aber ich glaube, das hatte hauptsächlich mit seiner Religiosität zu tun. Für ihn, wie für viele Christen, besonders rechtsgerichtete Christen in Amerika, ist die Schaffung des Staates Israel eine der Bedingungen, die in der Bibel genannt ist als Zeichen für die kommende Zeit. Die Gründung des Staates Israel hatte für ihn in erster Linie eine religiöse Bedeutung. Zweitens, und das war ihm fast gleichgewichtig, empfand er es als eine Art Wiedergutmachung der Geschichte an den Juden.

Aus seiner früheren Zeit kannte er eine ganze Reihe jüdischer Menschen, von denen die meisten nicht in Israel waren. Aber die Bekanntschaften mit Leuten in Amerika, in England oder Skandinavien hat er übertragen auf neue Freunde in Israel. So ist das gewachsen. Wenn er seiner jungen Frau Friede Springer etwas hinterlassen hat, dann ist es eine ganz selbstverständliche Treue zu Israel – bei ihm war es Liebe.

Das Verhältnis zu Israel und die jüdische Identitätsfrage, das ist ein sehr kompliziertes Thema. Es ist kein Einzelfall, wie es Bubis häufiger referiert hat, dass man den Juden sagte, Israel sei ihre Heimat, obwohl sie doch eigentlich Deutsche sind. Was bedeutet die Existenz Israels für die jüdische Identität? Die Existenz des Staates Israel hat mit meiner Identität als deutscher Jude überhaupt nichts zu tun. Für mich ist das so – da muss ich sehr vorsichtig sein, bin dabei aber gleichzeitig brutal: Ich bin glücklich und dankbar, dass es den Staat Israel gibt. Sie finden mich in allen möglichen Gruppierungen, die etwas für diesen Staat tun. Aber für meine Beziehung zum Judentum, und ich bin alles andere als ein frommer oder gar orthodoxer Jude, hat das nichts zu bedeuten. Ich möchte es so sagen: Ich wäre als Jude kein Anderer, wenn es heute den Staat Israel nicht gäbe. Deshalb ist es verletzend für einen jüdischen Deutschen, wenn er darauf verwiesen wird, seine Heimat sei Israel. Das ist ja ein bisschen dasselbe, was die Nazis auch gesagt haben.

Mich verletzt es nicht, weil es die Leute nicht besser wissen, aber Bubis hat darunter gelitten. Die ihn so angeredet haben, waren nicht die Bösartigen, es waren gerade die Gutartigen, die ihn verletzt haben. Ein bisschen hat er ihnen Recht gegeben, als er seine letzte Ruhestätte in Israel gesucht hat, in Tel Aviv, und zwar auf demselben Friedhof und in derselben Reihe, wie die 1972 ums Leben gekommenen israelischen Olympioniken. Es gab an seinem Lebensende eine Enttäuschung über die Entwicklung in Deutschland.

War es eine richtige Entscheidung oder war es eine falsche Entscheidung, nach Deutschland zurückzukehren und hier zu bleiben – aus heutiger Sicht, im Wissen, was seitdem hier geschehen ist? Für mich – und für meine Kinder am Ende auch? Die Antwort ist mehrschichtig.

Ist es richtig, dass wir in Deutschland wieder jüdische Gemeinden haben? Die Antwort ist ganz eindeutig: Ja! In einem Land mit dieser Vergangenheit – und ich spreche jetzt nicht von den zwölf Jahren, ich spreche von den zwölf Jahrhunderten vorher –, mit dieser Vergangenheit, wo es immer Juden gegeben hat, die fast immer schlecht behandelt worden sind, aber immer da waren, immer wieder. Wenn es in diesem Land keine Juden mehr geben würde, wäre irgendetwas schief für die demokratische Weiterentwicklung.

Für dieses Deutschland, das sich in den letzten fünf Jahrzehnten sehr bewährt hat, ist es ein unerhörter Zugewinn, dass es die jüdischen Gemeinden wieder gibt. Und dabei ist es zunächst erst einmal völlig unwichtig, ob die Mitglieder dieser Gemeinden sich als Deutsche fühlen oder nur einen deutschen Pass haben. Das ist eine Sache von Generationen. Das ist der erste Punkt.

Der zweite Punkt: für mich persönlich. Ich könnte natürlich in Amerika leben, ich könnte mit Sicherheit in der Schweiz leben. In Österreich würde ich nicht gerne leben, aber das ist etwas anderes. Ich könnte auch in Israel leben. Ob ich dann –

wie so viele andere – ein echter Israeli geworden wäre, das wage ich nicht zu sagen.

Ich will es nicht ableugnen! Sowohl in Deutschland als auch in Amerika fühle ich mich, und das mag merkwürdig klingen, zugehörig. Ich kann gar nicht sagen, wo ich mich mehr zugehörig fühle, hier oder dort. Ich glaube, hier ist das stärker emotional und drüben mehr mental verankert. Und eigentlich bin ich froh, dass es für mich beides gibt. Wobei ich weiß, dass es nicht für jeden eine Lösung ist. Und für viele andere überhaupt gar keine Lösung sein kann.

Meine Frau hat mich nach Deutschland zurückbegleitet. Sie hat einen ähnlichen Hintergrund, stammt aus derselben Stadt. Ich kenne meine Frau, seit sie mit meiner Schwester zusammen in den Kindergarten gegangen ist. Unsere Kinder sind hier in die Schule gegangen, alle. Die Tochter ist verheiratet in Norwegen und der Sohn lebt in New York. Beide haben mit Deutsch überhaupt keine Probleme. Sie besuchen uns oft. Aber keines meiner Kinder lebt hier.

Was bin ich denn eigentlich? In der Jüdischen Gemeinde bin ich selten. Ich zahle meine Mitgliedsbeiträge. Meine Kinder sind nicht mehr da.

Meine Entscheidung für Deutschland bleibt richtig – ganz selbstverständlich, trotz allem. Und es ist gut für Land und Demokratie, dass Juden wieder hier leben und arbeiten.

So ist zurückblickend der 8. Mai 1945 ein Tag, der für die Deutschen die Tür für eine gerechtere und bessere Welt öffnete. Am Tag unseres – auch meines (ich war US-Soldat) – Sieges über Nazideutschland, wusste ich selbstverständlich noch nicht, dass ich in dieses befreite Land wieder zurückkehren würde. Insofern war der Tag kein Angelpunkt für meine spätere Entscheidung. Im Rückblick will ich zugestehen, dass der 8. Mai 1945 doch der Tag ist, der für mein Leben entscheidend war, denn ohne die Niederlage von damals hätte es überhaupt keine Veränderung gegeben.

Von vielen Leuten, auch Historikern, wird nicht genug beachtet: Seit Herbst 1941 war klar, dass Hitler-Deutschland nicht siegen konnte, und trotzdem wurde zur gleichen Zeit die Judenverfolgung und -vernichtung ins Maßlose gesteigert. Der antijüdische Feldzug begann bereits 1941, und schon seit Herbst 1941 musste das Naziregime eigentlich erkennen, dass es gegen die Übermacht der Alliierten nicht gewinnen konnte. Besonders nach Pearl Harbor, nachdem Amerika in den Krieg eingetreten war, war es dann ganz eindeutig.

Ich frage mich, ob nicht bei einigen der Verantwortlichen im Nazilager dieses Wissen um das Nicht-siegen-Können dazu beigetragen hat, den Judenmord noch zu verstärken. Man kann nicht übersehen, dass die Verfolgung immer stärker wurde in den letzten Wochen, noch bis in die letzten Kriegstage hinein. Sogar noch in den Stunden der Kapitulation wurde gemordet. Als Hitler entschlossen war, Selbstmord zu begehen, war seine große Forderung oder der große Auftrag ans deutsche Volk, die Vernichtung der Juden weiterzuführen.

Diese Besessenheit, Juden umzubringen und zu eliminieren, ist etwas, was ich nie, nie verstehen werde. Das ist nicht zu erklären. Was da geschehen ist, was da durch Deutsche und von Deutschen veranlasst und exekutiert wurde, ist und bleibt für mich unvorstellbar und natürlich auch nicht nachvollziehbar. Dass da ein Zusammenhang, eine Kausalität möglicherweise besteht zwischen der Ahnung vom eigenen Untergang und der Verschärfung des Genozids an den Juden, könnte man psychologisch erklären. Wenn wir untergehen, dann sollen die Juden auch untergehen. Wie Hitler ja auch einmal gesagt hat: Wenn ich untergehe, dann soll das deutsche Volk mit untergehen. Trotzdem bleibt es unvorstellbar. Es hatte quasireligiöse und eschatologische Züge. Darüber ist bisher noch zu wenig nachgedacht und geschrieben worden. Es war vollkommen irrational, die Deportationszüge fahren zu lassen, wo doch die Transportkapazitäten eigentlich für ganz andere militärische Zwecke hätten genutzt werden müssen, wenn man im Krieg rational vorgegangen wäre. Das hat etwas Endzeitliches, wie jetzt auch der Terroranschlag vom 11. September 2001 in New York.

Die -ismen des vorigen Jahrhunderts, Faschismus, Nationalsozialismus und Kommunismus, haben natürlich alle quasireligiöse Elemente und sind insofern Vorläufer des Fundamentalismus, den wir heute erleben.

___Ruth Galinski

Woher der Hass?

Geboren bin ich in Dresden. Mein Vater stammt aus Bialystok. Er hat Jiddisch gesprochen. Ich habe immer gedacht, er spricht schlecht Deutsch, bis ich später in Polen merkte, dass es Jiddisch ist. Ich bin 1938 verhaftet worden und weggekommen. Also war nur meine Jugend sächsisch ... Das ist so lange her.

Geboren in Deutschland, hatte ich dennoch die polnische Staatsangehörigkeit von Geburt an, weil sie sich in Deutschland nach dem Vater richtete. Ich sprach kein Wort Polnisch.

Trotzdem wurde ich Opfer der so genannten »Polenaktion« vor dem 9. November 1938. Sie war gedacht als Schikane gegen die angeblich polnischen Juden in Deutschland. Das waren Menschen wie ich, die oft hier geboren waren, aber keine deutsche Staatsangehörigkeit besaßen.

Herschel Grünspan, ein junger Mann, dessen Eltern ins Niemandsland zwischen Deutschland und Polen abgeschoben waren, wollte die Welt auf das Unrecht gegen die Juden aufmerksam machen und schoss auf einen deutschen Diplomaten in einem Pariser Café. Sechs, sieben Tage nach diesem Attentat ist er gestorben. Und da hatten die Nazis dann Zeit, eine

Hetzkampagne in Gang zu setzen. Die deutsche Öffentlichkeit sollte sich gegen die Dreistigkeit der Juden spontan erheben. Das war der 9. November – mit der Zerstörung der Synagogen, der jüdischen Geschäfte und Einrichtungen, den Verhaftungen, Morden und Deportationen.

Mein Vater war vorher durch die Rothschild-Stiftung nach Argentinien gelangt, hatte aber vorher hier in Berlin – in Niederschönhausen – umschulen müssen auf Landwirtschaft. Mein Bruder auch. Inzwischen stellte die argentinische Regierung kein Visum mehr aus. Wie die anderen Männer sollte mein Vater vorausfahren. Erst nach einem Jahr Arbeit auf dem Land durfte er die Familie nachholen. Diese Regelung erfand die argentinische Regierung, weil die jüdischen Familien natürlich gleich von der Farm irgendwo in Argentinien in die Städte gezogen sind, denn sie waren das gar nicht gewöhnt, auf der Farm zu leben. So kam das Gesetz zustande, wonach der Mann erst ein Jahr da sein musste, ehe er seine Familie nachholen durfte. Mein Vater ist am 6. Juni 1938 abgereist, und wir wurden am 27. Oktober 1938 verhaftet und konnten ihm nicht mehr folgen.

Am Tag der Verhaftung wurden wir in unsere Meldestelle gebracht. Abends ist ein Polizist gekommen: »Pässe vorzeigen!« Die hatten uns vorher nicht gesagt, dass sie uns mitnehmen. Es war abends zwischen acht und zehn Uhr, als wir verhaftet wurden. Ich weiß noch, wir schauten aus dem Fenster. Ich wollte noch Sportunterricht geben, heimlich, das war ja schon nicht mehr erlaubt. Wir sahen draußen einen Polizisten und haben noch gesagt: »Die machen unten wieder Schwarzarbeit.« Auf die Idee, dass die uns abholen, sind wir überhaupt nicht gekommen. Und da mein Bruder auf einem Ausflug war, hat man auf ihn gewartet. Er kam dann spät nachts mit.

Dann mussten wir mit von der kleinen Meldestelle, dem Polizeirevier, auf die Hauptstelle; ein Sammelplatz wurde dort eingerichtet. Und am nächsten Morgen ging der Marsch durch Dresden zum Neustädter Bahnhof, dort in Waggons, von SS bewacht. Das waren normale Personenwaggons, dritte Klasse. In jedem Waggon war ein SS-Mann. Nachts kamen wir zur deutsch-polnischen Grenze. In Polen wurden die Leute nicht aufgenommen, weil sie ja zumeist keine polnischen Pässe mehr hatten. Ich besaß zwar einen polnischen Pass, den ich aber nach Leipzig zur Verlängerung geschickt hatte. Obwohl wir polnische Vorfahren hatten, konnten wir nicht einreisen.

An der Grenze haben wir zwei Nächte lang im Regen und Morast gewartet. Es waren Tausende. Das Rote Kreuz hat sich eingeschaltet. Die SS stand hinter uns und ließ uns nicht wieder zurückgehen. Es gab Tote. Wir waren im Niemandsland gestrandet. Die »Polenaktion« fand in allen größeren Städten statt. In Dresden, also in der Provinz, wurden ganze Familien, in Berlin nur die Männer verladen.

Über die grüne Grenze sind wir, meine Mutter, mein Bruder und ich, schließlich nach Polen gekommen, in einen Ort bei Warschau, wo man ganz schnell in einem großen Haus ein Flüchtlingslager eingerichtet hatte. Da wurden wir Geflüchteten, so wie wir da standen, sehr gut aufgenommen. Die polnischen Juden haben uns sehr geholfen. Ich habe damals immer gesagt, wenn das in Deutschland gewesen wäre, ich weiß nicht, ob die Deutschen so geholfen hätten. Jeder hatte nur zehn Mark bei sich, weil man ins Ausland nur zehn Mark mitnehmen durfte. Mehr nicht. Alles andere hat man uns abgenommen. Ich hatte aber noch nicht einmal diese zehn Mark.

Als wir in Polen ankamen, ahnten wir noch nicht, dass die Deutschen uns bald auch in Polen ergreifen konnten. Es war ein Jahr vor dem Kriegsbeginn. Ich war 17 Jahre alt. Da hat man sowieso nichts vorhergesehen. An Krieg dachten wir noch nicht. Er kam im September. Wir hatten also keine Gelegenheit mehr, von Polen aus nach Argentinien auszureisen, weil die Wartezeit von einem Jahr noch nicht um war. Wir haben das Visum nicht bekommen, und als es kam, da konnte man nicht mehr raus. Wir haben das Visum nie in die Hand bekommen, aber es war da. Wir waren nach Warschau gekommen, weil wir nachweisen konnten, dass wir ein Visum hatten, also gar nicht in Polen bleiben wollten. Was sollten wir da auch?

Die meisten Betroffenen der »Polenaktion« sind von der Grenze zurückgekehrt und nicht nach Polen gekommen. Sie wurden wieder freigelassen, teils weil sie nachweisen konnten, dass sie ein Visum für eine Emigration nach irgendwohin hatten. Verschiedene Leute, die in Polen waren, durften besuchsweise nach Berlin fahren. Aber unsere Wohnung war versiegelt. Da gab es kein Zurück.

Der Kriegsbeginn war schrecklich! Die ersten Bomben fielen bei Warschau in ein Waisenhaus. Es gab die ersten Toten. Es ging dann alles sehr schnell, der Einzug der Soldaten, der Wehrmacht, der auch nicht erfreulich war. Also wenn man sagt, die Wehrmacht war lieb und nett … – das weiß man heute besser. Die Erschießungen begannen zwar erst allmählich, aber ich weiß noch, wie sie in das Haus reingekommen sind, in dem wir wohnten. Ich sagte irgendetwas Harmloses zu meiner Mutter, gar nichts Besonderes, etwa wie: »Hilfe, die kommen«, oder so was Ähnliches. Da hat der Soldat gesagt: »Wenn du weiterredest, erschieß ich dich.« Das vergesse ich nie.

In Warschau hat mein erster Mann das Flüchtlingslager ehrenamtlich geleitet. Da habe ich ihn auch kennen gelernt und jüdisch geheiratet. Aber das zählte ja hier nicht. Mein erster Mann war Jurist. Er war Pole. Und wir haben mit 18 geheira-

tet, damit ich nicht alleine war. Weil er dachte, er wird eingezogen. Wir sind in verschiedenen Flüchtlingslagern – immer
bei Warschau – gewesen. Dann sind wir nach Warschau gezogen. Bevor das Ghetto geschlossen wurde, hat mein Mann falsche Papiere besorgt, und wir sind raus. Ich lebte nicht lange
im Ghetto. Als es geschlossen wurde, hätte man ja auch kaum
noch rausgekonnt. Eine Ausbildung hatte ich nicht. Es ging
nur ums Überleben.

Ja, es ging weiter. 1943 kam mein Mann um. Er wollte seine Eltern in Lemberg rausholen. Wir hatten auch für sie falsche Papiere besorgt, aber sie wollten nicht illegal leben, weil
sie Angst hatten. Sie haben immer gesagt, wenn es schlimm
wird … Bis dahin hatten wir immer alles zusammen unternommen. Ich war damals krank. Deshalb fuhr er alleine nach
Lemberg. Und dann ist er wohl im Zug entdeckt worden oder
in Lemberg auf dem Bahnhof, ich weiß es nicht. Auf jeden Fall
wurde er verhaftet. Und kam um.

Ich lebte mit falschen Papieren im Untergrund, mal hier,
mal dort. Man durfte den Polen ja auch nicht sagen, wer man
ist. Die Polen haben Juden genauso verraten. Die Polen haben
die Deutschen gehasst wie die Pest, aber die Juden noch mehr.

Mein Mädchenname ist Weinberg. Ruth Weinberg. Decknamen, falsche Namen hatte ich verschiedene: Kowalski, als
Tschechin Müller. Ganz verschieden. Ich hatte verschiedene
Papiere. Manchmal gingen die Papiere kaputt. Aber hauptsächlich Kowalski. Die Sache mit den falschen Papieren war
ganz gut organisiert. Man konnte sie in Polen kaufen bei der
katholischen Kirche … Und zwar war es in Polen so: Wenn ein
Mensch geboren wurde, wurde er registriert. Und wenn er
starb, wurde er auch wieder registriert. Also nicht wie bei uns
auf dem Standesamt, sondern von der Kirche. Wenn man zum
Beispiel in Warschau geboren ist und in Krakau gestorben ist,

wusste keiner davon. Es gab kein Meldesystem. Und die verschiedenen Kirchen haben Papiere von Verstorbenen verkauft. Die Papiere waren echt.

Ich war beim Warschauer Aufstand dabei – das war eine schreckliche Tragödie, weil man mit bloßem Auge schon drüben, hinter der Weichsel, im Vorort die russische Armee sehen konnte, die dann aber noch einmal zurückwich. Alle, die versteckt waren, sind aufgetaucht. Da habe ich Freunde getroffen, die hier jahrelang versteckt gelebt hatten. Und wir haben geweint, gefeiert: Wir sind frei! Und nachher sind fast alle umgekommen. Wir hatten uns bereits befreit gefühlt – doch die Russen sind zurückgegangen, wohl aus politischen Gründen. Es wäre ein Leichtes gewesen, über den Fluss zu kommen und Warschau zu befreien.

Ich schloss mich einer Art Widerstandsgruppe an, die sich in der Hohen Tatra versteckte. Unser Anführer, der meinen Mann gut gekannt hatte, nahm mich mit und schärfte mir ein: »Du sagst den anderen nicht, wer du bist!« Erst als wir später von den Russen befreit wurden, habe ich meine Identität mitgeteilt. Der Anführer hatte selbst Angst vor seinen eigenen Leuten.

Nach der Befreiung durch die Russen im Januar 1945 bin ich nicht gleich nach Deutschland gekommen. Ich wollte das nicht. Ich dachte, hier lebt keiner mehr. Weil ich von meiner Mutter und meinem Bruder getrennt war, meinte ich, sie haben es nicht überlebt. So lebte und arbeitete ich noch ein Jahr in Krakau, habe mich bei der Gemeinde registrieren lassen.

Vorstellungen über mein Leben nach dem Kriege hatte ich nicht mehr. Ich hatte keine Adresse von meinem Vater. Ich hatte doch keine Papiere und nichts. Ich war ganz alleine auf der Welt. Ich habe mich in der Gemeinde gemeldet, und da hat man mir gesagt, ich könne in einem Geschäft arbeiten, wo ein zurückgekehrter Jude das Geschäft wiederbekam. Das war ein Geschäft für Nähmaschinen, Nadeln usw. Da habe ich an der Kasse gesessen, fröhlich, und habe mein Geld verdient. Nadeln wurden mächtig gekauft von vielen, die mit den Nadeln zum Beispiel nach Budapest fuhren und dafür mit Zucker zurückkamen, oder mit Zigaretten. Das Geschäft lag direkt am Markt, eine Querstraße vom Ring. Das war eigentlich ein einsames Jahr 1945. Das Befreiungsjahr, natürlich! Aber sonst: Alles offen.

Mein Vater, der inzwischen in Buenos Aires war, hat in den Suchlisten meinen Namen gelesen und mir geschrieben: »Gehe nach Berlin, da liegt dein Visum, dein Bruder und deine Mutter sind auch schon in Berlin.« Sie hatten es auch überlebt. Und so bin ich Pfingsten 1946 nach Berlin gekommen. Ich musste aber schwarz über die Grenze gehen. Ich war Polin. Und es war mir nicht erlaubt, nach Deutschland zu gehen. So musste ich illegal hier nach Deutschland kommen. Ich weiß nicht mehr wie. Es war eine große Brücke. Ob das Görlitz war oder Frankfurt/Oder? Jedenfalls eine große Brücke. Da gibt es jetzt auf der anderen Seite auch einen Polenmarkt. Ich bin mit einer ganzen Gruppe Juden über eine große Brücke gegangen. Wir haben die Grenzer einfach bestochen.

Es gab eine Berliner Liste, nach 1945 gedruckt. Da steht drin, wie die Leute überlebt haben, ob im Untergrund, im Lager oder wo sonst. Diese Liste hat man von Berlin aus in die ganze Welt verschickt. Die Warschauer Gemeinden haben das ebenso gemacht. Es gab den Joint und das Rote Kreuz. Joint, das war das »American Joint Distribution Committee«, eine gut organisierte Hilfsorganisation, die es heute noch gibt, um Not leidenden Juden in aller Welt zu helfen. 1944 gab es eine Konferenz zwischen Roosevelt, Stalin etc. in Teheran. Und da hat man sich gedacht: Wie kann man die Leute, die über ganz

Europa verstreut sind, wieder zusammenbringen? Joint bekam den Auftrag, überall solche Listen anzulegen und sie untereinander auszutauschen, damit die Leute wieder zueinander kommen – quasi Internet 1944. Mein Vater hat mich in Buenos Aires in so einer Liste gefunden. Ich habe die Listen selbst nie gesehen. Er wollte, dass ich zu ihm komme. Aber ich bin hier geblieben. Ich habe meinen Mann, Heinz Galinski, kennen gelernt und geheiratet. Mein Bruder und meine Mutter sind ausgewandert. Meine nächsten Angehörigen sind davongekommen. Die ganze Verwandtschaft in Polen ist umgekommen. Meine Eltern liegen in Buenos Aires auf einem Friedhof. Mein Bruder lebt noch drüben.

Heinz Galinski habe ich auf dem Makkabi-Sportplatz im Grunewald kennen gelernt. So ist es. Ich habe Hakoah mitgegründet. Weil er sportbegeistert war, kam er als Vertreter der Jüdischen Gemeinde. Wir spielten Handball. Ich war der Kapitän der Mannschaft, und da hat er mich in der Pause – oder hinterher – angesprochen. Und dann ging alles ganz schnell. Ich habe ihn im Juli kennen gelernt, wir haben uns am 19. Juli, meinem Geburtstag, verlobt, und im Oktober haben wir geheiratet. Ja, es war ganz schnell. Und erfolgreich. Wir bekamen am 28. Juli 1949 unsere Tochter Evelyn. Wir waren 45 Jahre verheiratet, als er starb.

Ich bin 1946 nach Deutschland gekommen und 1947 habe ich meinen Mann kennen gelernt. Da hatte ich zum ersten Mal das Visum nach Argentinien in der Hand. Und ich habe es verfallen lassen. Und das Schönste an der Hochzeit war: Ich durfte eigentlich nicht heiraten, weil ich ja als Polin zu den Alliierten zählte und mein Mann Deutscher war. Da hat mich Dr. Fabian staatenlos gemacht, damit ich einen Deutschen heiraten kann. Obwohl man verfolgt war, musste man staatenlos gemacht werden. Die Alliierten wollten Fraternisierungsversuche im Keime ersticken. Deshalb war es verboten. Als Staatenlose konnte ich den Deutschen und Juden heiraten.

Heinz Galinski war 1946 nach Berlin gekommen. Er wurde in Bergen-Belsen befreit. Auf dem Weg nach Berlin ist er in Sachsenhausen inhaftiert worden – fälschlicherweise. Schließlich stellte man fest, dass er ein befreiter KZ-Häftling war. Er hatte den Fehler begangen, ohne Entlassungspapiere von Bergen-Belsen sofort wegzulaufen, weil er seine Familie suchen wollte. Inzwischen war die Grenze bei Magdeburg verschoben. Er musste über die Elbe und ist von den Russen erwischt worden. Die haben gesagt: »Ja, ja, wir glauben dir, du wirst gleich entlassen.« Trotzdem kam er ins Speziallager Sachsenhausen. Dort gab es einen jüdischen Offizier der Roten Armee, der ihn erst als Letzten entließ. Er sollte die SS-Männer identifizieren. Die hatten eine Nummer unter der Achselhöhle eintätowiert. Das klingt absurd. Die Häftlinge hatten die Nummer am Arm und die SS-Männer unter der Achselhöhle.

Eigentlich wollte ich auf keinen Fall wieder nach Deutschland, nach alledem. In Polen wollte ich auch nicht bleiben. Es war ein schwerer Entschluss. Ich dachte, es ist nur vorübergehend. Ich wollte ja nur mein Visum abholen. Dass es nun meinen Mann gab, hielt mich hier. Aber ich wollte immer raus. Ich wollte unbedingt nach Nordamerika. Nur wollte mein Mann nicht. Natürlich war die Heirat dann der Grund hier zu bleiben. Das war doch mein Glück. Ich habe einen guten Mann für mich gehabt.

Ich bin mit meinem Mann nie wieder nach Polen gereist. Ich bin auch nicht mit meinem Mann nach Dresden gefahren. Ich habe kein Interesse an Vergangenheit. Erst ein Jahr vor seinem Tode kam ich wieder nach Dresden. Wir sind auch nie nach Marienburg, in seine Heimatstadt, gefahren. Er wollte auch gar nicht dahin. Und ich wollte auch nicht nach Dresden. Ich weiß nicht, warum.

Als ich dann das erste Mal wieder in Dresden war, habe ich keine Heimatgefühle empfunden. Eher das Gegenteil. Dresden habe ich gehasst. In der Nazizeit fing es an und dann auch nach dem Krieg. Ich habe heute noch keine Liebe zu Dresden, obwohl ich jetzt ab und zu da bin, weil ich am Synagogenaufbau beteiligt bin. Das hat mir wieder einen Anstoß gegeben. Ob das Haus, in dem ich geboren bin, noch steht, weiß ich nicht. Die Straße gibt's gar nicht mehr. Am Postplatz, also im Zentrum. Ich habe keine Heimatgefühle. Dieses Dresden hat mir zu viel angetan. Und wenn ich nicht den Sport gehabt hätte, dann hätte ich eine ganz elende Jugend gehabt. Keine Theaterbesuche, nie in der Semper-Oper. Ich war in einem Alter, in dem ich daran Interesse hatte. Aber es war verboten. Alles war in Dresden schon viel eher verboten als in Berlin. In Dresden fand man an den Parkbänken die Aufschrift: »Für Juden verboten!« In Dresden gab es das berühmte Arnhold-Bad im Großen Garten. Das ist ein Bad und eine Anlage, gespendet von den Brüdern Arnhold, das waren Juden. Das war dann als Erstes für Juden verboten.

Viele jüdische Menschen sind aus den kleineren und mittleren deutschen Städten nach Berlin gegangen, um in der Anonymität der Großstadt untertauchen zu können. Berlin war dafür bekannt, dass die Naziparolen eben nicht zogen. Es gab Diplomaten, Ausländer.

Mein Schulbesuch endete 1935. Ich habe nie eine höhere Schule besucht. Ein jüdisches Gymnasium gab es nicht. Es wurde eine provisorische Schule eingerichtet. Dresden hat mir keine Jugend gegeben. Wenn ich nicht meinen Sportverein Barkochba gehabt hätte.

Das Gemeindeleben in der unmittelbaren Nachkriegszeit

war vom jüdischen Glauben geprägt. Die Jüdische Gemeinde war organisatorisch noch wenig aufgebaut. Es gab etwas in der Oranienburger Straße, und in der Neuen Schönhauser Straße wurden die Opfer des Faschismus betreut. Juden tanzen gerne. Es gab Bälle, rauschende Bälle in der Hardenbergstraße, in der Alten Mensa der TU. Ja, das waren tolle Feste. Wenn ein Abend für die Überlebenden nicht gereicht hat, gab es zwei Abende hintereinander.

Ich war anfangs, als ich nach Berlin kam, im Lager für Displaced Persons an der Potsdamer Chaussee in Schlachtensee, aber nur ein paar Tage. Es gab noch ein zweites DP-Lager im französischen Sektor, auf dem Borsig-Gelände in Wittenau. Die Lager hatten flache Häuser, wie Baracken der Wehrmacht. Sie waren offen, man konnte das Lager jederzeit verlassen. Es war mit Stacheldraht umzäunt und hatte einen Schlagbaum am Eingang. Ich habe sogar den Ausweis noch.

In Teheran 1944 war beschlossen worden, solche Auffanglager einzurichten. Man meinte, dass die überlebenden Juden bedroht sein würden von der einheimischen Bevölkerung und man sie schützen müsse. Man konnte sich nicht vorstellen, dass überlebende Juden in Deutschland unbewacht leben könnten.

Das DP-Lager an der Potsdamer Chaussee war Ausgangspunkt des Protests gegen Menuhins Auftreten mit Furtwängler und den Berliner Philharmonikern im Titania-Palast. Im Titania-Palast war ich auch, als Marlene Dietrich da war und ausgepfiffen wurde. Einmal war ich am Kurfürstendamm. Wir protestierten gegen den Auftritt des Schauspielers Werner Kraus. Wasserwerfer waren auf uns gerichtet. Mein Mann ist in den Saal gegangen, um Ernst Reuter zu sprechen, der war nämlich drin. Mein Mann hat ihn gesehen und gesagt: »Sie sollten sich schämen, dass sie diesen Kraus auftreten lassen.«

Ich hatte eine Eintrittskarte zugesteckt bekommen, um reinzukommen, und hatte eine Stinkbombe bei mir. Aber ich war
zu ungeschickt. Ich war drin und habe die Stinkbombe zertre-
ten, sodass mir schlecht wurde. Ich habe immer Pech gehabt.

Am 1. April 1949 wurde Heinz Galinski Vorsitzender der
Jüdischen Gemeinde. Für mich begann eine neue Zeit. Eine
ganz andere Form von Mitverantwortung. Weil die Menschen
viel hilfsbedürftiger und vielleicht auch unselbstständiger und
zerbrochener waren. Das Zusammengehörigkeitsgefühl unter
Juden war sehr stark. Weil man sich gefreut hat, dass einige
überlebt haben. Wieder einer! Da zählte ja jeder. Es waren ja
nicht viele. Dann war da auch die Armut. Gut, wir haben etwas besser gelebt als andere. Aber wenn wir nicht die Joint-
Pakete gehabt hätten, dann hätten wir schrecklich gehungert,
genau wie die Bevölkerung, mehr oder weniger. Wir bekamen
Joint-Pakete, vom Hilfsverein. Jeden Monat ein Paket. Da war
eine Stange Zigaretten drin, das berühmte Eipulver und das
Milchpulver. Das hat schon eine Menge geholfen.

Man hat um die nackte Existenz gekämpft. Die überlebenden jüdischen Menschen hatten untereinander engen Kontakt,
einen sehr starken Zusammenhalt. Wir lebten in Charlottenburg, heirateten aber im Bezirk Mitte, da der dortige Bürgermeister es gern wollte. Zwar war Berlin noch eine Stadt, aber
eingeteilt in die Sektoren der Alliierten. Man durfte nicht von
einem Sektor in den anderen ziehen. Das war nicht erlaubt.
Dafür musste man Genehmigungen haben, und die waren
ganz schwer zu bekommen.

Man kannte sich untereinander. Zu den Festtagen sind alle
zusammengekommen. Alles war überfüllt, zwei Tage lang.
Alle sind gekommen, ob sie in den Westbezirken gewohnt haben oder im Osten. Die Einteilung in Sektoren spielte keine
Rolle. Heute spielt es eine viel größere Rolle, ob Osten oder

Westen. Diese Feiern zu Chanukka und Purim waren damals sehr wichtig. Sie wurden von der Gemeinde organisiert. Als ich meinen Mann kennen lernte, war er einer der Organisatoren. Gefeiert wurde an jüdischen Feiertagen, also zum Beispiel am 1. und 2. Juli, so als ich das erste Mal dabei war und mein Mann mir den Heiratsantrag gemacht hat. Man hat Chanukka-Bälle gemacht oder an Neujahr gefeiert oder im Sommer. Das alles war in der Alten TU-Mensa und später im Prälat in Schöneberg. Damals blieben die Juden noch ganz ungestört. Zwar war Polizei immer da, aber solche Sicherheitsvorkehrungen wie heute gab es nicht. Die britische Militärpolizei wurde nur gerufen, wenn sich in der Hardenbergstraße zum Schluss die Betrunkenen um Freundinnen prügelten.

Antisemitismus gab es sicher auch nach dem Krieg. Es gab ihn immer, er wurde nur nicht gezeigt. Es wird ihn immer geben. Heute zeugt der gesprengte, zerborstene Grabstein Heinz Galinskis auf dem Jüdischen Friedhof am Scholzplatz von der latenten Gefährdung, der wir Juden wieder ausgesetzt sind. Nicht einmal die Toten können in Frieden ruhen. Woher der Hass und die Feindseligkeit?

___INGEBORG HUNZINGER

Marx und Michelangelo

Ich war nach Sizilien emigriert. Dort lebte ich mit dem Vater meiner Kinder, wegen des Heiratsverbots waren wir nicht verheiratet. Er war Maler und erhielt einmal den Villa-Romana- und den Villa-Massimo-Preis. Wir hatten unter uns ausgemacht, dass die Hälfte des Preisgeldes gespart wird, damit wir zusammen nach Sizilien kommen können. In Florenz lernte ich einen Maler aus Sizilien kennen, der ein großes Gut von seinem Vater geerbt hatte, eine Orangenplantage mitten in Sizilien. Er meinte, wenn die Lage für Juden kritisch wird, brechen wir sofort auf und fahren zusammen nach Sizilien. Das ist ein gutes Versteck.

Ich hatte vorher ein Jahr in Florenz verbracht und in einem Atelier unter der Betreuung von Emy Roeder, einer bekannten Bildhauerin aus Mainz, gearbeitet. Es kam ein merkwürdiges Schreiben vom Deutschen Haus. Ich wusste gar nicht, was das ist. Im Brief stand: »Wir haben erfahren, dass Sie sich hier aufhalten, und fordern Sie auf, sich bei uns zu melden.« Ich war misstrauisch und schöpfte Verdacht. Das Deutsche Haus war vielleicht eine Falle für solche Fälle wie mich. Da wäre ich nie wieder weggekommen. Ich musste also sofort verschwinden, um nicht aufgegriffen zu werden. Es war Hochsommer, vierzig Grad in Sizilien, aber das war unwichtig.

Ich kam in diese herrliche Orangenplantage, blieb mehrere Jahre, bis Rommel in Afrika von den Engländern geschlagen wurde. Sein Tross zog dann durch Sizilien. Den ganzen Stiefel hoch bis nach Florenz. Zur Erinnerung an das Ereignis schuf ich ein Relief, das demnächst in Kalabrien aufgestellt wird.

Die Deutschen, darunter der berüchtigte Priebke, haben auf diesem Weg an die dreitausend Menschen umgebracht. Mussolini hatte die Juden nicht umgebracht, aber in Konzentrationslager gesteckt. Viele lagen in den Abruzzen. Die Juden durften die Lager nicht verlassen. Sie mussten nicht arbeiten, denn es waren keine Arbeitslager. Sie lebten dort, wurden von benachbarten Bauern versorgt und spielten Theater mit den Kindern.

Mit der letzten überladenen Fähre gelangten wir von Sizilien zum Festland. So eingequetscht, musste ich rufen, damit ich meinen Mann nicht verlor. Auf der anderen Seite am Ufer stand noch ein Zug bereit. Eine unbeschreiblich große Menschenmenge umdrängte ihn. Ich war im vierten oder fünften Monat schwanger. Doch mein Mann hat es tatsächlich geschafft: Er rannte auf die andere Seite des Zuges, ist da eingestiegen und hat uns einen Platz gesichert. So kamen wir zurück nach Florenz, wo noch unsere Fahrräder standen. Aus dem Einfuhrpfand erhielt jeder 250 Mark, damit konnten wir nach Deutschland zurückreisen.

Als ich nach Hause kam – mein Vater, Professor Hans-Heinrich Franck, lebte im Berliner Westend –, schaute er mich an und fragte: »Was willst du denn hier? Du gefährdest nur deine jüdische Mutter. Sieh zu, dass du hier wieder wegkommst.« Denn das war noch vor der Befreiung, der Krieg war noch nicht zu Ende.

Wohin jetzt? Weit weg in ein Dorf im Hochschwarzwald, 850 Meter hoch. Bei sehr netten Bauern fanden wir Zuflucht. In der oberen Etage des Bauernhauses war gerade der Knecht ausgezogen. Es war wunderbar, wir hatten eine Küche, ein ganz großes Zimmer und ein Zimmer zum Schlafen. Dort wurde dann meine erste Tochter Anna geboren und später auch unser Sohn Gottlieb. Unsere Gastgeber wussten nicht, wer wir sind, dass wir Verfolgte waren. Das habe ich ihnen nicht erzählt. Es waren ja auch viele Leute aus dem Rheinland fortgegangen und hierher gekommen, als die Bomben fielen. Als ich zur Entbindung im Krankenhaus in Säckingen war, da sagte ich nicht, dass ich Jüdin bin.

Wie hatte alles begonnen? In Bayern hatte ich vor 1933 richtig von der Pike auf drei Jahre lang das Handwerk der Steinbildhauerei gelernt und die Gesellenprüfung abgelegt. Wie alle jungen Bildhauer wollte ich wie Michelangelo sein, der Leben direkt aus dem Stein gepickt hat. Das hat mich immer fasziniert. Zur Aufnahmeprüfung in der Hochschule für Bildende Kunst in Charlottenburg kam es nicht. Das war nach 1933. Mein Vater schickte mich hin, aber die Prüfungen waren schon zu Ende. Ich glaubte sowieso nicht, das ich aufgenommen würde. Ich bin dann aber doch hingegangen und knallte meine Mappe auf den Tisch. Die Professoren schauten sie an und sagten, ich könne sofort im zweiten Studienjahr mit der Malerei anfangen. Ich wollte aber gar nicht in die Malerei, sondern in die Bildhauerei. Also gab es einen Kompromiss: Ich ging drei Tage in der Woche ins zweite Studienjahr zur Malerei und die restliche Zeit zum Studiengang Skulptur bei Professor Bockel, der sich mit Bauplastik beschäftigte. Ohnehin war ich an der Verbindung mit Architektur interessiert. Professor Bockel hatte eine jüdische Frau, was ich aber erst später erfuhr.

Die Studierenden sollten in den NS-Studentenbund eintreten, der mich natürlich nicht aufnahm. So musste ich die Hochschule wieder verlassen und kam in ein Lager außerhalb von Berlin in Richtung Fürstenberg. Das war ein Frauenlager für »gefallene Mädchen« aus Berlin, die eingesammelt und auf einem großen Lastwagen abtransportiert wurden. Wir mussten dort in der Landwirtschaft arbeiten und bei Bauern auf den Feldern Kartoffeln hacken. Mich steckte man in das Lager zur Bewährung. Danach hätte ich vielleicht weiterstudieren können. Das hatte natürlich mit meiner Eigenschaft als Jüdin zu tun. Ich war die einzige Jüdin im Lager.

Ich lebte also eine Zeit lang zusammen mit Huren in einer schönen alten Villa im italienischen Stil, die einer jüdischen Firma weggenommen worden war. Diese Mädchen waren dermaßen fröhlich und guter Dinge! Es gab einen schönen hohen Turm mit einer großen Dachterrasse. Dort oben jubelten und tanzten sie und sangen ihre anzüglichen Schlager. Es war zauberhaft.

Eine kleine, eingeschobene Geschichte: Es verschwand der Ring einer Leiterin. Es kam ein Mann: »Wenn der Ring nicht zum Vorschein kommt, gibt es hier nichts mehr zu lachen.« Ich antwortete ihm: »Ich besorge den Ring.« Im großen Schlafsaal redete ich auf die Mädchen ein: »Wenn der Ring nicht wieder auftaucht, wird es hier für uns alle zur Hölle, nichts mehr mit Lachen, Singen und Tanzen.« Ich konnte mir Gehör verschaffen, weil ich Abitur hatte und für die so ein bunter Vogel war. »Gebt mir den Ring, ich sage nicht, wer ihn geklaut hat. Ich schwöre euch, ich verrate niemanden, ich gebe ihn zurück und Ruhe ist im Karton.« Ich kam zurück aus dem Saal und sagte zur Leiterin: »Hier ist der Ring.«

Nach einem halben Jahr kam ich dann wieder zurück nach Berlin an die Hochschule, wollte aber von der Hochschule weg, weil meine Lage schwieriger wurde. Ich hörte von dem Atelier in der Klosterstraße, das so etwas wie eine Enklave geblieben war, von den Nazis unberührt. Dort waren viele berühmte Bildhauer tätig, von Blumenthal bis Katzbach, auch Käthe Kollwitz. Sie konnten da relativ ungestört arbeiten und blieben erst mal von den Nazis unbehelligt, wurden nicht geärgert oder bedrängt. Ich wollte zuerst zu Gerhard Marcks als Privatschülerin, aber er musste gerade sein Atelier ausräumen und verlassen. Er brachte mich in die Klosterstraße in das große Atelierhaus. Dort arbeitete gerade Käthe Kollwitz an der großen Figurengruppe der Mutter mit ihren Kindern, und zwar im selben Stein, mit dem ich gelernt hatte. Ich saß oft bei ihr, und wir tauschten unsere Erfahrungen mit dem Material aus. Es war ein Kalkstein, den man polieren kann. Wenn man das abwechselnd macht, stumpf und poliert, kommen fantastische Farben zum Vorschein.

Dann war das bald mit der Klosterstraße auch nichts mehr. Ich wurde zur Reichskulturkammer zitiert. Ich kam in einen riesigen holzgetäfelten Raum in einem alten Haus. Am Ende des Saales stand ein wuchtiger Schreibtisch und dahinter saß so eine Eule. Ich grüßte beim Eintreten, sagte: »Guten Tag.« Darauf wurde ich angebrüllt: »Heil Hitler, heeßt det!« Nur mit der Brechstange hätte man mir die Hand hochheben können. Ich hatte also schon verspielt, setzte mich an den Schreibtisch. Mein Professor von der Kunsthochschule hatte mich geschickt, um eine Genehmigung von der Reichskulturkammer zu beantragen, ohne die ich nicht hätte arbeiten können. Er hielt mich für begabt und wollte, dass ich hier nicht untergehe.

Die Kunsthochschule bekam vom Alten Museum übrig gebliebenen griechischen Marmor, aus dem ich einen Pferdekopf raushaute. Der Professor fragte, wo ich denn gelernt habe. Ich sagte: »Ich fange eben erst bei Ihnen an.« Er gab mir den nächsten Marmor und setzte sich für mich bei der Reichskulturkammer ein. Aber es war nichts zu machen. Das Schlimme war, dass ich nicht nur jüdischer Abstammung war, sondern auch noch junge Kommunistin.

Die Arbeitsgenehmigung wurde mir versagt. Das war für mich jetzt höchste Alarmstufe. Wenn ich im Hinterzimmer der Wohnung meiner Eltern meine Tante porträtiert hätte, hätte es die Reichskulturkammer erfahren. Die Konsequenzen konnte ich mir ausdenken. Nach Hause zurückgekehrt, war klar: Ich musste sofort weg. Mit einer Wolldecke und einem Koffer bin ich nach Italien abgehauen. Beim Zwischenaufenthalt in Innsbruck brach der Krieg aus. Ich kam aber noch durch und landete dann mit zehn Mark in der Tasche – für mich ein kleines Vermögen – in Venedig. Ich habe mich in ein Café gesetzt und eine Portion Schlagsahne gegessen. Ein Italiener kam zu mir und sagte: »Sie sind Ausländerin, und wenn eine Frau sich in Italien alleine an einen Tisch setzt, bedeutet das, dass man eine Hure ist und einen Mann sucht.« Das war meine erste Lehre im fremden Land. Ich landete schließlich in Florenz.

Den 8. Mai 1945 erlebte ich also 850 Meter hoch im Schwarzwald. Es stellte sich heraus, dass sich da noch mehr Linksintellektuelle aufhielten. Da gab es einen berühmten evangelischen Pfarrer aus Mannheim, der an seiner Kirche rote Fahnen gehisst hatte. Er hieß Erwin Eckert, ein begnadeter Redner, der in Baden auftrat, ein Gottesprediger und ein Kommunist. Er war ein richtiger Rattenfänger. Ich saß da oben im Bauernhaus, hatte erst ein Kind, dann zwei Kinder und konnte mich mit den Kindern kaum bewegen. Als dann aber ein Flüchtlingsmädchen aus dem Rheinland meine Kinder betreute, konnte ich das Haus verlassen und versuchen, Aufträge zu beschaffen. In Lörrach war ein Wettbewerb ausgeschrieben. Freiburg hatte eine gute Universität, doch die war zerbombt worden. Da hatte Basel angeboten, dass die Studenten, so lange bis die Uni wieder aufgebaut ist, in Basel studieren durften. Und als das dann zu Ende war, als sie wieder zurückgingen nach Freiburg, wollten sie in Basel eine Gedenktafel anbringen. Da habe ich mir einen großen Stein besorgt, mit einer schönen Schrift untenrum und unten in der linken Ecke auch ein Studentenbrief. Und als die hörten, wer ich bin, ein jüdischer Kommunist, da haben die Badenser gesagt: Und auch noch Preuße! Die drei Sachen. Da gibt es ein schönes Sprichwort: Wenn der Badenser Brötchen backt, hat der Preuße schon gegessen. Die haben mich das also nicht machen lassen. Die haben gesagt, von einer – na, jüdisch wussten sie ja nicht so, aber – Kommunistin aus Preußen lassen wir uns da keine Tafel machen, die Deutschland repräsentiert. Das sagten die Schweizer. In Freiburg war der schöne Brunnen durch den Krieg zerstört. Und die schrieben einen Wettbewerb aus für einen neuen Brunnen. Dieselbe Antwort.

In Baden konnte ich nichts werden. Es war hoffnungslos. Einen »roten Fuchs« wollten sie nicht in der Stadt Freiburg haben. So eine Formulierung kann man sich nicht ausdenken …

Es war deprimierend für mich. Ich blieb im Nachteil. Es höret nimmer auf.

Ich saß immer noch 850 Meter hoch im Bergdorf Bergerlingen. Ich hatte nur ein Fahrrad als Verkehrsmittel, bis mir ein freundlicher Mensch ein kleines Moped schenkte. Aber mit zwei kleinen Kindern war das natürlich immer ein Abenteuer. Da ich an der Hochschule in Charlottenburg bei einem berühmten Keramikprofessor wunderbare Gefäße bauen gelernt hatte, konnte ich in Werkstätten der Anthroposophen meinen Lebensunterhalt verdienen. Dort interessierte man sich nicht dafür, ob ich Kommunistin oder Jüdin bin. Ich machte herrliche Schalen und große Vasen, bemalte und verkaufte sie aus der Werkstatt der Anthroposophen zum Preis von siebzig Mark das Stück. Das war damals viel Geld. Der Brennofen stand in der Nähe von Säckingen.

Also zu Bergerlingen, meinem Wohnort: Da gab es keine Schule, keinen Laden, keine Kirche. Nichts. Man musste immer zwei, drei Kilometer laufen mit der Kinderkarre, die Kinder vorne und hinten drin, nach Riedenbach zum Einkaufen.

Da waren auch Polen als Arbeitssklaven in der Landwirtschaft eingesetzt. Ein Pole hatte mit einer Deutschen eine Beziehung aufgenommen und wurde dafür gehängt. Alle sollten hinkommen und zuschauen zur Abschreckung, auch ich. Aber ich weigerte mich zuzusehen, wie ein Mensch gehängt wird. Das geschah kurze Zeit bevor alles zusammenbrach, so dass meine Ablehnung keine Konsequenzen mehr hatte. Eines Tages nach Kriegsende kam der Fleischermeister aus Riedenbach zu mir mit einem großen Schinken, bat mich, ich soll für ihn gut sagen, aber ich wusste, dass er nicht unschuldig war an der Ermordung des Polen. Und ich sollte jetzt für ihn bürgen, ihm einen Persilschein ausstellen. Nein, das konnte ich nicht.

Ich war Mitglied im Entnazifizierungsausschuss als Vertreterin der »schaffenden Intelligenz«. Das war entsetzlich peinlich: Alle waren ohne Schuld, keiner hatte etwas gesehen oder gehört. Dabei waren viele Nazis dabei, auch Ärzte und Akademiker. Das war keine schöne Aufgabe, diese Entnazifizierung! Schließlich habe ich Baden verlassen, weil ich da nichts werden konnte in einer katholischen, preußenfeindlichen Gegend.

Ich schrieb an Paul Wandel im Ministerium für Kultur der DDR. Das war ein feiner, kluger Mann. Ich bin einfach losgefahren, zurück nach Berlin, und besuchte ihn im Ministerium, schilderte ihm meine Situation. Er meinte, solche Leute wie ich werden dringend gebraucht; ich könne künstlerisch arbeiten und sofort an der Kunsthochschule in Weißensee anfangen. Das war im Jahr 1949, gleich nach der Gründung der DDR.

Es war nicht leicht, in dieser Zeit der Zonengrenze nach Berlin zu gelangen. Ich begab mich mit meinen Kindern auf eine mühsame Reise mit Interzonenzügen. Aber ich sah jetzt endlich eine Chance – für mich die einzige Möglichkeit –, als Bildhauerin wieder zu arbeiten. Ich wurde Dozentin in Weißensee. Ich glaubte an die kommunistische Perspektive der DDR als ein anderes, erneuertes Deutschland, als antifaschistischer Staat. Ja. Ich habe wirklich dran geglaubt. Damals war noch offen, nicht absehbar, was später aus der DDR wurde. Da war es eigentlich noch – na, sagen wir mal – vernünftig.

Ich wurde Mitglied im Klub der Kulturschaffenden, im Kulturbund. Dort trafen sich viele, die zurückgekehrt waren.

Mein Vater hatte ihn mitgegründet und spielte da eine große Rolle. Mein Vater lebte als Privilegierter die ganze Nazizeit hindurch in Berlin. Er hatte einen Schutzbrief für meine Mutter, weil er als Chemiker im Glasforschungsinstitut unabkömmlich war. Durch diese kriegswichtige Arbeit meines Vaters war meine Mutter geschützt, obwohl sie Jüdin war. Aber es blieb immer die Angst, aufgegriffen und deportiert zu werden, besonders nach dem Frauenprotest in der Rosenstraße. Sie versteckte sich im Keller eines großen Charlottenburger Mietshauses. Und sie hat überlebt.

Meine Eltern haben sich dafür entschieden, in der DDR, also in Ost-Berlin zu wohnen. Havemann und mein Vater sollten sich beide entscheiden, ob sie Professoren im Westen bleiben oder ganz in die DDR überwechseln wollten. Es wurde ein Datum festgesetzt. Und beide haben sich für die DDR entschieden. Mein Vater bekam eine wundervolle Villa in Nieder-schönhausen. Meine Mutter hielt Hof. Das Haus war immer voller Gäste.

Ich galt in der Familie als aufsässig. Schon als junges Mädchen sympathisierte ich mit den Kommunisten. Da war es nicht so einfach, mit dieser DDR-Regierung zurechtzukommen. Dieser Vormundschaftsstaat wollte von allen Leuten alles wissen. Da musste man listig sein.

Ich war im Verband Bildender Künstler. Das hatte den Vorteil, dass man mich als Freiberufliche nicht rausschmeißen konnte. Und das wurde reichlich ausgenutzt. Besonders von einer Gruppe Oppositioneller, die ihre Klappe aufmachten. Es gab ein Parteiverfahren und noch ein Parteiverfahren, die alle nicht durchgekommen sind. Innerhalb des Verbandes wurde ein Parteiverfahren gegen mich angestrengt wegen meiner Verbindung zu Robert Havemann. Als die Mauer gebaut wurde, konnten Besucher aus dem Westen nicht mehr zu ihm nach Rahnsdorf gelangen. Also traf man sich hier in meinem Haus. Wie ich im Nachhinein aus den Stasi-Unterlagen weiß, waren auch Spitzel darunter, die alles aufnahmen, was gesprochen wurde.

Es wurde kritisch, als drei Radikale kamen und die Gruppe um Havemann aufforderten, auf die Straße zu gehen und öffentlich zu demonstrieren. Da sagte ich: »Das macht ihr doch nur fünf Minuten.« »Wieso?« »Dann sitzt ihr doch alle in Rummelsburg da drüben, und da gibt es kein Fernsehen und kein Radio. Was habt ihr denn davon? Einmal auf der Straße – und weg seid ihr. Aber hier im Haus haben wir jede Möglichkeit, etwas zu tun.« Havemann wurde zuerst wegen seiner Vorlesungen aus der Uni und dann aus der Akademie der Wissenschaften entfernt. Wolf Biermann und Eva-Maria Hagen haben dann seine Lieder gesungen auf meinem Sofa. Dem Janka hat man den Prozess gemacht, an Havemann traute man sich nicht so richtig ran, das war zu prekär. Er versammelte Gleichgesinnte um sich und diskutierte mit ihnen – erst in seinem Haus und nachher bei mir.

Meine jüdische Identität spielte in der DDR kaum eine Rolle. In der DDR achtete man nicht darauf. Das war Nebensache. In politischer Hinsicht wurden die jüdischen Menschen nicht besonders misstrauisch beäugt.

Mit der Jüdischen Gemeinde hatte ich nicht viel zu tun. Eingetreten bin ich erst, als meine Tochter Rosita 1968 im Zusammenhang mit den Prager Ereignissen hier rausgegangen ist. Das Jahr 1968 war die kritische Zeit für die Opposition hier. Ich selbst habe illegale Kontakte nach Prag gehabt. Ich war Kurier für eine Gruppe und bin mehrmals hin- und hergefahren. Meine Tochter Rosita verließ die DDR 1970/71 illegal. Es haute einer nach dem anderen ab, auch die Enkeltochter von Helene Weigel, eine Schriftstellerin, war darunter. Ich wurde ins Polizeipräsidium zitiert. Ich wurde verhört. Erst habe ich die verkohlt und gesagt: »Wir haben einen unterirdischen Tunnel gebuddelt von hier bis zur Grenze, da kriechen wir immer durch.« Beim nächsten Mal haben sie mich wieder hinzitiert. Da habe ich gesagt: »Ich kann schon diese ganze Wand da hinten tapezieren mit ihren Aufforderungen zur ›Klärung eines Sachverhaltes‹.« Dann habe ich erzählt: »Ich fahre immer mit einem Schnittlauch-Auto.« »Was ist denn das?« »Sie wissen nicht, was ein Schnittlauch-Auto ist in der DDR?« »Nein.« Sage ich: »Sehen Sie mal, wir bauen riesige Felder Schnittlauch an, und der wird sortiert, der gute, der schöne, der kräftige, der wird gebündelt und geht nach dem Westen, und das Vertrocknete, Verkrunkelte, das dürfen dann die DDR-Bürger verbrauchen. Und diese Schnittlauch-Autos haben den Vorteil, dass sie so nach Schnittlauch riechen, dass sie an der

Grenze einen darin versteckten Menschen nicht finden.« Das habe ich erzählt. So frech war ich. Aber Frechheit war in der DDR gar nicht geschätzt. Die haben gestaunt. Aber es hat mir keine Nachteile gebracht. Persona grata war ich nun nicht gerade. Ich hatte eine Auftragssperre für sechs Jahre. Das habe ich aber erst später erfahren. Man musste eben mit mir zurechtkommen, mich ertragen.

Irgendwann luden mich die Schweriner Kulturleute ein, zu ihnen zu kommen und bei ihnen zu leben, denn sie waren so begeistert von meinen Arbeiten. Sie hätten immer Aufträge für mich. Sie würden mir eine Wohnung und alles besorgen, und ich hätte für mein Leben lang zu tun. Ich habe gesagt, hier kann ich nicht wegziehen. Ich habe meine drei Kinder im Westen, und wenn ich in Schwerin bin, sehe ich die nie. Hier kenne ich mich mit den Polizeileuten aus, die kennen mich auch. Ich bin ja VdN. Ich konnte immer in den Westen fahren, und das hat hier die Behörden immer sehr geärgert, dass sie mir das nicht verbieten konnten.

Wie es zu dem Denkmal für den Frauenprotest in der Rosenstraße gekommen ist? Der Auftrag kam vom Ministerium für Kultur der DDR. Mir fiel beim Gang durch Berlin immer auf, dass es zum Gedenken an die von den Nazis verfolgten und ermordeten Juden keine künstlerisch gestalteten Mahnmale gibt, nicht am Hausvogteiplatz, wo die Textilleute waren, und auch sonst nirgendwo. Also bin ich zu Dietmar Keller ins Ministerium gegangen, habe ihm gesagt: »Hier gibt es überhaupt nichts zum Gedenken an die Juden, und hier ist doch so viel passiert.« Er gab mir sofort freie Hand, sagte seine Unterstützung zu. Er war selbst so erschüttert und erstaunt, dass er nicht darüber nachgedacht hatte, dass es hier tatsächlich nichts zu diesem Thema gab. Ich beriet mich mit Kostia Müntz, dem Sohn meiner Freundin Ilse Müntz, der am Centrum Judaicum war und immer alles wusste, ein wandelndes Geschichtsbuch. Wir trafen uns in der Liebknechtstraße, in einer Ecke in einem Café. Er meinte, wir müssten doch nur ein paar Schritte um die Ecke gehen zur Rosenstraße und hätten schon den Anlass: den Frauenprotest von 1943. Etwas für Frauen zu machen war mein besonderes Interesse. Und so war das Denkmal noch zu DDR-Zeiten geboren. Zum Ende der DDR wurden noch die Steine bestellt, und ich konnte beginnen, sie zu behauen.

Es hat mich so geärgert, als Bersarin die Ehrenbürgerschaft aberkannt wurde. Deshalb will ich gemeinsam mit meiner Kollegin Franziska Schwarzbach ein Bersarin-Denkmal schaffen. Er ist mit dem Motorrad verunglückt, als er sich um die Versorgung der Berliner Bevölkerung kümmerte. Bersarin soll sich im Mai 1945 im zerbombten Reichstag mit vier Juden getroffen haben, die im Berliner Untergrund überlebt hatten. Sie wollten ihm die Erlaubnis abtrotzen, die Jüdische Gemeinde wieder gründen zu dürfen. Das war gegen den Befehl, der lautete: Keine jüdische Gemeinde mehr in Deutschland. Das war nicht nur der Befehl der Russen, sondern aller Alliierten. Man konnte sich nicht vorstellen, dass in Deutschland wieder jüdische Gemeinden entstehen. Die Juden sollten in »Displaced Persons Camps« gesammelt werden. Alle europäischen Juden sollten repatriiert werden, das heißt die Ungarn nach Ungarn, die Polen nach Polen und so weiter. Aber die deutschen Juden sollten emigrieren. Und so gab es diese DP-Camps, die aussahen wie Konzentrationslager, mit Stacheldraht drumherum, mit Posten davor, weil man befürchtete, dass wieder etwas gegen Juden passiert. Aber zu Bersarin sagten die vier: »Wir haben hier im Untergrund überlebt, wir wollen wieder eine Gemeinde gründen.« Bersarin glaubte zwar nicht, dass es funktionieren würde, aber er gab ihnen die Erlaubnis, gegen den Befehl. Das ist doch ein Denkmal wert.

Wenn ich auf diese 50 Jahre in Berlin oder die 57 Jahre nach der Befreiung zurückblicke, finde ich es richtig, in Berlin, in Deutschland geblieben zu sein. Zu keiner Zeit dachte ich nach 1945 an Emigration. Für mich gab es ein wichtiges Motiv. Ich bin noch heute Kommunistin, und ich wollte doch immer Kunst für die Arbeiterklasse machen. Deswegen bin ich in die DDR gekommen. Ich wollte das hier machen. Ich habe diesen roten Faden meines Lebens eigentlich auch immer verfolgt. Ich bin ja schon, ich weiß nicht wann, nach Riesa und nach Hennigsdorf in die Fabriken gefahren. Ich habe Porträts der Arbeiter gemacht. Meine gesamte Arbeit ist davon geprägt worden. In Leuna – Fotochemische Werke – habe ich vor dem Kulturhaus eine große Arbeit gemacht, die steht noch, jetzt sogar unter Denkmalschutz.

Diese Rolle und Aufgabe der Kunst ist vollkommen verloren gegangen. Es gibt sie nicht mehr. Es gibt keine Kunstwerke mehr, die die alltäglichen Verrichtungen, die Produktion oder die Arbeit von Frauen darzustellen versuchen. Neben meiner künstlerischen Entwicklung habe ich mich in ganz früher Zeit links orientiert, kommunistisch oder sozialistisch, obwohl ich aus einem Haus stamme, das nun bestimmt alles anderes als kommunistisch war. Vielleicht war es eine Protesthaltung.

Allerdings war schon mein Vater Sozialdemokrat gewesen, aber nicht politisch aktiv. Sein pädagogisches Prinzip für seine vier Kinder war, sie so zu erziehen, dass jeder immer das macht, was er für richtig hält. Als ich in den so genannten »Roten Wedding« ging, war ich 16. In Charlottenburg gab es Straßenschlachten gegen die Nazijugend. In einem Jugendheim habe ich einen Zirkel gegründet für Malen und Zeichnen mit Arbeiterkindern. Ich bin in die Keller der Familien von Arbeitslosen gegangen. Das konnte ich mir nicht vorstellen, wie es da aussah. In einem Zimmer wohnten neun Personen. Neun!

Ohne Schrank. An den Wänden Nägel, an denen die Kleider hingen. In einer Ecke stand ein alter Kinderwagen mit den hohen Rädern. Darin lag ein Baby, das nichts anhatte, so arm waren die Leute. Das hat mir den Hals zugeschnürt. Das war der Auslöser.

Ich bin in ein Jugendheim gegangen. Dort habe ich auch meine erste große Liebe kennen gelernt. Er war auch Jude und wohnte im Westend, bei mir um die Ecke. Der war im »Roten Fähnlein«, zwar kein kommunistischer Jugendverband, aber auch nicht weit entfernt davon. Da waren alles junge Juden drin, Kinder von Arbeitern und Akademikern. Das »Rote Fähnlein« ging auf Fahrt mit Zelten in die Mark Brandenburg, immer mit marxistischer Belehrung.

Mein Leben war davon bestimmt, das zusammenzubringen: Marx und Michelangelo. Ich haue noch immer Tag für Tag Figuren aus dem Stein.

JERZY KANAL

Berlin war nicht geplant

Mein 8. Mai 1945: Da war ich noch ein Gefangener auf einem Transportzug. Wir kamen an einer Stadt im Sudetenland vorbei. Da waren schon weiße Friedensfahnen ausgehängt. Und wir waren noch immer in dem Zug eingepfercht. Auf einem freien Feld sollten wir erschossen werden. Da standen wir. Plötzlich kamen einige deutsche Soldaten und berichteten: »Zwei, drei Kilometer weiter sind die Amerikaner, die haben uns entwaffnet und nach Hause geschickt.« Das war am 9. Mai.

Am 8. Mai war ich noch ein Todeskandidat, weil keiner im Zug überleben sollte. Es ist dazu nicht gekommen. Unsere Bewacher flohen, und wir waren frei. Zuerst sind die Amerikaner gekommen, die in der Nähe waren, dann kamen die Russen. Kaplice heißt der Ort in der Nähe von Budweis, wo ich befreit worden bin. Aber sofort danach musste ich ins Krankenhaus von Budweis gebracht werden. Der Tag der Befreiung war für mich neben meiner Krankheit auch ein Tag der Trauer und Besinnung. Unverhofft hatte ich doch überlebt. Aber ich wusste, ich sah, ich verstand, dass ich niemanden mehr hatte, ohne genau zu wissen, wieso, warum. Die Freude der Befreiung war keine richtige Freude. Ich war zwar frei, aber …

Mein neues Leben begann gleich nach 1945 wieder. Ich war ungefähr drei Wochen im Krankenhaus in Budweis. Aus dem Krankenhaus entlassen, bin ich nach Prag gefahren und von da irgendwie nach München gekommen. Ende 1945 war ich also einige Monate mit Zuzugsberechtigung in München. Ich wohnte am Prinzregentenplatz, schräg gegenüber dem »Braunen Haus« und dem Prinzregenten-Theater. Nach einigen Monaten in München wollte ich über Prag nach Warschau reisen, um zu sehen, ob es vielleicht doch noch Überlebende aus meiner Familie gibt. Das Haus in Warschau, in dem wir gewohnt hatten, war nur noch ein Trümmerberg. Ich fand niemanden, keinen Menschen, aber ich habe noch Möbelteile, Teile vom Schlafzimmerschrank, auf dem Trümmerberg gesehen. Ich wollte unmittelbar sehen und hören, was ich schon wusste oder ahnte: dass meine Eltern und meine Schwester nicht mehr da waren. Ich fand niemanden mehr.

Ich hatte nur eine Schwester, wir waren zwei Kinder. Unsere Eltern wohnten in Warschau. 1940 mussten wir ins Ghetto umziehen. Anfang September 1942 wurden alle zu diesem Zeitpunkt noch lebenden Juden aufgefordert, in einzelnen Wohnblöcken zusammenzuziehen: »Wer zu Hause angetroffen wird, wird erschossen!« So entstand der so genannte Kessel. Dann kamen Selektionen, und meine Eltern sind ausgesondert worden und wurden zum so genannten Umschlagplatz gebracht und von da nach Treblinka deportiert und dort mit Sicherheit auch umgebracht.

Meine Schwester und ich sind zurückgeblieben. Wir blieben noch bis zum Ghetto-Aufstand 1943 zusammen. Sie war Ärztin und hat im Jüdischen Hospital gearbeitet, das ins Ghetto verlegt worden war. Wir haben uns öfter nachts gesehen, weil man es tagsüber nicht gewagt hat. Als man das Jüdische Krankenhaus evakuiert hat, ist meine Schwester in den Bun-

ker gekommen, in dem ich auch war. Er war für 150 Menschen konzipiert, aber wir waren dort über 700.

Der Bunker war auch Standort einer Gruppe von Untergrundkämpfern. Sie hieß die Guttmann-Gruppe. Nach dem Ausbruch des Aufstandes am 19. April 1943 haben die Deutschen Haus für Haus niedergebrannt. Irgendwie hat aber der Bunker standgehalten. Es war wie in einem Backofen. Ich weiß nicht, wieviel Grad da waren. Es brannte, es brannte über uns, es brannte neben uns ... Es gibt Bilder, die zeigen, wie Menschen, die sich in Wohnungen versteckt hatten und – vom Feuer überrascht – aus dem Fenster gesprungen sind, von den deutschen Soldaten noch in der Luft erschossen wurden.

Bis zum Mai 1943 haben die Deutschen also das Ghetto durchkämmt, sich aber nicht in die Bunker getraut. Schließlich haben sie in die errichteten Luftschächte Gas reingeworfen, damit die Menschen entweder ersticken oder herauskommen. Manche sind liegen geblieben, manche sind nach draußen geflohen. Ich persönlich stand gerade Wache beim Ausgang und habe eine ganze Menge Gas abbekommen, sodass ich raus musste. Meine Schwester und mein Schwager sind drin geblieben. Mein Schwager ist noch am gleichen Abend verstorben, meine Schwester hat aber überlebt. Sie blieb im Ghetto, und wie mir später berichtet wurde, ist sie einige Monate später erschossen worden. Als ich aus dem Bunker raus kam, hat man mich gefangen genommen und an die Wand gestellt.

Jetzt begann mein Weg durch die Konzentrationslager, der mich schließlich im Spätherbst 1944 zum ersten Male von Auschwitz nach Berlin brachte. Aus dem Ghetto ging es nach Majdanek bei Lublin. Die SS empfing uns mit den Worten: »Das sind die Warschauer Banditen, die auf uns geschossen haben.« Da kann man sich vorstellen, wie man uns behandelte. Und dann kam Auschwitz, später Berlin, die Henkel-Werke im Norden. Wir mussten nicht mehr arbeiten. Wir waren zirka zwei Wochen da. Wir haben uns gefreut über die nächtlichen Bombenangriffe. Die Bewacher haben sich voller Angst versteckt. Wir begrüßten den Beschuss, auch wenn es uns getroffen hätte. Zu Fuß liefen wir neun Kilometer über Oranienburg nach Sachsenhausen. Im KZ Sachsenhausen war ich nur ein oder zwei Nächte. Nächste Ziele waren Ohrdruf, Gräwinkel und Dora S-3, ein unterirdischer Höllenort. Unvorstellbares Grauen. Ende April war ich schließlich im Konzentrationslager Leidmeritz, von wo wir schließlich auf Transport nach Mauthausen gingen. Der Zug wurde nicht mehr durchgelassen. Wir blieben zirka zwei Wochen in den Waggons – bis zu der eingangs beschriebenen Situation am 8./9. Mai …

Nach alldem kam der Tag, an dem man schließlich den Entschluss fasste, mit dem Leben neu zu beginnen. Der erste Weg führte mich wie gesagt von Budweis nach Prag. »Und ich bin alleine. Was ist mir geschehen, welchen Weg gehe ich jetzt? Ich weiß das alles nicht.« Und so bin ich also nach Warschau gereist, um zu sehen, ob noch jemand von meiner Familie da war. Ich fuhr weiter nach Lodz, weil meine Mutter von dort stammte. Vielleicht ist noch jemand von uns da. Aber auch da finden sich leider keine Spuren. Im Zug sind sechs oder acht Sitze in einem Abteil. Wir sitzen zu dritt oder zu viert auf einer Seite. Und wir fahren 160 oder 180 Kilometer, vielleicht zwei, zweieinhalb Stunden. Es ging nur um ein Thema: Juden. Es gab kein anderes Thema. So wurde ich in meiner polnischen Heimat empfangen. »Wir haben den heimlichen Befehl, Juden und Deutsche nicht ins Land zu lassen«, sagte mir ein polnischer Offizier. Es war doch klar, dass ich nicht in Polen bleiben würde.

Also bin ich nach München zurückgefahren. Ich kann die

Umstände nicht schildern. Wenigstens habe ich ein paar Bekannte getroffen, aus dem Lager ... Ich war einige Monate da, vielleicht fast ein Jahr, ich weiß es nicht mehr. Dann begann die Überlegung: Wie wäre es, wenn man auswandert? Schließlich bin ich zunächst zurück nach Prag. Dort habe ich meine Frau kennen gelernt, die auch in Auschwitz gewesen war. Wir haben in Prag geheiratet. Und dann kam der kommunistische Umbruch, 1948. Da habe ich für hundert Dollar ein Visum nach Frankreich gekauft. Meine Frau und ich sind also Anfang 1949 legal nach Frankreich gekommen. Das Leben meiner Familie begann in Frankreich.

Auf die Idee, in München zu bleiben, bin ich nie gekommen. Es war schließlich Deutschland. Frankreich schien besser. Meine beiden Kinder sind in Frankreich geboren. Hier nahm ich eine Arbeit auf. Ich musste von etwas leben. Ich habe auch in der Tschechei gearbeitet, Jabloncer Schmuck als Ware angeboten. Das ging knapp vier Jahre, bis 1953. In dieser Zeit bin ich zum zweiten Mal, diesmal geschäftlich, für zwei Wochen nach Berlin gekommen.

Die Stadt war noch nicht geteilt. Berlin sah damals sehr stark zerstört aus. Ich habe einige Wohnungen zur Untermiete gehabt, bis ich 1957 die erste eigene Wohnung mieten konnte. Ich bin geschäftlich nach Berlin gekommen und hängen geblieben. Es hat sich ergeben, dass ich hier Leute kennen lernte. Ich hatte die Jüdische Gemeinde, ich hatte das Geld zum Leben. Sodass ich mir gesagt habe: Dann kannst du eigentlich auch hier bleiben.

Ökonomische Gründe können es alleine nicht gewesen sein. Ich hätte überall, wo ich war, ökonomisch das erreicht, was ich hier erreicht habe, das heißt, auf eigenen Beinen zu stehen, meine Familie und mich zu ernähren. Berlin war ja für mich eine fremde Stadt. Und es war ja nicht nur eine fremde

Stadt, sondern auch die Hauptstadt des Verbrechens, das ich zu erleiden hatte. Das ist dann schon ein großer Schritt zu sagen: Jetzt bleibe ich hier. Aber so war es nicht. Ich habe nicht schon nach 14 Tagen gesagt: Ich bleibe hier. Das hat sich so ergeben. Erst mal war ich ein Jahr alleine hier. Ich bin Ende 1953 gekommen. Erst Ende 1954 habe ich meine Familie hergebracht. Bis dahin bin ich hin- und hergependelt. Und da habe ich gesagt: »Es ist nicht gut, dann kommt mal her!«

Berlin war nicht geplant. Es hat mich nicht besonders nach Berlin gezogen. Es hat sich so ergeben. Aber auch heute habe ich immer noch mentale Probleme, an diesem Ort zu sein. Das kann ich nicht so schnell wegstecken. Das ist mein Problem, dabei kann mir keiner helfen. Ich muss selber damit fertig werden. Und die Antwort, die ich mir gebe, befriedigt mich selber nicht ganz. Ich weiß nicht, ob ich das bei einem anderen akzeptiert hätte. Gegen sich selber ist man immer ein bisschen toleranter als gegen andere Menschen. So ist nun mal die menschliche Natur. Aber ich bin von meiner eigenen Antwort nicht ganz überzeugt. Deshalb versuche ich auch nicht, andere zu überzeugen. Ich habe immer gesagt: Wenn kritisch gefragt wird, wieso kann man als Jude hier leben, so hat diese Kritik ihre Berechtigung. Diese Frage wurde oft gestellt. Man kann das Problem nicht beschönigen. Es gibt keine allgemeingültige Antwort für das Verbleiben von überlebenden Juden in Deutschland. Jeder muss das mit sich selber ausmachen. Und es gibt viele verschiedene Antworten. Manche sind nicht in Ordnung, manche vielleicht eher vertretbar. Ich habe mich in jüdischer Arbeit engagiert. Geholfen dabei hat, dass die Politik der bundesdeutschen Regierungen, ganz egal welcher Couleur, von der Einsicht geprägt war, dass Geschehenes nie wieder geschehen darf, und auch vom Interesse, dass Juden sich hier wieder niederlassen. Und dann war da auch noch Israel.

Deutschland ist nach wie vor, neben Amerika, in Europa das zu Israel freundlichste Land. Und ich bin auch der Meinung, dass die Existenz jüdischer Gemeinden hier und die Tätigkeit der Gemeinden – da beziehe ich mich besonders auf Heinz Galinski – auch dafür verantwortlich sind, dass die Einstellung Deutschlands gegenüber Israel doch anders ist als die anderer europäischer Länder.

Meine Kontakte zur Jüdischen Gemeinde intensivierten sich schon in den 50er Jahren. Mitglied zu sein ist das eine, sich über dreißig Jahre zu engagieren bis zum Vorsitz, das ist schon etwas anderes. Ich hatte meine Familie hier, meine beiden Kinder gingen hier zur Schule, hatten hier Freunde. Wir waren junge Leute, wir wollten auch etwas vom Leben genießen – haben also am gesellschaftlichen und kulturellen Leben teilgenommen. Für Politik habe ich mich immer interessiert. Auch für Religion.

Mein Großvater war Rabbiner in einem kleinen Ort neben Kalisch und ist dann kurz nach meiner Geburt nach Warschau berufen worden. In meinem ersten Lebensjahr ist also meine Familie – mein Vater, meine Mutter, meine zwei Jahre ältere Schwester und ich – nach Warschau gezogen. Seit meinem ersten Lebensjahr habe ich in Warschau gelebt, bin dort in die Schule gegangen, konnte aber wegen dem Lauf der Zeiten kein Abitur machen, weil ich vorher aus der Schule rausgeschmissen worden bin. Meine Schwester dagegen ging schon vor der Schoa auf die Universität. Sie war damals im vierten Semester, sie wollte Ärztin werden und hat das Studium tatsächlich nachher im Ghetto beendet, denn die Professoren haben weiterhin im Ghetto unterrichtet.

Aber zurück zu meinen Aktivitäten in der Jüdischen Gemeinde hier in Berlin. Ich habe Leute kennen gelernt und bin auch mehrere Male von Heinz Galinski angesprochen worden, mich zur Wahl zur Repräsentantenversammlung zu stellen. Schließlich wurde ich zum Repräsentanten gewählt.

Die Jüdische Gemeinde war eine Insel, auf der man lebte. Jeder Einzelne hatte natürlich auch Kontakte nach draußen. Aber so richtig Freundschaften, die hatte vielleicht der eine oder andere, aber nicht in größeren Gesellschaften. Zumindest sehe ich es so aus meiner Sicht. Wir haben es direkt gespürt, wenn wir in der nichtjüdischen Gesellschaft waren. Es gab dann eine gewisse Befangenheit: Man traute sich nicht frei zu sprechen. Diese Befangenheit war vielleicht auch eine Angst vor Verletzung. Aber im großen Ganzen waren wir als Gemeinschaft schon ein bisschen geschlossen.

Als Gemeindevorsitzender hatte ich eine große Verantwortung, die physisch und mental sehr belastend war. Aber ich glaube, dass ich meine Pflicht einigermaßen erfüllt habe. Mir lag daran, dass alles ordnungsgemäß abläuft und auch die finanziellen Angelegenheiten absolut in Ordnung waren, soweit ich das kontrollieren konnte. Ein großer Teil meiner Arbeit galt der Integration der jüdischen Zuwanderer aus der ehemaligen Sowjetunion. Ich habe als langjähriger Stellvertreter von Heinz Galinski niemals den Ehrgeiz gehabt, Vorsitzender der Jüdischen Gemeinde zu werden. Nach seinem plötzlich Ableben entstand eine Situation, wo es keine andere Wahl gab. Auf Bitten und auf Druck meiner Freunde und Mitstreiter habe ich eingewilligt, diese Position zu übernehmen. Ich hatte an mir selber Zweifel, weil ich in der Ära Galinski – obwohl ich ja viele Jahre sein Stellvertreter war – wenig Kontakte zu öffentlichen Persönlichkeiten dieser Stadt hatte. In der jüdischen Berliner Öffentlichkeit hat mich jedoch fast jeder gekannt.

Ich habe an mir selber Zweifel gehabt. Wie könnte ich in die Fußstapfen von Heinz Galinski treten?! Noch etwas kommt hinzu, was mir ziemlich bewusst war. Heinz Galinski war ein deutscher Jude. Ich bin ein polnischer Jude, das lässt sich nicht so leicht von der Hand weisen, wenn ich auch integriert bin und mich in der Gesellschaft gut zurechtfinde.

Ich bin deutscher Staatsbürger. Und das ist das Wenigste. Vorsitzender der Gemeinde zu sein ist ein bisschen mehr als ein deutscher Staatsbürger. Er hat die Verantwortung für die Jüdische Gemeinde. Und die Jüdische Gemeinde hat bei Weitem mehr Bedeutung, als die Zahlen aussagen. Man muss auch für die alte Gemeinde, für die 170 000 Juden, die hier gelebt haben, sprechen. Dessen war ich mir bewusst.

Ich habe versucht, nicht Heinz Galinski zu sein, nur ich selber. Nach der Wiedervereinigung habe ich eine sehr interessante Periode gehabt mit dem Zusammenwachsen der Stadt. In dieser Zeit sind eine Menge Institutionen geschaffen worden, die ganz besonders wichtig sind. Die Heinz-Galinski-Schule wurde gebaut, das Jüdische Gymnasium und das Centrum Judaicum sind eröffnet worden. In meiner Zeit sind Bauten, die vor der Schoa der Jüdischen Gemeinde gehört haben, zurückerstattet, übernommen und saniert worden. Ein Staatsvertrag zwischen der Jüdischen Gemeinde und dem Senat von Berlin, der in die Zukunft wirkt, konnte von dem von mir geführten Vorstand geschlossen werden und wirkt in die Zukunft.

Die Integration einiger tausend Zugezogener ist einigermaßen geregelt, auch wenn einige Leute noch immer nicht zufrieden sind. Es ist immer schwierig mit Menschen, die das ganze Leben lang gewöhnt sind, nur zu fordern.

Jetzt bin ich nun schon seit 48 Jahren in Berlin und fühle mich als Berliner. Heißt das, ich habe Wurzeln geschlagen? Fühle ich mich hier wirklich zu Hause? Ich habe kein anderes Zuhause. Ich habe keine Wohnung in Israel. Ich bin ein Berliner. Ich lebe bald fünfzig Jahre in Berlin. Meine Wohnung ist auch ein gesellschaftlicher Mittelpunkt. Hier treffen sich Leute, Freunde.

Heute sehe ich in der Gesellschaft neue Gefahren von Antisemitismus. Die rechte Szene macht sich wieder breit in Europa, in Frankreich, in Holland, in Belgien und bei uns. Der Antisemitismus ist in einigen Schichten der Gesellschaft salonfähig geworden. Die Nationalisten haben großen Zulauf. Das richtet sich nicht nur gegen die Juden. Das geht gegen den demokratischen Staat. Juden und Fremde sind Auslöser. Ich habe es als Gemeindevorsitzender erlebt, wie in bester Gesellschaft der Rechtsextremismus beschönigt wird. Selbst unter angesehenen Politikern der Stadt – so musste ich erfahren – wird verharmlost. Man muss aufpassen, wir Juden müssen aufpassen, alle müssen aufpassen, dass es nicht bald wieder losgeht – oder in zehn Jahren.

___EVA KEMLEIN

... dass es Tag, dass es Licht wird

Durch irgendwelche merkwürdigen Zufälle bin ich am Leben geblieben.

Ich war ja nicht alleine. Mein Lebensgefährte war Werner Stein, jüdischer Schauspieler und Autor. Er ist aber eigentlich nie mehr so richtig zum Zuge gekommen, auch wegen der schwierigen Begegnungen, die er mit Ulbricht hatte. Sie kannten sich. Stein war ein sehr überzeugter und vor allem ein denkender Sozialist, kein Funktionär, sondern einer, der eben wirklich nach seinem ganzen Wesen, von seinem ganzen Herzen, in seinem ganzen Denken dem Ideal des Sozialismus anhing.

Wir waren gemeinsam im Untergrund, drei Jahre lang. Ohne ihn hätte ich nicht überleben können. Er war ein so kluger Mann. Unsere Zeit in der Illegalität hat er so klug gemeistert, wie man das heute gar nicht mehr erklären kann.

Natürlich haben wir beide von der Geburt her unser Judentum nie verleugnet, waren jedoch niemals wirklich überzeugt von rein religiösen Dingen, nicht von ihnen abhängig. Überzeugt waren wir vom Sozialismus. Das schließt eine religiöse Einschränkung eigentlich aus. Ja, es ist wahr: Wir waren aus zweifachem Grunde verfolgt, als Juden und als Sozialisten.

Wir haben versucht, unsere Überzeugungen in Arbeit umzusetzen. Wir machten Opposition gegen den Nationalsozialismus mit der Herstellung und Verbreitung von Flugblättern. Unsere Feinde wussten natürlich, wo es her kam. Im *Völkischen Beobachter* gab es eine Antwort auf das, was in einem Flugblatt drin stand. Das war für uns die größte Freude und Anerkennung. Wir waren eine sehr kleine Widerstandsgruppe. Ich, der Stein und zwei bulgarische Studenten mit Freundinnen. Das war alles, und je kleiner das war, um so sicherer war es.

Es durfte ja nichts nach außen dringen. Und mit den vielen falschen Papieren, die wir haben mussten, waren wir immer nur höchstens ein, zwei, drei Nächte an derselben Stelle irgendwo in der großen Stadt. Eine eigentlich unvorstellbare Situation für normale, zivilisierte Menschen. Man kann das heute kaum noch jemandem wirklich vermitteln, ganz und gar ohne ein Zuhause zu sein. Heute genieße ich es besonders zu wissen, dass ich jeden Tag, jeden Morgen, jeden Abend in eine Häuslichkeit zurückkommen kann. Damals stand ich immer draußen auf der Straße, bei Regen, Schnee oder sonstigem schlechten Wetter. Ich blickte in die erleuchteten Fenster anderer Leute, um zu sehen, wie es da drinnen aussah. Bis heute ist mir das geblieben.

Warum bin ich nicht emigriert? Warum bin ich nicht im Ausland geblieben, als die Judenverfolgung begann? Ich war damals verheiratet mit einem Mann namens Herbert Kemlein. Wir waren in Griechenland. Wir wurden aufgrund eines Artikels über einen sozialistischen Politiker ausgewiesen. Wir mussten das Land innerhalb von 24 Stunden verlassen, ohne einen Pfennig Geld in der Tasche zu haben. Alles, was wir an

Werten besaßen, wurde versetzt. Wir mussten das alles ganz schnell machen, um über die Grenze zu kommen.

Zwar wussten wir, was uns dann in Deutschland erwartete. Aber uns blieb keine andere Wahl. Meine Mutter war noch hier. Meine Brüder waren schon ausgewandert. Da wir bettelarm waren, gab es keinen Ausweg. Herbert Kemlein und ich blieben hier noch zusammen. Wir waren inzwischen geschieden, weil wir dachten, dann werden die Leute auf uns nicht aufmerksam. Was natürlich ein Irrtum war, sie hatten jeden auf dem Kieker, besonders solche Mischehen, solche Vergammelten, wie wir waren. Es gab inzwischen die Rassenschändungsgesetze. Es ging alles wirklich nicht mehr, da haben wir uns getrennt. Und das war auch richtig so. Nur der Name blieb, weil er nicht wichtig war.

Mein Mädchenname ist Grauke. Der bekannte Antiquar Paul Grauke ist mein Vater. Ich stamme aus einer Ur-Berliner Familie. Großeltern und Urgroßeltern, alle Berliner, einer meiner Vorfahren ist Giacomo Meyerbeer. Er und andere aus unserer Familie sind auf dem Jüdischen Friedhof Schönhauser Allee begraben. Unsere Familie war liberal und assimiliert. Meine Großmutter mütterlicherseits wohnte in der Krausnickstraße, einer kleinen Seitenstraße zwischen Oranienburger und Sophienstraße, später in Charlottenburg in der Schlüterstraße, wo ich auch geboren bin. Mein Vater war Kaufmann und hatte ein Bank- und Getreidegeschäft.

Als die Verfolgung begann, war es schwer, einen Beruf zu erlernen und einen Schulabschluss zu machen. Eigentlich wollte ich Medizin studieren. Meinem Vater ging es gesundheitlich nicht mehr so gut, sodass ich nicht noch so viele Jahre an ein Studium hängen wollte. So bin ich dann als Medizinisch-Technische Assistentin ausgebildet worden, im Lette-Haus, heute noch bekannt, auch für Fotografie. Innerhalb dieser Ausbildung habe ich sehr intensiv auch Fotografie gelernt. Das konnte ich natürlich später wunderbar verwenden, nachdem mir der Kemlein über den Weg gelaufen ist. Er war Journalist. Mit ihm habe ich dann viel zusammengearbeitet in den Jahren, in denen wir gemeinsam lebten.

Meine erste Leica bewahrte ich die ganze Zeit der Verfolgung im Untergrund, aber mein Gefährte, der Werner Stein, fand das gar nicht so gut, weil er immer sagte: »Damit fällst du auf, und wir dürfen nicht auffallen.« Damit hatte er natürlich Recht. Aber ich hatte insofern Recht, als ich sagte: »Wenn wir es überleben, dann kann ich damit vielleicht wieder anfangen.« Und so war es ja dann wirklich. Ich habe nach der Befreiung wieder angefangen mit derselben alten Leica.

Werner Stein hat nach dem 8. Mai 1945 für den Rundfunk geschrieben. Er war ein wirklich hoch begabter Mann, hat aber nicht verstanden, sich irgendwie durchzusetzen. Eine Begegnung mit Ulbricht hat ihn ruiniert. Er wollte beim Aufbau des Sozialismus mithelfen. Er wurde rausgeworfen aus der Arbeit am Wiederaufbau von Kultur in Wilmersdorf gleich nach der Besetzung, als Berlin in Sektoren unterteilt wurde. Er beteiligte sich an der Entnazifizierung und war mit der Reorganisation des Berliner Philharmonischen Orchesters befasst. Bei dem ersten Konzert nach dem Krieg, das Stein zustande brachte, lernte ich Leo Borchard kennen. Wir waren beide im Untergrund gewesen, hatten uns aber dabei nicht getroffen.

Der 8. Mai 1945 ist ein prägender Tag gewesen. Das Wichtigste war: Wir Nomaden im Untergrund, als illegal gejagt, hatten wieder eine Wohnung, zwei Querstraßen von hier, wo ich jetzt noch lebe, in der Künstlerkolonie am Südwestkorso. Es war eine Wohnung von Nazis, die bei einem Bombenangriff umgekommen waren. Wir meinten, ein Anrecht auf eine solche Bleibe zu haben. Das wurde dann natürlich schnell legalisiert. Die ersten sieben Jahre sind wir dort geblieben und dann hierher gezogen, wo ich noch immer wohne und meine Erinnerungen an den verstorbenen Wegbegleiter wach halte.

Aber zuvor hatte sich noch Dramatisches abgespielt. Der Stein war ja niemals zu bremsen. Er ist mit dem letzten Flugblatt, als wir noch im Untergrund in Schöneberg in der Nymphenburger Straße im Keller hausten, per Rad durch die Stadt gerast. Die russischen Panzer rollten schon durch die Straßen. Er wurde vom Rad runtergerissen. Er solle in den nächsten Keller gehen, hier werde geschossen. Da sagte er aus dem Stand: Auf Führers Befehl sei er unterwegs – und wer wolle ihn daran hindern ... Irrsinn!

Das war der 8. Mai. Ich wartete ängstlich unten im Keller, weil ich ja nicht wusste, was mit ihm los war. Als er zurück war, hat er ein weißes Bettlaken rausgehängt, das hieß: Dieses Haus ergibt sich. Es wurde ja immer noch gekämpft. Zwei Bauernburschen von der Roten Armee spürten uns im Keller auf. Sie fragten, warum ein Mann in diesem Alter im Keller sitzt und nicht als Soldat bei einer Truppe ist. Wir versuchten ihnen klarzumachen, wer wir sind. Sie haben das natürlich nicht geglaubt und wollten ihn erschießen. Da hat er gesagt: »Komm, schieß, ich habe kein Parteibuch.« Als Illegale hatten wir natürlich das Parteibuch der Kommunistischen Partei wohlweislich nicht bei uns. Aber das verstanden die alles natürlich nicht. Er hatte Glück und ist davongekommen.

Wir hatten aber gar keine Zeit für Angst oder Aufregung, da wir nur mit den Ereignissen beschäftigt waren. Wir waren froh, noch am Leben zu sein. Eines Tages stand ein Jeep vor unserer Tür in der Laubenheimer Straße. In ihm saßen zwei Leute: Der eine war Fritz Erpenbeck, der andere war Rudolf

Herrnstadt. Beide waren mit der ersten Gruppe Ulbrichts aus Moskau gekommen, um das Pressewesen aufzubauen und den Kulturbund zu gründen. Diese beiden kamen rauf zu mir – mein Stein war natürlich wieder einmal unterwegs – und sagten zu mir: »Komm mit.« Ich wollte aber erst mal wissen, wohin, mir waren diese Männer völlig fremd, und sie sagten: »Das wirst du schon sehen.« Dann fuhren wir los und landeten in Lichtenberg in der Kommandantur der Sowjetarmee.

So entstand die erste Ausgabe der *Berliner Zeitung*. Dazu gehörten fünf Leute, ein sowjetischer Oberst, Kirsanow hieß der. Hervorragende Leute, hochgebildet, sprachen ein ganz einwandfreies Deutsch, waren bewandert in deutscher Literatur. So landete ich in Lichtenberg. Nach Wilmersdorf konnte ich nicht zurück. Es gab ja nicht die geringste Möglichkeit, zwischen Wilmersdorf und Lichtenberg hin und her zu pendeln – keine U-Bahn, keine S-Bahn, kein Bus, keine Straßenbahn, nichts. 14 Tage lang war ich für meinen Stein verschollen.

Dann tauchte er zusammen mit Ernst Busch, der inzwischen aus dem Zuchthaus entlassen war und hier in unserer Nähe wohnte, auf, wutschnaubend, und sagte: »Wenn du jetzt nicht zurückkommst, dann gebe ich die Wohnung auf.« Ich war glücklich, dass wir diese Wohnung hatten, und sagte zu Busch: »Tu mir den Gefallen und halte den Stein zurück, damit er in der Wohnung bleibt.« Sagte er: »Ich? Ich habe doch gerade gesagt, für euch wären zwei Anderthalbzimmerwohnungen viel besser.« Sagte ich: »Nein, tu mir den Gefallen.« ... So dramatisch spielte sich also unser privates Leben ab.

Inzwischen stromerte ich durch die Straßen, um Bilder für die *Berliner Zeitung* ranzuschaffen. Ich fing ganz von vorne an, musste mir die Technik selbst beibringen. Den ersten Film einer Sitzung im Roten Rathaus entwickelte ich in einem verdunkelten Kleiderschrank. Überall waren ja die Fenster raus, alles war offen. Und Erpenbeck stand vor der Kleiderschranktür und passte auf, dass nicht inzwischen die Tür aufgerissen wurde. So entstand der erste Film mit Stadtkommandant Bersarin und Oberbürgermeister Werner.

Ich wurde zur ersten Fotoreporterin für die *Berliner Zeitung*, war also an deren Geburt beteiligt. Am 21. Mai kam die erste Nummer heraus. Außer den sowjetischen Offizieren waren noch dabei Timmler, der später seinen Verlag gegründet hat, und für die Theaterkritik Grindel. Dann waren noch aus Moskau zwei Emigranten dabei.

Ulbricht war damals inkognito hier in Berlin. Das sollte noch keiner wissen. Aber ich erwischte ihn irgendwo in der Klosterstraße im Gespräch mit Heinz Rühmann. Dieses Foto ist in einer Ausstellung des Filmmuseums veröffentlicht worden und hat für viel Aufsehen gesorgt. Das war bei mir inzwischen längst aus dem Gedächtnis verschwunden.

Es entstanden Fotos von einer vollkommen zerstörten Stadt. Es war für mich und für uns, die wir in diesen schrecklichen Jahren gelebt haben, bedrückend. Man kann heute überhaupt nicht mehr beschreiben und verstehen, mit welchen Gefühlen wir damals an die Arbeit gegangen sind. Mit dem festen Willen, jetzt eine positive Geschichte zu schreiben. Das ist mir bis heute unvergesslich.

Waren wir enttäuscht, wie sich das Ganze nachher in der DDR entwickelt hat? Ich bin nicht sicher. Wir waren eigentlich immer bewegt von dem Gedanken: Wir müssen das schaffen, wir müssen das schaffen, das neue, bessere Land. Und die ganze Reaktion, die sich ja gleich zu Beginn schon bemerkbar machte, haben wir bekämpfen wollen. Ich weiß nicht, ob man das heute noch so vermitteln kann, mit welchen Erwartungen, mit welcher Kraft wir an diese Aufgabe gegangen sind, ohne an ein Verzagen überhaupt nur zu denken oder Enttäuschung zu empfinden.

Eine neue Welt der Brüderlichkeit, der Menschlichkeit sollte entstehen, in der Terror, Unterdrückung und Krieg als Auseinandersetzung nicht mehr möglich sind – eine Aufbruchstimmung, eine Morgenröte am Horizont, wo es mir allein darum ging, dafür zu arbeiten, dass es Tag wird, dass es Licht wird. Wir haben gewusst, dass wir einer feindlichen Welt gegenüberstehen und dass wir den Kalten Krieg überstehen müssen. Aber nur die Zukunft interessierte uns. Und an die Vergangenheit wollten wir überhaupt nicht mehr denken, weil da so viel Schreckliches passiert war. Aber dann kam die Realität, und die musste man bekämpfen, und deshalb musste man – so haben wir das jedenfalls gedacht – mit allen Mitteln dabei bleiben. Jeder, der wegging, war ein Verlust für die gute Sache.

Wir lebten in West-Berlin, arbeiteten aber für die DDR-Presse. Warum wir nicht nach Ost-Berlin umgezogen sind? Das ist leicht zu erklären. Es gab hier damals eine Gruppe der SED, die SEW. Die SED wollte auf diese Weise den Westen nicht vollkommen unbeeinflusst lassen. Wir erhielten wie andere Gesinnungsgenossen, die hier wohnten, nicht die Genehmigung zum Umzug. Und mein Stein, der sonst wirklich absolut undiszipliniert war, hat gesagt: Die Leute haben Recht, wir dürfen das hier nicht vollkommen aufgeben. Deshalb sind wir im Westen geblieben. Viele andere sind rübergezogen, weil die Theater es von ihnen verlangten, denn die Vorstellungen wären gefährdet gewesen, wenn die Theaterleute hier wohnten und eines Tages die Grenzen dicht gemacht würden. Die umzogen, bekamen alle Möglichkeiten in Ost-Berlin, Häuser, Wohnungen und viele Annehmlichkeiten.

Nachdem die Mauer stand, fuhr ich mit Passierschein rüber,

der auf Berlin beschränkt war. Ich hatte einen Einkaufsschein. Jede Milch musste eingetragen werden. Es fiel allen furchtbar auf, wenn an der Kasse dann gekritzelt wurde, wie viel man ausgegeben hat und wie viel einem blieb. Es war alles wahnsinnig umständlich. Das Honorar wurde in DDR-Mark bezahlt. Das wurde hier dann nicht umgetauscht, aber ich konnte drüben einkaufen. Ich konnte alles drüben kaufen, alles. Auch meine Objektive, meine Kameras, alles habe ich drüben gekauft. Es gab eine Einkaufsbescheinigung über die Ausgaben, die man gemacht hat. Ich habe dann auch mal erlebt, wie ich an der Sektorengrenze vom West-Zoll kontrolliert wurde. Ich wurde mit allen Utensilien aufs Hauptzollamt gefahren und musste die Bescheinigung vorweisen. Ich kann die Schwierigkeiten gar nicht alle aufzählen, die mit diesem Grenzleben verbunden waren.

Aber inzwischen kannten mich alle Grenzpolizisten. Wir wurden Freunde. Ich hatte immer Kocka, den Hund, bei mir, für ihn hatte ich eine Sondergenehmigung zur ständigen Ein- und Ausfuhr. Es war schwierig, aber es gab keine Zeit, während der ich gar nicht rüberkonnte.

Wiedergeboren 1945 als Jüdin und Sozialistin? Wir waren Sozialisten, das Jüdische stand nicht im Vordergrund. Ich empfinde die Religion bis heute als eine Trennung zwischen den Menschen. Und von den Wirkungen hatten wir genug erfahren. Diese Gefahren sehe ich im Übrigen heute noch immer. Weil alles Trennende wieder unterstrichen wird. Wozu? Wichtig sind viele, viele andere Dinge. Das Humane ist wichtiger als das Religiöse. Dass ich mich als Jüdin fühle, kann ich doch gar nicht verleugnen. Dafür habe ich doch eine viel zu prächtige Familie. Meine jüdische Identität hat sich nicht verändert, ist immer im Hintergrund geblieben. Ich bin bewusst nicht Mitglied der Jüdischen Gemeinde geworden.

Wie sehe ich über fünfzig Jahre danach die Entwicklung, jetzt auch im wieder vereinigten Deutschland? Widerspricht sie dem, was wir damals aufbauen wollten? Seit Beginn der neuen Zeit, wie wir uns dachten, hat sich die Politik reaktionär entwickelt, mit Adenauer am Anfang. Aber ich sage auch immer, dass sich erfreulicherweise der Leitspruch meiner Ausstellung im »Verborgenen Museum« in der Schlüterstraße bewahrheiten wird: »So wie es ist, bleibt es nicht.«

Ich bin fest davon überzeugt, dass wir wieder einer neuen Zeit entgegengehen. Der Sozialismus ist für mich noch nicht erledigt. Er wird nicht mehr in der Form von Marx und Lenin existieren, weil wir diese Zeiten hinter uns haben. Als Marx seine sehr klugen Theorien geschrieben hat, gab es noch das Proletariat, jetzt glücklicherweise nicht mehr. Es gibt ein neues Stadium des Imperialismus. Und an dieser Schwelle zu einer ganz anderen, zu einer neuen Zeit stehen wir. Das wird sich bald erweisen.

Dass die DDR untergegangen ist, mag historisch gerecht sein, denn sie war kein wirklich sozialistischer Staat. Und es waren auch keine überzeugten, überzeugenden, fähigen Politiker, die an der Spitze standen, es waren brave Funktionäre, gefangen in ihrem beschränkten, misstrauischen und engen Denken. Das waren keine Politiker, sie waren in einer solchen problematischen Zeit ihren Aufgaben nicht gewachsen.

Ich bin ein politischer Mensch. Mein Übergang zur Theaterfotografie war keine Flucht aus der Politik. Politisches Denken und Handeln haben mich nie losgelassen. Alles ist für mich politisch heute. Alles! Jedes Foto, das ich veröffentliche. Auch das Theater, besonders Bertolt Brecht. Was er in seinen vielen Stücken gesagt und geschrieben hat, finde ich so wunderbar ausgedrückt, so klar, dass es jeder Mensch verstehen kann.

Ich begegnete Brecht nur im Theater während der Proben. Es war unvergesslich, diesen Menschen zu erleben, wie er da saß in einem Kreis von Leuten, die einfach seine Jünger waren. Ob das der Palitzsch war oder Wekwerth oder wer auch immer. Es war ein großer Klüngel um ihn herum. Wie er auf den Proben reagierte, das war ein Genuss. Und er ließ uns arbeiten, was ja auch nicht jeder tat. Da gab es viele Regisseure, die bei jedem Klicken, das wir auslösen mussten, in Rage gerieten. Natürlich stört es, das ist ganz klar. Aber dafür werden wir eingeladen, das geht nicht lautlos. Als Theaterpraktiker war Brecht eine bedeutende Gestalt, aber er hat auch andere Gesichter. Das wissen wir, und das kommt ihm auch zu. Das schmälert ihn nicht.

Nach dem Auftauchen aus dem Untergrund, nach 1945, nach der Schoa, nachdem man nun das ganze Ausmaß des Verbrechens an den jüdischen Berlinern und Deutschen erkannte, hätte die Idee aufkommen können, dieses Land der Täter zu verlassen und zu sagen: Das ist nicht mehr mein Land. Aber nein und nochmals nein. Das kann ich auch erklären. Ich sehe die ganze Welt mitschuldig am Völkermord. Es hätte diesen Weg nicht geben müssen, wenn sich die Welt aufgetan hätte zur Einwanderung. Sie blieb verschlossen, es sei denn, man hatte Geld, viel Geld. Deshalb ist meine Mutter den schlimmen Weg gegangen. Sie hatte zwar Vermögen, aber das war beschlagnahmt worden. Da konnte sie nicht ran. Sie bekam jeden Monat eine bestimmte Summe, ich glaube, es waren vierhundert Mark. Jedenfalls die Tausende, die man brauchte, um in irgendein Land reinzukommen, die hatte sie nicht. Denn der kleinste südamerikanische Staat, wie zum Beispiel Uruguay, wo einer meiner Brüder schon lebte, der sie hier rausholen wollte, verlangte Geld. Der Konsul, der dann bei ihr war, um das zu besprechen, verlangte Geld. Und nicht nur für das Land, sondern auch für sich, wie das in diesen Ländern üblich ist. Das hatte sie aber nicht. Und so war es mit allen anderen Ländern.

Im Ausland wusste man durchaus, was sich hier anbahnte an Verbrechen, Terror und Verfolgung. Thomas Mann zum Beispiel hat das laut und deutlich gesagt. Da ist keiner unschuldig. Dann war es besser, hier zu bleiben, hier, wo wir all das miterlebt und erlitten haben, wo wir mitbauen konnten an einer besseren Welt.

Es gab für mich nie die Versuchung, das Land zu verlassen. Mein Bruder hat es nie verstanden, dass ich hier geblieben bin. Erst viele Jahre später begriff er, nachdem ich ihm erzählt habe von den Menschen, die uns in jeder Situation geholfen haben. Da war zum Beispiel Berta Waterstratkes, eine Schriftstellerin, später Nationalpreisträgerin der DDR, die uns aufgenommen hat. Sie war selber ausgebombt und lebte in einer Mischehe, einer Wohngemeinschaft. Und da haben wir übernachtet, ein paar Mal, als mein Stein mit einer Lungenentzündung krank war und nicht auf die Straße konnte.

Werner Stein ist schon 1963 verstorben. Er war sehr viel älter als ich. Das war einer der schwersten Verluste für mich. Aber ich bin nicht allein mit meinen Erinnerungen und Überzeugungen. Viele, viele gute Freunde und Gleichgesinnte begleiten mich. Der Erpenbeck-Familie bin ich bis heute verbunden. Fritz Erpenbeck mit seiner Hedda Zinner, sie sind schon lange tot. Aber der Sohn und die ganze Familie sind da. Enkeltochter Jenny ist mit ihren 35 Jahren schon jetzt eine anerkannte Schriftstellerin und begabte Opernregisseurin.

In den ersten Jahren, noch lange Zeit, musste ich immer erst überlegen: Was war dieser Mensch unter Hitler? Automatisch war das für mich der erste Gedanke bei einer Begegnung. Das ist inzwischen ganz anders, weil eine ganz andere Generation herangewachsen ist, die man für die Verbrechen nicht mehr verantwortlich machen kann.

Mit Ungerechtigkeit in der Gesellschaft müssen wir rechnen, aber das Wichtigste ist, dass man selber weiß, wo man steht und wo die anderen sind. Insofern war vielleicht die Zeit der Illegalität einfacher, da man wusste, wo man selber stand. Mit den anderen muss man arbeiten, mit denen muss man denken und mit denen muss man auch vorausdenken. Und alles, was da an Negativem war und heute auch ist, das muss man einfach bekämpfen. Man darf nicht daran verzweifeln und nicht allen misstrauen. Es gibt viele Menschen, von denen ich es nicht anders erwarte, denn sie werden so gefüttert von den Medien und ihrem Umfeld. Wenn sie dann nicht selber denken können, ergeben sie sich dem, was ihnen geliefert wird.

Unter den Jüngeren gibt es genug, die kritisch sind gegenüber den herrschenden Verhältnissen. Dass es zu viel Lethargie gibt, ist aber kein Wunder. Die Leute haben jetzt die Freiheit, aber sie nutzen sie nicht richtig. Das war immer so in der Geschichte. Trotzdem muss man immer weiter kämpfen.

Und das ist eigentlich auch mein Wahlspruch: Bis zum letzten Moment, der ja nicht mehr allzu fern ist, muss ich meins dazu tun. Ich habe keine Nachkommen. Nein. Das nun nicht auch noch. Das Leben hat mich gefordert. Es waren extreme Zeiten. Ich musste den Umständen meines Lebens entsprechend mir treu bleiben.

Es blieb mir einfach kein anderer Weg. Dazu gehört auch, dass ich ein wunderbares Elternhaus hatte, das mich freigeistig prägte. Mein Vater hat mich stark beeinflusst, ganz einfach mit seinem Dasein, seinem Verhalten. Für alles, was ich machte, sagte und tat, hatte er Verständnis. Als ich meinen Kemlein heiratete, glaubte er nicht, dass der Mann zu mir hält, aber er sagte: »Wenn es dein Wunsch ist und du darin ·dein Glück siehst, lege ich dir keinen Stein in den Weg.« Nun ist dieser Name sozusagen noch die Erinnerung an die frühen, wilden Zeiten. Mit dem Motorrad nach Griechenland. Das muss man sich mal vorstellen. Aber es hat Spaß gemacht. Wobei die Zeiten danach eigentlich auch nicht sehr viel anders waren als wild.

Ich bin Theaterfotografin, erlebte die Anfänge von Brecht in der DDR. Ich kannte Helene Weigel, Ernst Busch, Wolfgang Langhoff und beobachtete die Entwicklung der Volksbühne. Es war einmalig, was im Berlin der Nachkriegszeit auf den Bühnen geschah. Ich war ja fast ein Teil des Theaters und bin das auch bis heute geblieben.

Ich fotografiere heute noch, aber nicht mehr jeden Tag. Noch immer besuche ich die Proben im Theater zum Fotografieren, zum Beispiel bei Frank Castorf, der mich interessiert. Ich ging zu jeder Inszenierung von Thomas Langhoff. In Farbe habe ich nur fotografiert, wenn es ausdrücklich verlangt wurde. Aber sehr selten. Ich finde Schwarzweiß einfach schöner.

___Peter Kirchner

Ein schönes Finale

Auch Straßennamen haben ihre Geschichte. Die Straße, in der ich wohne, wurde nach 1945 nach dem kommunistischen Widerstandskämpfer Arthur Sodtke benannt. Während des Nationalsozialismus hatte das ganze von dem Architekten Bruno Taut geplante Viertel Straßennamen erhalten, die sich auf Kriegsschauplätze des Ersten Weltkriegs in Flandern beziehen. Nach dem Untergang der DDR beschloss der Senat die Rückbenennung der Straße zum ursprünglichen Namen. Sie sollte wieder an den Gewerkschafter Jaeckel erinnern. Bis heute ist dies aber nicht vollzogen worden, obwohl Briefsendungen der BEWAG und GASAG diese Straßenbezeichnung ausweisen und man auf Stadtplänen im Register beide Namen findet. Straßennamen eignen sich besonders gut, die politische Ausrichtung einer Staatsform zu dokumentieren, und an ihrem Wechsel kann man gerade in Berlin die jeweiligen Veränderungen ablesen. Im Ostteil der Stadt waren bei solchen Straßenbenennungen auch jüdische Persönlichkeiten berücksichtigt worden, im Vergleich zu den kommunistischen Widerstandskämpfern und ehemaligen Regierungsvertretern aber sehr wenige.

Im Neubaugebiet Hellersdorf gibt es eine Martin-Riesen-burger-Straße, benannt nach unserem langjährigen Rabbiner. Eine andere Straße wurde nach Louis Lewin benannt. Letzterer war ein weltbekannter Toxikologe, dessen Grab sich auf dem Friedhof in Weißensee befindet. Lewin lehrte zu seiner Zeit an der Berliner Charité, erhielt aber keine ordentliche Professur. So konnte er in seinem nur aus zwei Räumen bestehenden Institut in der Ziegelstraße nur Privatvorlesungen im kleinen Kreis halten, obwohl er mit seinem zwölfbändigen Werk über die Toxikologie weltweit bekannt geworden war. Es gibt eine Karikatur, auf der alle Professoren der damaligen Charité auf einem Kremser sitzen. Der getaufte Pathologe Otto Lubarsch, der sich zum radikalen Antisemiten entwickelte, ist als besonders dominant hervorgehoben, während Lewin als Einziger am Ende des Wagens nach hinten blickend abgebildet ist. Zwar wurde er nicht vergessen, aber eben doch überdeutlich an den Rand verdrängt – eine wohl weitestgehend vergessene Episode in der Geschichte dieser Lehreinrichtung. Die Straßenbenennung war eine späte Ehrung.

Das Verhältnis der DDR-Regierung zur Jüdischen Gemeinde wandelte sich im Laufe der Jahrzehnte. Die jüdischen Gemeinden hatten den Status einer rein religiösen Gemeinschaft, vergleichbar mit der evangelischen oder katholischen Kirche. Die Mitgliedschaft in der Religionsgemeinschaft brachte für den Einzelnen gegenüber dem Staat das Bekenntnis zum Jüdischsein als religiöses Moment zum Ausdruck. Wer nicht Mitglied der Gemeinde war, blieb als Jude weitestgehend unerkannt. Andererseits konnten die Gemeinden sich auch nur für den Personenkreis einsetzen, der ihnen als Mitglied angehörte. Wenn ich gefragt wurde, wie viele Juden in der DDR leben, konnte ich als sichere Zahl nur die der erfassten Mitglieder angeben. Das ist wahrscheinlich heute nicht

anders, und das war wohl schon immer ein Problem deutscher Gemeindestatistik. Gleichzeitig gingen wir aber davon aus, dass zwischen den in einer Gemeinde registrierten Personen und jenen, die als Juden außerhalb dieser lebten, ein Verhältnis von eins zu zehn bestanden hat.

Die aus rassischen Gründen Verfolgten – und das waren in der Majorität Juden – galten als »Opfer des Faschismus« und waren gegenüber den aus politischen Gründen Verfolgten, den »Widerstandskämpfern« (Kämpfer gegen den Faschismus), in der Mehrheit. Da es etwa 40 000 rassisch Verfolgte in der DDR gab, konnte man davon ausgehen, dass die überwiegende Mehrzahl von ihnen Juden waren. Hinzu kam, dass aber auch bei den aus politischen Gründen Verfolgten ein Großteil ursprünglich der jüdischen Glaubensgemeinschaft angehört, sich aber schon vor der Verfolgungszeit von allen religiösen Bindungen losgesagt hatte und daher auch nach dem Kriege in keiner jüdischen Gemeinde als Mitglied registriert war.

Wenn man die Situation jüdischer Menschen unmittelbar nach 1945 aus heutiger Perspektive betrachtet, wird klar, dass es für viele eine schwierige Entscheidung war, sich im Lande der Täter wieder heimisch zu fühlen. Ob ein Jude lieber in die DDR ging oder in die Bundesrepublik – wo es unter anderem einen Hans Globke gab und man wegen des Artikels 131 im Grundgesetz damit rechnen musste, auf dieselben Beamten zu treffen, die früher die Verfolger waren –, war eine Frage, die ich mir persönlich erst später gestellt habe. Ich habe immer im Bezirk Prenzlauer Berg im Ostteil der Stadt gelebt. Meine Familie war nie von hier weggezogen. Mein Vater arbeitete in einer Firma in der Friedrichstraße, die nach 1945 im Westteil der Stadt lag. Sein Chef, bei dem er schon seit den 30er Jahren tätig war, beschäftigte ihn auch nach der Spaltung der Stadt weiter, und so wurde er bis zum Jahre 1961 zum »Grenzgänger«, einem Menschen, der im Westteil der Stadt arbeitete, aber im Ostteil lebte. Natürlich wurde über die Frage, ob man seinen Wohnsitz nicht in den anderen Teil der Stadt verlegen sollte, in unserer Familie gesprochen. Für meinen Vater war dabei zu beachten, dass er einen Teil seines Lohns in Westgeld erhielt, während der Rest in Ostmark ausgezahlt wurde. Bei der geringen Höhe seines Gehalts war es eher ein Vorteil, im Osten zu bleiben. Er verdiente in diesen Jahren etwa vierhundert Mark im Monat. Mit dem Anteil, den er in Westmark ausgezahlt bekam, konnte er im Westen einkaufen, vor allem Dinge, die er im Osten nicht bekam.

Die Entscheidung, hier im Osten zu bleiben, war für mich schon eine grundsätzliche – teilweise auch gegen die Überlegungen meiner Eltern, vielleicht doch in den Westen zu ziehen. Hier war ich nach dem Krieg in die Schule gegangen, hier konnte ich studieren, was mir im Westen wahrscheinlich nicht möglich gewesen wäre. Mein Vater mit seinem Minimaleinkommen und meine Mutter, die nach dem Krieg aus gesundheitlichen Gründen nicht mehr berufstätig war, hätten es finanziell nicht realisieren können, mich bis zum 24. Lebensjahr mit zu ernähren. Im Osten aber bekam ich schon als Schüler und später als Student monatlich eine finanzielle Beihilfe, weil ich als Verfolgter des Naziregimes und als ehemaliger »Sternträger« anerkannt war. Aber sicherlich haben auch politische Vorstellungen zu meiner Entscheidung zum Bleiben beigetragen – nicht zuletzt die Vorstellung, in einem antifaschistischen Staat zu leben. Ich glaube auch heute noch, dass ich in der Bundesrepublik, wie sie sich mir damals darstellte, wohl meine Schwierigkeiten gehabt hätte.

Ein Kinderfreund von mir war nach Amerika ausgewandert, erst von Ost- nach West-Berlin, von da nach Kanada und weiter in die USA. Seine Familie wollte nicht mehr in Deutschland bleiben nach allem, was geschehen war. Bei ihm war die gleiche Konstellation gewesen wie bei mir: Mutter Jüdin, Vater Christ, also eine Mischehe. Bei der Geburt wurde auch er beschnitten und in die Gemeinde aufgenommen – vor dem September 1935. Damit wurde auch er zum »Geltungsjuden« und »Sternträger«.

Ich bin im Jüdischen Krankenhaus geboren. Meine Eltern waren beide berufstätig. Zu dieser Zeit verdiente mein Vater als ungelernter Arbeiter 150 Reichsmark, meine Mutter nicht sehr viel mehr. Sie arbeitete in der jüdischen Firma Julius Busse als Lageristin. Zu Hause zu bleiben, weil ein Kind zu versorgen war, hätte den Verlust eines Gehalts ausgemacht und war daher nicht möglich. Meine Eltern wandten sich an die Jüdische Gemeinde, und so bin ich im jüdischen Kinderheim in Niederschönhausen in der Moltkestraße groß geworden. Das kostete im Monat vierzig Reichsmark. Ich blieb bis zum dritten Lebensjahr in diesem Heim, wurde zu den Wochenenden von Eltern und Verwandten besucht und vielleicht auch mal kurz abgeholt.

Ab 1938 besuchte ich einen jüdischen Kindergarten am Friedrichshain. Nach dem Novemberpogrom nahm die Zahl der Kinder immer mehr ab, viele Eltern wanderten aus. Ich kann mich noch daran erinnern, dass die Leiterin des Kindergartens, Meta Israel, am Abend vor ihrer Deportation meine Eltern zu sich bat und ihnen ein Album mit Bildern des Kindergartens übergab. Nachdem sie für ihren alten Vater und sich selbst die Aufforderung erhalten hatte, sich zum Transport nach Theresienstadt am Sammelpunkt einzufinden, wollte sie, dass dieses Album bewahrt blieb, und mein nichtjüdischer Vater schien ihr dafür eine gewisse Garantie zu sein. Ich besitze heute noch das Album des Kindergartens in der Friedenstraße.

Meine Großmutter mütterlicherseits wanderte 1940 nach Shanghai aus. Deutschland befand sich schon im Krieg, aber man konnte noch via Moskau mit der Transsibirischen Eisenbahn nach Shanghai fahren. Auch alle Geschwister meiner Mutter gingen ins Exil. Wir blieben als Einzige hier, obwohl ein Onkel, der schon in China lebte, auch für uns ein Affidavit geschickt hatte. Mein Vater war zu diesem Zeitpunkt schon zur Wehrmacht eingezogen worden. Weil er sich nicht von seiner jüdischen Frau scheiden lassen wollte, wurde er aber wenig später als wehrunwürdig entlassen, woraufhin ihn sein Chef sogar wieder einstellte.

Ohne ihren Mann wollte meine Mutter nicht in die Emigration gehen. Sicher hat sie zu diesem Zeitpunkt die Situation der Juden in Deutschland immer noch falsch eingeschätzt. Meine Mutter stammte nicht aus einem orthodoxen Haus und war nicht sehr religiös. Zu den Hohen Feiertagen ist sie in die Synagoge oder zu den Gottesdiensten im Saalbau am Friedrichshain gegangen, aber eine feste Bindung an eine bestimmte Synagoge gab es nicht. Meine Großmutter besuchte die Synagoge in der Rykestraße, während die Geschwister meiner Mutter im Westen Berlins wohnten und in die Synagoge Fasanenstraße gingen.

Von September 1941 bis zum Sommer des kommenden Jahres besuchte ich die jüdische Schule in der Kaiserstraße. Die Einschulung fiel zeitlich mit der Verordnung zusammen, den Stern tragen zu müssen. Ich erinnere mich, dass mir irgendwann kurz nach der Einschulung eine Frau auf der Straße einen Apfel schenkte. Sie sagte zu meiner Mutter: »Der Junge sieht ja gar nicht jüdisch aus.« Das war die Zuwendung einer einzelnen Deutschen, die das aber immerhin offen auf der Straße zeigte. In dem Wohnhaus, in dem meine Familie lebte, gab es durchaus einzelne Bewohner, die auch nach der

Machtergreifung Hitlers zu meinen Eltern Kontakt hielten. Als der Hauswirt nach den ersten Bombenangriffen entschied, dass meine Mutter und ich nicht in den hauseigenen Luftschutzkeller durften, gab es einzelne Nachbarn, die mit uns einen anderen Keller aufsuchten und sich so solidarisch zeigten.

Schwierig wurde die Situation erst nach der Schließung der Schule. Meine Eltern beschlossen, dass ich nun nicht mehr den Stern tragen sollte. Sie erzählten allen, insbesondere aber den Mitbewohnern des Hauses, in dem wir wohnten, dass auf Grund eines von ihnen gestellten Antrags entschieden worden sei, dass ich nicht mehr den Stern tragen müsse. Zwar hatten sie wirklich einen solchen Antrag gestellt, der war aber abschlägig beschieden worden. Nun musste aber auch der Eindruck erweckt werden, dass ich eine Schule besuchte. So trafen meine Eltern mit denen eines Schulfreundes, der in der Nähe wohnte, das Übereinkommen, selbst die Unterrichtung zu versuchen. Und so besuchten wir uns gegenseitig und wurden jeweils von unseren Müttern in Lesen und Rechnen unterwiesen. Beide Frauen waren arbeitslos geworden, bekamen später dann Arbeitsstellen über das jüdische Arbeitsamt an der Fontanepromenade. Meine Mutter gab sich viel Mühe, mir zumindest die Grundrechenarten, aber auch Lesen und Schreiben weiter beizubringen. Ich lernte viele der klassischen deutschen Balladen auswendig, dies aus einem Lesebuch, in welchem auch die *Lorelei* stand, jedoch mit dem Hinweis: »Verfasser unbekannt«.

Dann kam die Fabrikaktion im Februar 1943. Es sprach sich an diesem Wochenende herum, dass Juden mit Lastwagen abgeholt würden. Meine Eltern glaubten, dem dadurch entgehen zu können, dass wir uns den ganzen Tag in der Umgebung von Berlin aufhielten. Als wir abends nach Hause zurückkamen, sagte unsere Nachbarin, dass schon mehrfach Fremde bei uns geklingelt hätten. Meine Mutter glaubte, dass man uns sowieso holen würde, und entschied, dass sie und ich freiwillig in die Große Hamburger Straße gingen und uns dort meldeten. Der Leiter der Durchgangsstelle war mein ehemaliger Schuldirektor Max Reschke aus der Kaiserstraße.

Eine Woche hielt man uns dort fest. Wir erlebten die Zusammenstellung von Transporten nach Theresienstadt oder in andere Lager mit. Dann hieß es, dass die Mischlinge entlassen würden. Ich wurde allein aufgerufen, meine Mutter sollte dort verbleiben. Wenige Tage zuvor war ich gerade acht Jahre alt geworden. Ich reagierte wie wahrscheinlich jedes Kind, weinte und bockte, wollte mich nicht allein aus dem Hause schicken lassen. Nach Stunden wurde festgelegt, dass auch meine Mutter frei kam.

In diese Zeit fiel ein anderes wesentliches Ereignis. Die Firma, in der mein Vater beschäftigt war, wurde durch Bomben stark zerstört. Die erhaltenen Maschinen wurden nach Neustadt an der Dosse gebracht, etwa hundert Kilometer von Berlin entfernt, und die Angestellten und Arbeiter wurden mitgenommen. Nun beschlossen meine Eltern, dass ich meinen Vater begleiten sollte. Meine Mutter blieb in Berlin, weil wir hier gemeldet waren und sie die Lebensmittelkarten für sich und mich in der Kartenstelle Heinrich-Roller-Straße erhielt. Außerdem war sie in der Zwischenzeit zwangsverpflichtet worden. Sie musste zusammen mit anderen, meist in Mischehe lebenden, jüdischen Frauen bei der Firma Kielhorn in der Weißenburger Straße (heute Kollwitzstraße) Militärmäntel nähen.

So lebte ich etwa vom Frühsommer 1943 bis zum Sommer 1945 in Neustadt an der Dosse. Der Chef meines Vaters wusste um die familiäre Situation seines Angestellten und hatte noch zwei weitere Mitarbeiter, die als Mischlinge zweiten Grades bei ihm weiter beschäftigt waren. Er selbst hatte meinem Vater angeboten, mich mitzunehmen. Natürlich hatte mein Vater auch dort erzählt, dass ich keinen Stern mehr zu tragen brauche, aber während er offiziell seine Lebensmittelkarte bekam, konnte er mich nicht anmelden. Dazu wäre die Vorlage entsprechender Papiere notwendig gewesen. Ich aber besaß nur eine Kennkarte ohne Lichtbild, dafür mit dem Aufdruck eines großen »J«. Die Kollegen meines Vaters ahnten sicher, dass nicht alles so stimmen konnte, aber sie haben uns nicht verraten. Damit waren sie wie auch der Chef meines Vaters zumindest stille Helden, die mein Überleben garantierten. Ich glaube, das Verhalten dieser Kollegen hat die Entscheidung meiner Familie, nach 1945 in Deutschland zu bleiben, sehr wesentlich beeinflusst. Durch sie wie auch durch einzelne Nachbarn in dem Berliner Wohnhaus war uns klar geworden, dass keinesfalls alle Deutschen Nazis und Antisemiten waren.

Ich lebte bei meinem Vater, einerseits ganz offen – und doch illegal. Wir wohnten im Haus des Gutsverwalters in Spiegelberg, ganz in der Nähe des Gestüts. Meinem Vater war dort ein Zimmer zugewiesen worden. Zu dem Zimmer gehörte keine Küche, und so kochte mein Vater meist in dem Essensraum der Werkstatt seines Betriebes. Ich war häufig mir selbst überlassen oder besuchte meinen Vater. Ich spielte auch mit anderen Kindern. In Erinnerung blieb mir ein Kinderspiel: »Ein Jude hat ein Schwein geschlachtet«. Ich fragte meinen Vater, wie ich mich verhalten sollte. Es war mir nachdrücklich von meinen Eltern gesagt worden, niemandem zu erzählen, dass ich Jude sei. Unsere Geschichte hieß: Wir sind in Berlin ausgebombt worden und deshalb nach Neustadt verzogen.

Meine Mutter kam uns manchmal an den Wochenenden besuchen, natürlich ohne Stern und erst nachdem sie sich einen Postausweis besorgt hatte. Im Herbst 1943 war bei einem Bombenangriff die zuständige Polizeiwache in der Jostystraße ausgebrannt. Ein Revierpolizist, der meine Mutter von früher her kannte, gab ihr den Rat, sich an das zuständige Postamt zu wenden und sich dort mit dem Hinweis, dass sie ihre Papiere verloren habe, einen solchen Postausweis zu holen. Diesem Rat war sie gefolgt und verfügte nun über ein Dokument, das wenigstens für eine bestimmte Zeit Gültigkeit hatte. Bei den Kontrollen in den Zügen wurde sie wiederholt darauf hingewiesen, dass die Gültigkeit abgelaufen sei und sie sich wieder einen richtigen Ausweis besorgen müsse. Aber auf diese Weise hat sie die anderthalb Jahre bis zum Kriegsende überstanden. Es muss für sie eine schreckliche Zeit gewesen sein: allein in Berlin, weiter bei der Firma Kielhorn beschäftigt. Bei den Bombenangriffen konnte sie nicht den hauseigenen Luftschutzkeller aufsuchen. Dass sie all dies überlebt hat, grenzt schon an ein Wunder.

Als sich die Kriegshandlungen Berlin immer mehr näherten, in der ersten Aprilhälfte 1945, kam sie nach Neustadt und blieb bei uns. So haben wir gemeinsam die Befreiung durch die Rote Armee am 30. April 1945 erlebt. Die Truppen hatten Berlin in Richtung Elbe umgangen. Der Krieg war für uns schon zu Ende, als in Berlin noch gekämpft wurde.

Was geschah nach unserer Befreiung? Im Grunde genommen sträubt man sich immer ein bisschen, die Geschichte zu erzählen. Ähnliches wurde von anderen Untergetauchten erzählt, und so kommt nur zu schnell die Idee, man habe sich alles nur ausgedacht oder übernommen. Aber solche Vorgänge trugen sich eben auch anderswo ähnlich zu. Der Gutsverwalter hatte sich mit seiner Familie beim Eintreffen der Roten Armee das Leben genommen. Das Gutshaus, in dem mein Vater sein Zimmer hatte, wurde von den Russen als Kommandantur beschlagnahmt. Wir mussten ausziehen. Meine Mutter fragte nach einem jüdischen Offizier, mit dem sie sprechen konnte. Dieser Offizier glaubte ihr anfangs nicht, dass sie Jüdin sei. Er meinte, dass Stern und Kennkarte gefälscht seien, weil es in Deutschland keine Juden mehr gäbe. Durch ihre – wenn auch bescheidenen – Kenntnisse hebräischer Gebete ließ er sich dann aber doch überzeugen.

Uns wurde in einem anderen Haus eine Wohnung zugewiesen, eine richtige Wohnung mit zwei Zimmern, Küche und Toilette. Außerdem sollte uns ein Soldat geschickt werden, der Jiddisch sprach. Und dann kam Friedman, ein Jude aus Kiew. Er hatte seine ganze Familie in Babi Yar verloren. Er war der Verpflegungsoffizier seiner Kompanie. Von nun an versorgte er uns mit Lebensmitteln. Meine Mutter konnte von zu Hause her ein wenig Jiddisch und auch Polnisch, so konnte sie sich verständigen. Ich war damals zehn Jahre alt, und Friedman verwöhnte mich mit Bonbons und anderen Süßigkeiten, die wahrscheinlich irgendwo konfisziert worden waren.

Mit diesem russischen Truppenteil sind wir dann etwa im September 1945 nach Berlin zurückgekehrt. Wir wurden bis Spandau mitgenommen. Von dort mussten wir zu Fuß mit einem Handwagen, auf dem all unsere Habseligkeiten waren, in die Innenstadt von Berlin laufen. Unsere Wohnung in der Neuen Königstraße war bei den Kriegshandlungen zerstört worden. So wohnten wir zuerst bei meiner Großmutter väterlicherseits, die ich zuvor so gut wie nie gesehen hatte. Sie hatte als national-kaisertreue und auch hitlergläubige Deutsche ihrem Sohn nie verziehen, dass er sich nicht von seiner jüdischen Frau und dem Kind getrennt hatte.

Ich wurde in der Wehlauer Straße eingeschult. Zwar fehlten mir Schuljahre, aber man versuchte es mit der dritten Klasse, und das Erstaunliche gelang: Ich zeigte mich den Anforderungen gewachsen und konnte sogar in die meinem Alter entsprechende vierte Klasse überwechseln.

Meine Mutter meldete sich noch im Winter 1945/46 bei der Jüdischen Gemeinde. Seit 1946 bin ich dann auch fast regelmäßig zum Gottesdienst in der Rykestraße gegangen. Zusammen mit zwei Schulfreunden, die auch überlebt hatten, besuchte ich den Religionsunterricht bei dem späteren Gemeinderabbiner Martin Riesenburger und den Kantoren Hecht und Ruschin, die in dieser Synagoge vorbeteten. Am 20. März 1948 hatten wir dann – eine Gruppe von sieben Knaben – unsere Barmizwa. Ich erinnere mich noch sehr gut daran, dass in den ersten Jahren nach der Befreiung das religiöse Leben für die überlebenden Juden eine große Rolle spielte. Die Synagoge in der Rykestraße war so überlaufen, dass an den Hohen Feiertagen im Männerparterre hunderte Gartenstühle in den Seitengängen zusätzlich aufgestellt wurden. Es waren ziemlich alte Männer, die uns aber sehr liebevoll an die Hand nahmen und uns etwas beibrachten. Natürlich waren wir anfangs sowohl amüsiert als auch sehr beeindruckt von einigen Riten, so zum Beispiel, wenn die auf der Bimah versammelten Kohanim den Priestersegen über die Gemeinde sprachen. Im jüdischen Kindergarten hatte die Religion nur eine geringe Rolle gespielt. Es gibt in dem geretteten Album einige Fotos von verkleideten Kindern bei einer Purim-Feier, aber all diese Erinnerungen waren nach dem Kriege verschüttet. Eine bewusste Beschäftigung mit Judentum und jüdischer Religion hat für mich erst mit der Vorbereitung auf die Barmizwa begonnen.

Für uns, die wir im Osten der Stadt lebten, war Riesenburger sicher die wichtigste Persönlichkeit. Er, der ab 1933 als Prediger zuerst das Altenheim in der Großen Hamburger Straße betreut hatte, war während des Krieges bis 1945 ausschließlich für die Beisetzungen auf dem Weißenseer Friedhof zuständig. Nach dem Krieg amtierte er in verschiedenen Berliner Synagogen als Prediger, ab 1953 war er dann ausschließlich in der Synagoge Rykestraße tätig.

Die Reaktionen der nichtjüdischen Umgebung auf das wieder belebte jüdische Leben waren sicher unterschiedlich. Für mich kann ich nur sagen, dass ich zu keiner Zeit in irgendeiner Weise Konflikte hatte. Meine jüdische Identität wurde niemals in Frage gestellt, nicht von meinen Klassenkameraden, nicht von den Freunden im Sportclub und auch später nicht von meinen Mitstudenten. Antisemitische oder abfällige Bemerkungen habe ich nie gehört, obwohl ich keinen Hehl daraus machte, dass ich Jude bin.

In der Wohnsiedlung, in der ich auch heute noch lebe, war der übergroße Teil der Kinder in den Jahren 1933 bis 1935 geboren worden. Viele Kinder waren also in meinem Alter. Ich hatte anfangs Schwierigkeiten, mich anzufreunden, zumindest über den Kreis der Klassenkameraden hinaus, war ein Einzelgänger. Eines Tages wurde uns ein Zettel in den Briefkasten gesteckt, auf dem die Frage stand, weshalb ich nicht zu den anderen Jugendlichen herunterkäme. Als ich dann dazugehörte, waren wir eine Gruppe von zwanzig Jungen und ebenso vielen Mädchen. Ich nahm an den Einsegnungsfeiern meiner Spielkameraden teil, sie wussten um meine Barmizwa. Es gab keine Vorurteile, nur Unkenntnis bezüglich der Besonderheiten der anderen Religion. Einer aus unserer Gruppe war Horst Buchholz; er wohnte uns gegenüber und besuchte ebenfalls die Schinkel-Schule, bis er in den Westen ging und später ein bekannter Schauspieler wurde.

Selbstverständlich spielte in der Jüdischen Gemeinde unter den Mitgliedern die schon eingangs gestreifte Frage eine große Rolle, weshalb man sich entschlossen habe, auch weiterhin in Deutschland zu bleiben. Die von Heinz Galinski immer wieder formulierte Vorstellung von einer Liquidationsgemeinde war auch im Ostteil der Stadt allgegenwärtig. Bereits 1947 lernte ich Nathan Levinson kennen. Er kam als US-Armee-Rabbiner nach dem Krieg nach Berlin und kümmerte sich um die Jugendarbeit. Er besuchte uns Kinder bei Ferienaufenthalten in einem Heim an der Krummen Lanke im Winter oder in Brüningslinden im Sommer. Ab 1948 bestand die Tendenz, uns Jugendliche dazu zu bewegen, nach Palästina beziehungsweise – nach der Staatsgründung – nach Israel zu gehen. Mein Freund Manfred Friedländer, mit dem ich zusammen im Kindergarten gewesen war, die Schule in der Kaiserstraße besucht und auch die Barmizwa-Feier gemeinsam begangen hatte, wanderte damals nach Israel aus, ist später aber wieder nach Berlin zurückgekommen. Mich schreckte ab, dass wir als Kinder, als die wir uns mit 13 Jahren empfanden, allein, ohne die Eltern, fahren sollten. Zwar wurde uns zugesagt, dass die Eltern später nachkämen, aber ich wollte diese Trennung nicht: Entweder mit den Eltern fahren oder gar nicht. Da eine gemeinsame Ausreise aber zu diesem Zeitpunkt problematisch war, fiel die Entscheidung, in Berlin zu bleiben.

Wahrscheinlich war ich mir jedoch schon relativ früh bewusst, dass es wohl ein Bleiben auf Dauer sein würde. Gefestigt wurde diese Entscheidung später sicherlich durch die Vorstellung, dass die DDR das Land sei, in dem eine demokratische und antifaschistische Grundordnung zum Tragen kommt und eine Wiederholung antisemitischer Verfolgung nicht zu erwarten sei. Dass diese Erwartung sich dann zum Teil als illusionär herausstellte, konnte ich nicht voraussehen. In der Anfangsphase der Republik waren in den entscheidenden Positionen dieses Staates in der Mehrzahl ehemals von den Nazis verfolgte Antifaschisten.

Dieser Eindruck verstärkte sich auch im Schulunterricht.

Ich habe die Veränderung an den Oberschulen damals miterlebt, als die alten Lehrer entlassen und durch so genannte
Neulehrer ersetzt wurden. Die neuen Lehrer hatten, was nicht
überraschen konnte, oft nicht das Wissen, welches sie eigentlich vermitteln sollten. Doch dies besserte sich erstaunlich
schnell. Entscheidend war die Überzeugung, dass eine Lehrer-
schaft, die meist widerspruchslos oder sogar mit entsprechender Begeisterung die Jugend während des Naziregimes unterrichtet hatte, nicht in der Lage sein würde, die Jugend im
Sinne des Antifaschismus zu erziehen, und daher für den weiteren Unterricht ungeeignet sei.

Ein ebensolcher Wechsel vollzog sich bei den Juristen.
Auch hier wurden neue Richter schnell ausgebildet, um die
alten Richter, die bereits vor 1945 Recht – oder auch Unrecht –
gesprochen hatten, zu ersetzen. Im Westen blieben sie – wie
auch andere Beamte – meistens auf ihren Posten. Dass mit der
Schaffung der »antifaschistischen Grundordnung« dann im
Grunde genommen die ganze Bevölkerung von jeder Schuld
freigesprochen wurde, ist erst später als ein Geburtsfehler der
neuen DDR-Gesellschaft erkannt worden.

Anfang der 50er Jahre gab es auch in der DDR Auswirkun-
gen des stalinistischen Antisemitismus. Ich habe dies damals
nicht so sehr wahrgenommen. Rabbiner Levinson forderte uns
zwar auf, in den Westen zu gehen, aber wir hielten die Lage
nicht für bedrohlich. Dies erklärt sich in der Rückschau wahrscheinlich aus der besonderen Situation Berlins. Die Stadt war
– wenn auch in Sektoren unterteilt, an deren Grenzen Volks-
polizisten und Zollbeamte ihren Dienst taten – äußerlich noch
eine Einheit. Man konnte mit öffentlichen Verkehrsmitteln
oder zu Fuß jederzeit von einem Teil der Stadt in den anderen
gelangen.

Ich besuchte seit der Aufnahme meines Studiums an der

Humboldt-Universität im Herbst 1954 regelmäßig die Studentengruppe der Gemeinde. Diese traf sich jede Woche in der Joachimsthaler Straße. Ich war zwar »einer aus dem Osten«, aber ich gehörte durchaus dazu. In diesen Jahren nach der Trennung der Gemeinde im Januar 1953 war es für den Zusammenhalt der Mitglieder beider Gemeinden wichtig, dass es solche Bindeglieder gab. Wenn in der Ost-Berliner Gemeinde ein Chanukka-Ball veranstaltet wurde, kamen die Jugendlichen aus dem Westteil der Stadt in großer Zahl, sei es nun zuerst ins »Haus Vaterland« oder später in ein Café in der Nähe des Alexanderplatzes.

1959 schloss ich mein Studium an der Medizinischen Fakultät der Humboldt-Universität mit dem Staatsexamen ab. Ich gehörte seit der Schulzeit der FDJ an und sah darin auch keinen Widerspruch zu meinem religiösen Bekenntnis. Als ich dann in den 60er Jahren als Stationsarzt im Krankenhaus arbeitete, trat ich in den FDGB ein. Das Stationskollektiv wollte die Auszeichnung als »Kollektiv der Sozialistischen Arbeit« erringen, und dazu war es erforderlich, dass jeder Mitglied der Gewerkschaft war. So vollzog ich diesen Schritt im Interesse der Allgemeinheit und empfand es keinesfalls als einen unerträglichen Zwang.

Nach dem Tode des Gemeindevorsitzenden Heinz Schenk wurde mir im Jahre 1971 die Funktion des Vorsitzenden angetragen. Die Gemeinde war zu diesem Zeitpunkt in erster Linie als Religionsgemeinschaft präsent, das heißt, es fanden regelmäßige Gottesdienste statt, jährlich ein Chanukka-Ball und gelegentlich ein Synagogenkonzert. Daneben wurde der Friedhof in Berlin-Weißensee unterhalten, weiterhin ein Altenheim in Niederschönhausen und eine koschere Schlachterei. Darüber hinaus gab es keine Aktivitäten.

Als ich mich entschloss, die Funktion des Vorsitzenden anzunehmen, war ich 35 Jahre alt. Nach dem Abschluss des Medizinstudiums hatte ich zwar für die Gemeinde die Aufgabe des Beschneiders der neugeborenen Knaben übernommen, ansonsten war aber auch ich ein eher passives Mitglied. Nun hatte ich die Vorstellung, dass man mehr für die Mitglieder der Gemeinde anbieten müsse. Zu den regelmäßigen Gottesdiensten an den Wochenenden und zu den Feiertagen sollten kulturelle Veranstaltungen treten, um so die Mitglieder stärker in ein gestaltetes Gemeindeleben einzubinden. Damit gingen wir über den Rahmen, der auch für die anderen Gemeinden auf dem Gebiet der DDR bestand, deutlich hinaus. Schon bald wurde ein Raum eingerichtet, in dem wir regelmäßige Veranstaltungen durchführen konnten. Diese Aktivitäten wurden seitens des Staates durchaus toleriert.

Es entstand auch die Idee, eine Bibliothek zu eröffnen. In der Gemeinde fanden sich mehr als tausend Bücher mit speziell jüdischem Inhalt. Sie stammten aus verschiedenen Erbschaften. Darunter waren auch einige Exemplare der ursprünglichen Bibliothek der Gemeinde aus der Vorkriegszeit. Erst viele Jahre später sollte ich erfahren, dass diese Bücher lediglich der Rest einer sehr viel größeren Sammlung waren, die bis zur Teilung der Gemeinden 1953 im Ostteil gelagert hatte und damals kontinuierlich nach West-Berlin ausgelagert worden war und zum Teil den Grundstock der dortigen Bibliothek bildete.

Meine Frau als ausgebildete Bibliothekarin bemühte sich drei Jahre lang, neben ihrer Arbeit in einer öffentlichen Bibliothek die vorgefundenen Bücher zu katalogisieren, um somit überhaupt die Voraussetzungen für eine Bibliothek zu schaffen. Im November 1977 war es dann soweit, wir konnten die Bibliothek eröffnen, und meine Frau übernahm die Funktion der Gemeindebibliothekarin.

Einwände gegen die Einrichtung der Bibliothek seitens

staatlicher Stellen, zum Beispiel des Staatssekretariats für Kirchenfragen, gab es nicht. Lediglich unser offizieller Antrag auf Einführung von Druckerzeugnissen aus dem westlichen Ausland verschwand für anderthalb Jahre in einer Schublade des Staatssekretariats für Kirchenfragen. Nachdem wir immer wieder nachfragten, wurde angeboten, dass die Bücher auf dem Postwege der Zollbehörde zugeführt werden könnten. Dort sollte dann eine entsprechende Prüfung durchgeführt und uns jene Literatur, die unbeanstandet blieb, zugeleitet werden. Auf unseren Hinweis, dass wegen der sehr fachspezifischen Inhalte die entsprechende Prüfung die Kompetenz eines Mitarbeiters des Zolls überschreiten würde und dieser Vorschlag daher inakzeptabel sei, erhielten wir schließlich eine offizielle Einfuhrgenehmigung für Bücher und Zeitungen. Diese musste zwar jedes Jahr neu beantragt werden, aber das bereitete keine Schwierigkeiten, und es wurden uns keine Beschlagnahmungen bekannt.

Spender westlicher Literatur waren unter anderem der Jüdische Weltkongress und Privatpersonen in Westdeutschland und der Schweiz. Durch den Ankauf der Verlagsproduktionen der DDR mit entsprechendem Inhalt und mit den Buchgeschenken konnte der Bestand der Bibliothek ausgebaut werden. Der Leserkreis umfasste von Anbeginn nicht nur die Mitglieder der Gemeinde, sondern alle Interessierten, vor allem Künstler, Wissenschaftler und Studenten, die Schriften zu bestimmten jüdischen Themen vorfanden, die es ansonsten in den Bibliotheken der DDR nicht gab. Diese Mitnutzung durch Außenstehende war den staatlichen Stellen durchaus bekannt, führte aber nicht dazu, dass man uns Vorschriften machte. Lediglich Schriften mit zionistischem und antisozialistischem Inhalt sollten von der freien Zugänglichkeit ausgeschlossen bleiben.

Ähnlich gestaltete sich die kulturelle Arbeit. Bei den Gästen, die wir als Referenten zu den Veranstaltungen einluden, gab es keine Einschränkungen. Wir mussten allerdings jede Veranstaltung bei der Polizeibehörde anmelden – ein Umstand, der für jegliche Veranstaltung in der DDR zutraf. Es wurde uns jedoch in keinem Fall ein Verbot ausgesprochen. Zu den Referenten gehörten zum Beispiel Professor Walter Grab von der Universität Tel Aviv oder Professor Cuno Lehrmann von der Universität Würzburg. Lehrmann war nach dem Krieg als Rabbiner in der West-Berliner Gemeinde tätig. Er hatte uns einen Vortrag zum Thema »Heinrich Heine, ein deutscher, ein französischer oder ein jüdischer Autor« angeboten. Auch diese Veranstaltung war angemeldet, ein entsprechendes Visum beantragt und an der Grenze hinterlegt worden. Die Einreise am Bahnhof Friedrichstraße gestaltete sich jedoch schwierig, weil der dort Dienst habende Beamte die Mitnahme des gedruckten Manuskriptes nicht gestatten wollte. Außerdem irritierten ihn die Eintragungen im Pass. Cuno Lehrmann war nicht nur als Professor an der Universität Würzburg, sondern auch als Rabbiner tätig. So kam es zu der erstaunten und maßlos naiven Nachfrage, was er denn nun eigentlich sei. Lehrmann ertrug diese eine ganze Welt von Unwissenheit, aber auch Voreingenommenheit dokumentierende Nachfrage mit Humor und konnte mit fast einer Stunde Verspätung einreisen, musste jedoch bei der Ausreise das Manuskript wieder vorzeigen, weil die Einfuhr von Literatur eben nicht gestattet war.

Viele prominente jüdische Künstler und Schriftsteller, die zum Teil aus der westlichen Emigration zurückgekehrt waren, lebten in der DDR. Einige von ihnen, die uns als Juden bekannt waren, sprachen wir mit der Bitte um entsprechende Veranstaltungen bei uns an. Die meisten hielten sich trotz gelegentlicher Kontakte von der Jüdischen Gemeinde fern. Als

Einziger war Arnold Zweig nach seiner Einreise Mitglied der Berliner Gemeinde geworden. Entgegen seinem eigenen Wunsch, auf dem Friedhof in Weißensee, wo auch seine Eltern beigesetzt waren, dereinst begraben zu werden, wurde nach seinem Tod staatlicherseits entschieden, dass er auf dem Dorotheenstädtischen Friedhof beerdigt wurde. Immerhin durfte der damals in Berlin amtierende ungarische Gastrabbiner Ödön Singer die Tahara überwachen, ansonsten aber nicht amtieren. Die Mutter des Schriftstellers Günter Kunert war Mitglied der Gemeinde und wurde auch auf unserem Friedhof beigesetzt. Kunert selbst hatte nur sehr losen Kontakt zur Gemeinde, gestaltete jedoch Veranstaltungen und schrieb auch Texte über die Gemeindebibliothek. Ein weiterer sehr wesentlicher Autor, der aus seinen Büchern bei uns vorlas, war Stephan Heym. Seine erste Frau war auf dem Friedhof in Berlin beigesetzt. Mit Geldspenden unterstützte er die Gemeinde, ohne ihr aber als Mitglied beizutreten. Seine Lesungen aus *Der König David Bericht* und *Ahasver* waren besondere Höhepunkte der literarischen Veranstaltungen. Während der Schriftsteller Stefan Hermlin so gut wie keinen Kontakt zur Gemeinde unterhielt, haben die Autoren Peter Edel und Jurek Becker mehrfach Lesungen aus ihren Büchern gehabt. Beide haben in ihren Büchern ihre jüdische Herkunft durchaus betont, sich aber nicht als praktizierende Juden verstanden.

Auch Akademiker der Humboldt-Universität hielten bei uns Vorträge, so Professor Bruno Schottländer, emeritierter Professor für alte Sprachen, der hier sein in der DDR umstrittenes Buch über in der Nazizeit *Verfolgte Wissenschaftler der Berliner Universität* vorstellte und sich in einem weiteren Vortrag mit »antisemitischen Tendenzen bei Richard Wagner« auseinander setzte. Wiederholt Vorträge hielten Professor Heinrich Simon und seine Ehefrau Professor Marie Simon, beide Lehr-

stuhlinhaber an der HU, zu sehr speziellen religionsphiloso-
phischen Fragen. Sie waren gleichzeitig praktizierende Mitglieder der Gemeinde.

Ich bin später ein so genannter Reisekader geworden. Als
der Jüdische Weltkongress in Deutschland tagte und Vertreter
des Kongresses nach Berlin kamen, besuchten sie uns und äu-
ßerten den Wunsch, dass auch Vertreter aus der DDR an den
regelmäßigen Tagungen der Europäischen Sektion teilneh-
men sollten. Ich glaubte nicht, dass entsprechende Einladun-
gen genehmigt würden. Erstmals wurden Helmut Aris als Präsident des Verbandes der Jüdischen Gemeinden in der DDR
und ich als Vorsitzender der größten ostdeutschen Gemeinde
für den November 1975 eingeladen. In diesen Zeitraum fiel
die Resolution der Vereinten Nationen, in der mit der Mehrheit der arabischen Staaten Zionismus als Rassismus verurteilt
wurde. Auch die DDR stimmte inhaltlich dieser Resolution zu.
Als wir nun unsere Anträge stellten, wurde uns dargelegt, dass
letztlich eine Teilnahme nicht gewünscht sei. Begründet wurde das mit dem Hinweis, dass man es uns ersparen wolle, von
westlichen Vertretern wegen der ablehnenden Haltung der
DDR und anderer Ostblockstaaten befragt zu werden. Uns
blieb keine andere Wahl, als die Ablehnung zu akzeptieren,
aber im Frühjahr 1976 wurde dann erstmals einer Kon-
gressteilnahme zugestimmt, und seitdem nahmen Vertreter
der DDR-Gemeinden regelmäßig sowohl an den Tagungen des
WJC als auch anderer internationaler jüdischer Organisatio-
nen teil. Erhielten wir anfangs immer sehr kurzfristig die entsprechenden Visa, so wurden seit der zweiten Hälfte der 80er
Jahre Dauervisa ausgestellt, die für drei Monate gültig waren,
wobei lediglich eine Mitteilung an das Staatssekretariat für
Kirchenfragen zu geben war, aus welchem Anlass die Ausreise
zum Beispiel nach West-Berlin erfolgte.

Mit einem solchen Visum nahm ich auch am 9. November 1989 an einer Feierstunde in West-Berlin zur Erinnerung an die Pogromnacht 1938 teil. Als ich auf dem Rückweg in den späten Abendstunden an den Grenzübergang Invalidenstraße kam, war ich durch die dort versammelten Menschen und ein größeres Polizeiaufgebot sehr irritiert. Die Polizei schien selbst nicht zu wissen, was an der Grenze plötzlich vor sich ging. Ich stieg aus dem Auto und fragte nach, ob ich denn weiter in Richtung Grenze fahren könne. Dies wurde bejaht. Auf den letzten Metern bei der Einfahrt in die Grenzsicherungsanlage kamen mir bereits Menschen von der Ostseite und auch Trabis entgegen. Ich fuhr also wirklich in die »falsche« Richtung.

Mitte der 80er Jahre gab es eine Phase in der Entwicklung der DDR, in der die Anerkennung und Förderung der Jüdischen Gemeinde von politischer Wichtigkeit zu sein schien. In einer veränderten außenpolitischen Position wollte sich die DDR gegenüber dem Westen öffnen. Ehemalige Mitglieder und Nachkommen der früheren Adass-Jisroel-Gemeinde nutzten die Gelegenheit, um Zuwendungen für ihren Friedhof zu bekommen. Offenberg wandte sich an Honecker persönlich und erreichte, dass eine Rekonstruktion des Friedhofes dieser Gemeinde kurzfristig staatlicherseits durchgeführt wurde. Wenn wir einen gleichen Aufwand für den Friedhof an der Herbert-Baum-Straße in Anspruch genommen hätten, wäre dies für die DDR sehr teuer geworden, denn gegenüber den etwa 3000 Beisetzungen auf dem Friedhof an der Wittlicher Straße hatten auf dem Hauptfriedhof an der Herbert-Baum-Straße fast 115 000 Beisetzungen stattgefunden. Aber eine solche Erwartung hatten wir auch niemals gehabt. Einem Außenstehenden aber, der mit Chuzpe auftrat und auch kein Bürger der DDR war, gelang es. Eines demonstrierte diese überraschende Entwicklung auf jeden Fall: Die innere Aufweichung der Macht der Verantwortlichen in der DDR zeichnete sich bereits ab.

Doch es gab in dieser Phase durchaus auch Entscheidungen zugunsten unserer Gemeinde. Über Jahrzehnte hinweg war die Erwartung ausgesprochen worden, dass in der verbliebenen Ruine der Synagoge in der Oranienburger Straße entsprechende Sicherungen und ein teilweiser Aufbau erfolgen sollte, um dort ein Museum einzurichten. Nach immer neuen Verhandlungen mit entsprechender Verzögerung einer Entscheidungsfindung fanden wir schließlich in Klaus Gysi als Staatssekretär für Kirchenfragen einen Unterstützer, dem es mit zu verdanken war, dass 1988 die endgültige Entscheidung zum Wiederaufbau der Synagogenruine getroffen wurde. Für uns war es nach den Jahren des Wartens eine überraschende Entwicklung.

Meine Stellung als Vorsitzender einer Jüdischen Gemeinde in der DDR war nicht zu vergleichen mit der Position von Heinz Galinski im Westen. Meine Verhandlungspartner waren protokollarisch in allen Fragen die örtlichen Leiter der Abteilung Kirchenfragen beziehungsweise der Stadtrat für Inneres beim Magistrat. Direkte Verhandlungen mit dem Staatssekretär für Kirchenfragen, anfangs Seigewasser und später Gysi, waren nicht vorgesehen. Diese verhandelten vorwiegend mit dem Präsidenten des Verbandes der Jüdischen Gemeinden in der DDR. Einen Ansprechpartner im Politbüro oder im Ministerrat direkt gab es aber selbst für den Verbandspräsidenten nicht. Damit waren auch unsere Möglichkeiten eingeschränkt, manchmal notwendige dringliche Unterstützungen durch staatliche Einrichtungen zu erhalten. Erst Klaus Gysi war es, der sich unsere Position stärker zu eigen machte und mich auch ermunterte, mich bei auftretenden Problemen direkt an ihn zu wenden, wie zum Beispiel bezüglich der Arbeiten an der Ruine in der Oranienburger Straße.

Im Jahre 1988 gab es im neu errichteten Ephraimpalais die bemerkenswerte Ausstellung »Und lehrt sie: Gedächtnis!«. Sie berichtete in sehr eindrucksvoller Form über die Geschichte der jüdischen Bevölkerung in Deutschland und vornehmlich in Preußen seit dem Mittelalter. Schon im November 1978 hatten wir in Zusammenarbeit mit dem Museum für Deutsche Geschichte eine Ausstellung über die Judenverfolgung während der Nazizeit erstellt – sehr viel bescheidener. Aber für diese fand sich keine öffentliche Ausstellungsfläche, wir konnten sie nur in dem nicht beheizbaren Aufgang zur Frauengalerie in der Synagoge in der Rykestraße zeigen. Nur für kurze Zeit war sie für Besucher zugänglich. Die Eröffnung erfolgte zwar in Gegenwart von Staatssekretär Seigewasser und des Vorsitzenden der CDU, Gerald Götting. Unserer Bitte jedoch, dass man vor allen Dingen Schulklassen durch diese Ausstellung führen sollte, wurde nicht entsprochen. Das Ministerium für Volksbildung und Margot Honecker hielten das nicht für notwendig. Zehn Jahre danach war alles sehr viel einfacher, wieder half das Museum für Deutsche Geschichte, diesmal aber war mit dem Ephraimpalais ein würdiger Rahmen gefunden worden, und die Resonanz in der Bevölkerung war überwältigend.

Im gleichen Jahr wurde mir durch die Vermittlung von Stephan Hermlin aus West-Berlin die Ausstellung des Bildarchivs der Stiftung Preußischer Kulturbesitz »Juden in Preußen« angeboten. Diese Stiftung wurde jedoch seitens der DDR aus politischen Gründen boykottiert. Ich kannte meine staatlichen Verhandlungspartner aus früheren Absprachen (zum Beispiel bei der Vorbereitung der Amsterdamer Ausstellung »Die Welt der Anne Frank«) und wusste, dass man hartnäckig sein musste, wenn man etwas erreichen wollte. Letztlich gelang es, diese Ausstellung komplett für die DDR zu übernehmen. Als sie realisiert wurde, war allerdings die DDR bereits nicht mehr handlungsfähig.

In einer bilanzierenden Rückschau kann ich sagen, dass ich in meinem Leben in der DDR kein unglücklicher Mensch geworden bin. Die Entscheidung für ein Verbleiben in Ost-Berlin war insgesamt nicht falsch. Materielle Erwartungen spielten in meinem Leben immer eine nachgeordnete Rolle. Sicherlich hätte ich als Arzt im Westen vielleicht ein eigenes Haus und eine gut gehende private Praxis haben können. Aber ich bin aus der Kenntnis der letzten Jahre sicher, dass mich vielerlei an der westlichen Gesellschaft gestört und brüskiert hätte. Auch heute gewinne ich den damals schon bei den gelegentlichen Besuchen empfundenen Eindruck, dass die Atmosphäre nicht immer wirklich ehrlich, freundlich, aufgeschlossen ist. Mich störte schon damals eine vordergründige Oberflächlichkeit mit »Küsschen auf die Wange« –, und wenn man sich umdrehte, wurden hinter dem Rücken abfällige Bemerkungen gemacht. Es mag für manchen nicht nachvollziehbar sein, aber in meinem Umfeld im Osten und in den Bereichen, in denen ich mich bewegte, erlebte ich sehr viel mehr ehrliche Herzlichkeit und Offenheit, auch bei den Zusammentreffen mit den Vertretern der christlichen Kirchen.

Die zwanzig Jahre meiner Tätigkeit in der Berliner Jüdischen Gemeinde bedeuten mir sehr viel. Innerhalb der – zugegebenermaßen natürlich sehr kleinen – Gemeinde bestand eine fast familiäre Zusammengehörigkeit. Die Menschen freuten sich schon Wochen vorher auf ein Synagogenkonzert mit Oberkantor Estrongo Nachama oder den Chanukka-Ball. Ebenso war es bei den Bewohnern des Altenheims, wenn Estrongo oder ein anderer Gast sich angesagt hatten. Dass unter den Mitgliedern der Gemeindevertretung und den Besuchern der Veranstaltungen auch Zuträger der Staatssicherheit waren, vermutete ich bereits damals und stellte mich mit allem, was ich sagte, darauf ein. Das Verhältnis zu den Mitgliedern der Gemeinde wie auch zu den Angestellten und vielen Freunden war vordergründig warmherzig – was nach meinem Eindruck bei der heutigen Gemeinde leider nicht mehr der Fall ist. Richtig ist, dass uns vielerlei Möglichkeiten damals fehlten, die jetzt problemlos gegeben sind. Das bezieht sich vor allem auf die schwierigen Verhandlungen, wenn es um die Bereitstellung von Reparaturkapazitäten oder pflegerische Arbeiten auf den Friedhöfen ging. Auch in der innergemeindlichen Arbeit gab es Mängel. So hatten wir keinen Religionsunterricht für die Kinder, was aber wegen der kleinen Zahl der Kinder auch nicht im Vordergrund stand.

Wir mussten uns an die Begrenztheit der Reisemöglichkeiten anpassen, die insbesondere das einfache Gemeindemitglied betraf. Ebenso bedrückend war, dass man selbst, wenn man eine Dienstreise für ein oder zwei Tage in den Westen unternahm, davon nach außen nicht berichten konnte. Spannungen ergaben sich hier meist außerhalb der Gemeinde, zum Beispiel mit meinem Chef in der Klinik, der nachvollziehbar nicht verstehen konnte und wollte, weshalb ihm die Teilnahme an der Beisetzung seines verstorbenen Schwagers im Westdeutschland abgelehnt wurde, während ich zu einer Wochenendtagung des Jüdischen Weltkongresses fliegen durfte. Das belastete persönlich und nahm letztlich viel von der Freude, die ansonsten eine solche Reise auslöste.

In der DDR eine jüdische Gemeinde zu leiten und im wahrsten Sinne des Wortes am Leben zu erhalten, war sehr viel schwerer als in West-Berlin oder in der Bundesrepublik, schon hinsichtlich der zur Verfügung stehenden finanziellen

Mittel. Die Eigeneinnahmen aus den Mitgliedsbeiträgen waren angesichts der niedrigen Zahlen geringfügig. Die Berliner Gemeinde erhielt jährlich vom Magistrat der Stadt 170 000 Ost-Mark zur Abdeckung aller Unkosten, das heißt Löhne, Werterhaltung, Veranstaltungen etc. Alles, was darüber hinaus ging, musste zum Teil mühselig erstritten werden. Die materielle Unterstützung aus dem Westen war minimal, eine offizielle Zuwendung seitens des Zentralrates der Juden gab es nicht. So war es letztlich auch beim Wiederaufbau der Synagogenruine in der Oranienburger Straße. Trotzdem hatten wir die Hoffnung niemals aufgegeben, dass doch irgendwann eine positive Entscheidung getroffen würde.

Wenn ich heute in die Oranienburger Straße komme und den Glanz der Kuppel sehe, habe ich das Gefühl, dass sich unsere Hartnäckigkeit gelohnt hat. Dies ist nicht mein alleiniger, persönlicher Verdienst, aber einen gewissen Anteil habe ich schon. Wenn sich dieser Ort mehr und mehr zum geistigen Mittelpunkt der Jüdischen Gemeinde für ganz Berlin herausbilden würde, wäre dies ein schönes Finale.

___Lilli Nachama

In der Arche Noah

Estrongo – eine ungewöhnliche Geschichte, die aufgeschrieben werden muss – der Weg von Saloniki nach Berlin. Mit seinem raumgreifenden Wesen stellte der Oberkantor jeden Rabbiner neben sich in den Schatten – ein Lidschlag reichte, um Respekt und Zuneigung zu gewinnen. Wo ich diesen einzigartigen Menschen kennen lernte? In Berlin, bei Bekannten, die den armen, verhungerten jungen Mann mitnahmen zum Essen. Den Tag und den Monat weiß ich nicht mehr, aber das Jahr werde ich noch wissen – 1948 haben wir uns kennen gelernt, aber dann ist lange nichts gewesen. Da haben wir uns Jahre nicht mehr gesehen. Ich weiß nicht, ich habe keine Ahnung, warum das so war. In der Familie, bei der wir uns zum ersten Male sahen, starb der Sohn. Es war entsetzlich, ein junger Mann, was heißt ein junger Mann, ein Junge! Er hatte die Illegalität überlebt und starb dann an Diphtherie. Und dadurch ist man irgendwie auseinander gekommen. Sie sind nach Amerika gegangen. Das Kind wurde hier verbrannt. Und sie haben die Urne mitgenommen nach Amerika.

Ich bin in Berlin mit dem Namen Schlochauer geboren. Die Vorfahren kamen aus Schlochau, achtzig Kilometer nördlich von Posen. Mein Großvater war, glaube ich, Pferdehändler in Schlochau. Mein Vater kam als Kaufmann nach Berlin, hatte eine mechanische Damen- und Herrenwäschemanufaktur, am Hausvogteiplatz, in der Oberwallstraße.

Wo war ich am 8. Mai 1945? Aufgetaucht in der Uhlandstraße bei meinem Onkel und Tante Nenny. Als der Krieg nach Berlin kam und die ganze Stadt unter Beschuss war, saß ich mittendrin – im Untergrund bei Muschi Wertheim. Sie hatte mich aufgenommen – eine ganz tolle Frau. Gegenüber wohnte ein Mann, der uns suspekt war. Wir glaubten, er solle die ganz jungen und die älteren Männer zum Volkssturm einziehen. Zu uns kam er immer rüber in den Splittergraben und redete eigenartige Sachen, machte manchmal so Andeutungen: »Fräulein Eickfeld, bald ist es ja zu Ende.« Wir wussten nie: Was weiß er oder weiß er nichts? Es war besser, in die Fontanestraße im Grunewald umzuziehen. Bekannte hatten dort eine riesige Villa, waren aber nicht mehr da. Das Haus war voller geflüchteter Leute, junge Männer, die vom Heer geflohen waren, und junge Frauen. Ich hatte das Glück, einen Ausweis als Luftwaffenhelferin zu besitzen. Mit einem anderen Namen natürlich: Ingeborg Eickfeld, weil Ingeborg eben ein so deutscher Name ist.

Ich hieß also Ingeborg Eickfeld, wohnhaft Wilmersdorfer Straße 39. Kein erfundener Name. Die junge Frau war im Krieg gefallen. Ingeborg war tot. Ich hatte den Namen und die Identität einer toten Frau angenommen, die ungefähr gleichaltrig war. Wie konnte man das machen? Alles nur durch Beziehungen. Es gab viele Möglichkeiten. Ich hatte einen Ausweis, der immer alle drei oder vier Monate erneuert wurde, Januar bis März war schwarz/rund, das zweite Quartal rot/quadratisch, dann kam lila als Kreis. Es wurde jedes Mal ein anderer Stempel genommen und eine andere Farbe. Den Aus-

weis habe ich leider verbrannt, als die Russen kamen. Ich hatte Angst, weil da »Luftwaffenhelferin« draufstand. Um Jottes willen! Wie sollte ich denen klar machen, wer ich wirklich war?

Emigration war gar nicht mehr möglich, nachdem sich mein Vater das Leben genommen hatte, obwohl wir ja die Ausreise nach Quito hatten. Alleine hätte ich nicht auswandern können. Mein Onkel hat gesagt: »Das kommt gar nicht in Frage, wir reisen nicht. Ich lasse das Grab meines Bruders in Weißensee nicht alleine.« Von Berlin wegzugehen war nie ernsthaft mein Gedanke. Ich war auch gar nicht volljährig.

Mit vielen Tricks konnte ich überleben. Nicht immer in Berlin. Angefangen hat es am 27. Februar 1943 in der Fabrik in Siemensstadt. Unser Vorarbeiter war ein fürchterlicher Kerl, brummig, giftig, also einfach abscheulich. Er beugte sich über meine Maschine und flüsterte ganz leise: »Abhauen, Mantel nehmen, nicht den Ausgang, sondern einen anderen Weg übers Gelände.« Ich habe zuerst gar nicht begriffen, was er wollte. Das hat er noch mal gesagt … Und ich habe meinen Mantel genommen. Ich hatte meine Hand auf meinen Bauch gelegt, weil man ja irgendwie deklarieren musste, dass einem nicht gut war, und bin dann ganz weit übers Gelände gerannt, habe Muschi Wertheim angerufen und gesagt: »Stell dir vor, was geschehen ist!« Muschi war die Schwiegertochter vom Kaufhaus Wertheim.

Die Wertheims waren schon seit Anfang des Jahrhunderts Protestanten, das hat aber überhaupt nicht geholfen. Muschi war selbst keine Jüdin, aber sie hatte einen jüdischen Mann. Sie haben sich scheiden lassen. Er war schon nach Holland ausgewandert, sie hatte noch ihre Villa in der Fontanestraße. Sie lebte im Gärtnerhaus in der Beymestraße, und im großen Herrenhaus in der Fontanestraße saß die SS. Ob es denn nicht gefährlich war in einem solchen Haus? Das hat man überhaupt nicht überlegt. Es kommen ja noch viel dollere Sachen.

Also, die Muschi sagte am Telefon: »Komm, komm, komm.« Sie fuhr regelmäßig ins Umland, organisierte und schaffte heran. Eines Tages sagte sie wieder: »Morgen früh, ganz früh, hau' ich ab. Du weißt Bescheid. Rühr dich nicht, lass dich nicht blicken.« Ich weiß nicht mehr, welcher Tag das war. Es klingelte draußen an der Tür. Ich schaue durchs Guckloch. Zwei Hünen stehen da. Ich dachte, großer Gott, das kann doch nicht normal sein. Die haben dich jetzt am Wickel. Nun war es aber sehr früh am Morgen. Ich war noch nicht angezogen. Im selben Moment klingelt das Telefon. Das war die Frau Tetrow, vom Haus gegenüber, wo dieser verdächtige Mann wohnte. Sie sagte: »Lilli, hau ab, die haben schon nach dir gefragt.« Also habe ich den Mantel übergezogen, nichts drunter, durchs hintere Küchenfenster durch den Schnee.

Es war Winter, tiefer Schnee. Die Zäune zwischen den Gärten waren aufgeschnitten, damit man rascher helfen konnte, wenn es irgendwo brannte. Ich rannte zum Wertheimschen Herrenhaus, rief: »Um Gottes willen, machen Sie mir die Tür auf. Mein Mann hat mich eben erwischt mit einem Freund im Bett. Er ist eben aus dem Heer heimgekommen.« Woher ich plötzlich solche Ausreden hatte? Das kommt eben so. Der SS-Mann guckt mich so an und sagt: »Das kann ja jeder sagen.« »Drehen Sie sich doch mal um, er ist hinter mir her.« Ich mache den Mantel auf, nichts drunter, und er hat solche Augen gekriegt. Tür auf, ich durch, Tür zu, hinten wieder raus zu Freunden in der Hagenstraße. Die goldige Portiersfrau von drüben hat mir nachher gesagt: »Lilli, die haben sich fast geschlagen.« Mein Verfolger, der mich schnappen wollte, hat zum SS-Mann gesagt: »Das stimmt doch gar nicht. Ich bin gar nicht der Mann von diesem Frauenzimmer. Das ist eine gewitzte Jüdin.

So, und nun saß ich da, dachte, Muschi wird sich schon irgendwann melden. Tat sie dann auch, da sie ja wusste, wo ich wahrscheinlich hingegangen war. Und sagte: »Du kannst ruhig zurückkommen. Die kommen nicht zum zweiten Mal. Du bist ja weg.« Und es war so. Ich bin wieder zurückgegangen zu Muschi. Als wieder einmal Alarm war, kam wieder der verdächtige Mensch von gegenüber und machte seine Andeutungen, ein ganz eigenartiger Mensch. Im Nachhinein haben wir erfahren, dass er vom Geheimdienst der Engländer war. Er konnte exzellent Deutsch, trat auf wie ein Major. Er hat die Leute zum Schluss eingezogen, damit sie alle schön umkommen. Alte Männer, junge Männer, alle mussten zum Volkssturm.

Muschi Wertheim war wohl zwanzig Jahre älter. Sie hat sozusagen eine mütterliche Rolle gespielt. Ich hatte ja keine Mutter mehr. Also war es so ein Mutter-Tochter-Verhältnis. Muschis Haus war voll – eine Arche Noah mitten im Krieg. Wir haben uns gegenseitig bekannt gemacht, erzählt, wer was war. Junge, ältere Menschen, Männer, Frauen …

Essen kochen – wir haben organisiert. Woher? Keine Ahnung. Wir hatten immer zu essen. Wir hatten Kaffee, wir hatten Tee, wir hatten alles. Eines Tages klingelt es …

Nein, vorher war noch Folgendes: Es gab doch in den herrschaftlichen Wohnungen diese Klappkästen. Wenn es klingelte, fiel eine Klappe, und das Dienstmädchen wusste, wo geläutet worden war, im Schlafzimmer, im Wohnzimmer oder wo sonst. Im Kasten waren kleine Röllchen oder Spulen aus dünnem Kupferdraht. Da kamen die Jungs auf die Idee, eine kleine Lampe anzuschließen. Es gab ja nur noch Kerzen. Und wir wollten endlich Radio, den Feindsender, hören. Also nachts auf die Bäume. Am Hagenplatz war ein großes Lazarett, das noch Strom hatte. Über die Bäume hinweg wurde ein Draht gezogen. Dann haben wir – tatata-tah – BBC gehört. Wir wussten also, wo die Alliierten sind.

Eines Tages also klingelt es. Und wir waren erschrocken, denn eigentlich sollte doch niemand wissen, dass da überhaupt jemand wohnt ... »Inge, du musst die Tür aufmachen.« »Ich mach' die Tür nicht auf.« »Du musst die Tür aufmachen. Du hast einen Ausweis, du musst die Tür aufmachen.« Also gut, ich mach' die Tür auf. Steht wieder so ein Hüne von der SS vor mir, knallt die Hacken zusammen und fragt: »Wohnen Sie hier?« »Ja.« »Das Haus wird beschlagnahmt, wir brauchen fürs Lazarett noch Betten. Wir brauchen ...« Im selben Moment begann in meinem Zimmer ein Fernschreiber zu ticken. Ich sagte: »Einen Moment mal, ich muss Sie unterbrechen, Sie hören ja ...« »Ja, was machen Sie denn hier? Können Sie sich ausweisen?« Ich sagte: »Ja, natürlich kann ich das.« Ich gebe ihm das falsche Papier. Er: »Luftwaffenhelferin? In welcher Abteilung? Da müssten Sie doch draußen im Einsatz sein.« Ich: »Wissen Sie, wenn Sie das interessiert, dann müssen Sie sich ans Führerhauptquartier wenden. Und der Führer wird Ihnen sicher gerne Auskunft geben, wer ich bin und was ich hier tue.« »Heil Hitler« – und weg war er. Ruhe. Ja, so dreist könnte ich heute nicht mehr sein. Ich weiß auch nicht, wie man auf solche Ideen kommen konnte. War es die Angst? Zeigen durfte man sie ja nicht.

Wie ging es weiter? Ende 1944, Alarm ohne Ende, kam Muschi auf eine glorreiche Idee: »Hör mal zu, du fährst mit meiner Freundin nach Wien. In Wien ist noch alles ruhig, alles schön. Fahrt ihr beide hin und basta.« Na schön, wir packen unsere Köfferchen und schwirren ab. Erster Klasse, wie es sich gehört, im Schlafwagen. Plötzlich klopft es. Wir sind gerade am Ausziehen oder waren schon ausgezogen. Gertie sollte oben, ich unten schlafen. »Wer ist da? Bitte aufmachen, Kontrolle.« Sage ich zu Gertie: »Jetzt sind wir aufgeflogen, nun ist es aus.« Sagt sie: »Mach mal auf und sei ein bisschen nett. Das wird schon gehen.« Also, ich öffne, da steht vor mir wieder so ein Hüne, ein Feldjäger – man nannte sie Kettenhunde. Also wieder den herrlichen deutschen Gruß entboten. »Was tun Sie hier in dem Zug? Und wo wollen Sie hin?« Ich sage: »Der Zug fährt nach Wien. Wahrscheinlich werden wir nach Wien fahren.« »In welcher Angelegenheit? Wieso Zivil?« Sage ich: »Wir sind keine Zivilisten.« »Na, was sind Sie dann?« »Wir haben einen ganz bestimmten Auftrag.« »Tja, das kann doch jeder sagen!« Also, er hat gemeckert. Ich habe ihm meinen Ausweis gezeigt. Er fragt, in welcher Angelegenheit wir unterwegs sind. Wieder derselbe Spruch: »Da müssten Sie sich bei unserem Führer erkundigen. Der wird Ihnen vielleicht Auskunft geben. Ich darf das nicht.« »Aha, also Geheimsache?« »Strengstens.« Knallt die Hacken wieder zusammen und die Tür war zu. Die Nacht war gerettet. Ich zog mich wieder an, meine Freundin ebenso. Sie sagte: »Lilli, das kann ich nicht aushalten, ich glaube, wir sollten besser wieder umkehren.« »Das können wir jetzt nicht mehr.«

Also Ankunft in Wien. Friede, Freude, Eierkuchen. Im Grand Hotel abgestiegen, wie es sich gehört. Und sind dann zum Tee in die Halle runtergegangen. Es war der 29. oder 30. Dezember. Umgeben von Militär und SS ohne Zahl, es war entsetzlich. Wo sind wir da hineingeraten, in welches Wespennest? Dann setzten sich einige Herren zu uns, Herren in Uniformen, mehr oder weniger in unsere Nähe, wo eben ein Platz frei war. Und irgendwann im Verlaufe des Abends kam einer von diesen Männern auf uns zu, zack, die Hacken zusammengeknallt. Sie möchten sich vorstellen, Major und Hauptmann so und so. Sie haben festgestellt, dass wir ohne Begleitung sind. Und ob es sehr vermessen wäre, wenn sie uns morgen Abend zu Silvester einladen zu einem großen Essen. Ja oder nein? Wir waren ein bisschen hilflos, aber wir haben Ja gesagt. Na schön. Am nächsten Tag haben wir uns aufgebrezelt. »Mein Gott, unter diesen Leuten sollen wir sitzen?« »Sei doch nicht so, wir sparen ein Essen.« Ja, so war das. Sei doch nicht so. Überleben!

Silvester 1944/1945 haben wir uns also schön gemacht und sind runtergegangen. Ein paar Herren nahmen uns gleich in Empfang. Als wir den riesigen runden Tisch mit dreißig, vierzig SS-Männern in Totenkopfuniform sahen, sind wir immer kleiner geworden. Und dann werden wir vorgestellt. »Das ist eine junge Dame aus Berlin mit ihrer Freundin im Urlaub.« Die haben ja nun nachgefragt, wie lange wir bleiben. »Nur ein paar Tage, morgen oder übermorgen müssen wir schon wieder weg.« Wir haben dann gegessen und nur Selters getrunken. Zwölf Uhr, endlich zwölf Uhr, kling, klang. Jetzt kommt der Champagner, wird eingegossen.

Mein Herr Major wird eine Rede halten über den Führer, für den Führer, einsamste aller Spitzen … »Und wir werden den Krieg gewinnen, und wir werden alles Gesocks, was um uns herum ist, vernichten, wie es bisher vernichtet worden ist.« Na, da war ich ja nun schon aus der Fassung. Das Glas konnte ich nicht mehr halten. Da sagte der Major: »Sehen Sie sich Fräulein Eickfeld an, das, meine Herren, müssen Sie sehen, so emotionalisiert von meiner Rede auf den Führer, kann sie sich gar nicht halten. Wohlsein und Heil Hitler und nochmals Wohlsein, es lebe der Führer.« … Da habe ich ein kleines Schlückchen getrunken und meine Freundin auch. Wir konnten uns nicht sehen, weil ja dazwischen die Männer waren. Nach einer knappen halben Stunde haben wir uns verabschiedet. »Aber bitte nein, meine Damen, es ist doch noch so gemütlich …« »Also, Ihre Rede war aufregend.« »Ja, das haben wir ja gesehen, Fräulein Eickfeld, Sie konnten das Glas ja kaum halten.« Da musste ich auch noch auf ihn anstoßen. Dann sind wir nach oben gegangen, haben uns auf die Betten geworfen. »Wir müssen morgen hier weg, noch einen Abend mit diesen Männern halten unsere Nerven nicht aus.« Das war im Grand Hotel in Wien. Wir waren jung, waren schön und blond. Und mussten eiserne Nerven haben. Es gab ja nur das. Wenn jemand in die Illegalität untertauchte, gab es nur eins: Keine Angst, nie! Durchkommen! Verloren ist, wer Angst zeigt. Das Ganze mag irgendwie leichtsinnig gewesen sein, aber daran dachte man nicht. Jeder Tag zählt – wunderbar! Na, mal sehen, was der morgige Tag bringt.

Von Wien zurück nach Berlin: Angst vor diesen Kettenhunden – aber wer weiß, warum, jedenfalls hatten wir keine Kontrolle. Muschi hat uns abgeholt. Was mag wohl der Sinn dieser Reise gewesen sein? Muschi wollte, dass ich mal wegkomme, denn der seltsame Mann von gegenüber ging uns auf die Nerven mit seinen komischen Andeutungen. Wir wussten ja noch nicht, dass er für uns eigentlich gar nicht gefährlich war. Dass ich überlebte, verdanke ich Muschi. Sie muss 1982 oder 1983 hier in Berlin gestorben sein. Ich hatte mit ihr Kontakt bis zu ihrem Tode. Der alte Wertheim ist irgendwann aus Amerika zurückgekommen und hat sie sogar wieder geheiratet, obwohl sie beide zwischendurch andere Ehepartner hatten.

Jahre zuvor. Meine Eltern waren schon tot. Mein Vater hat sich 1939 vor der Emigration das Leben genommen, meine Mutter starb schon zwei Jahre früher. Ich war das einzige Kind. Ich stand alleine da. Also, ganz alleine doch nicht. Mein Onkel, der Bruder meines Vaters, war mit einer Nichtjüdin verheiratet. Das war in diesem Fall ein großes Glück. Wir zogen nach der Beschlagnahmung meiner Wohnung gemeinsam in eine »Juden-Wohnung« in die Uhlandstraße 162, wo auch Riedel wohnte, der Inhaber des gegenüber gelegenen Musikalienladens.

Das Charlottenburger Charlotten-Lyzeum musste ich verlassen und bin dann 1939 in die Ziekel-Privatschule gekommen, Kufsteiner Straße Nummer 8. Das war eine jüdische Schule. Sie wurde schon 1940 geschlossen. Weiter ging es nicht. Ich lernte Damenhüte machen, um nicht auf der Straße rumzuhängen, und wurde dann dienstverpflichtet.

Im Nachbarhaus in der Uhlandstraße hat während des Krieges ein russischer Zahnarzt gewohnt. Wir gingen öfter essen ins Eden-Hotel am Zoo, wo die Rosa Luxemburg umgebracht wurde. Und dieser Mensch, der mir die falschen Papiere besorgt hatte, war eines Tages mitgegangen. Und da kommt Stella Kübler rein. Stella Kübler, selbst jüdisch, war die infame Greiferin von Berlin. Mit Stella Kübler war ich zusammen bei Siemens in derselben Abteilung. Um sich freizukaufen, hat sie sich verpflichtet, versteckte, abgetauchte Juden zu verraten, und dadurch kam sie davon. Sie hat geglaubt, auch ihre Eltern würden dadurch befreit sein. Aber sie wurden wie die anderen abtransportiert. Sie sieht mich im Hotel Eden, kommt auf mich zu. Und da sie ja meinen Namen wusste, sagte sie: »Lilli, du kommst jetzt mit mir mit.« Und da ist unser Stempelfritze, der meine falschen Papiere beschafft hat – ich will den Namen nicht nennen –, aufgestanden und hat gesagt: »Frau Kübler, wagen Sie es nicht noch einmal, hier an unseren Tisch zu kommen oder die Lilli anzugreifen. Ich glaube im Übrigen, dass Sie sich irren. Das ist gar nicht Lilli Schlochauer, wie Sie gesagt haben, das ist eine andere Person mit großer Ähnlichkeit. Wagen Sie es nicht noch einmal, hierher zu kommen, sonst wird es Ihnen bitter leid tun.« Da war die so erschrocken. Und ich glaube, er hatte auch so ein Hakenkreuz am Anzug.

Obersturmbannführer Held war der Vorgesetzte des Druckers falscher Papiere. Und der hat mich eines Tages hinbestellt in seine Dienstvilla im Grunewald. Ich kann es nicht mehr sagen, wie, warum und wieso. Jedenfalls mit dem Stempler bin ich da hingegangen. Sage: »Was will der denn von uns, um Gottes willen? Hoffentlich wird er dir keine Unannehmlichkeiten machen.« »Nein, nein.« Also, wir haben bei ihm gesessen. Auch so ein großer, starker Mann. Und der hat dann gesagt: »Also, wir werden natürlich siegen, nicht wahr. Und wenn dann der Krieg vorbei ist, dann hoffe ich, dass Sie wieder ein normales Leben anfangen und sich vielleicht auch ein bisschen um mich kümmern könnten, Fräulein Schlochauer.« Auch ihm verdanke ich mein Leben. Und ich hätte ihm wirklich einen »Persilschein« ausgestellt. Sie haben ihn erschossen, oder er hat sich aufgehängt, ich weiß es nicht. Er war jedenfalls nicht mehr zu finden.

Januar 1945: Muschi meinte, es sei doch besser, den Wohnsitz zu wechseln. Da bin ich in die Fontanestraße gegangen. Wir hörten schon die Geschütze kurz vor Berlin stehen. Und dann flitze ich mit dem Köfferchen durch den Eisenhagel der Flakbatterien in die Uhlandstraße zu Onkel und Tante. Die waren selig, dass ich nun endlich wieder da war. Und kurze Zeit später war dann der Krieg beendet. Einige Tage danach haben sich die Russen bei uns eingenistet. Einer von diesen russischen Offizieren war ein jüdischer Mensch, der natürlich nicht geglaubt hat, dass mein Onkel auch jüdisch sei. Da zieht er aus seiner Uniform ein kleines Gebetbuch raus und sagte in Jiddisch-Deutsch: »Wenn du ein Jude bist, dann kannst du mir das vorlesen.« Mein Onkel hat es gelesen, und die Freude war groß. Wir haben Essen bekommen.

Wir haben jedenfalls keine schlechten Erfahrungen mit russischen Soldaten gemacht, andere schon eher. Im Hause ist

Frau von Bülow vergewaltigt worden. Mein Onkel ist dann zu ihr gegangen. »Liebe, gnädige Frau, es tut mir so unendlich leid, was mit Ihnen passiert ist, wirklich, also, wenn ich oder meine Frau Ihnen irgendwie helfen können ...« »Ach, Herr Schlochauer, machen Sie sich keine Gedanken, es geht ja ein bisschen schwer, aber es geht.« Er will ihr etwas Gutes tun, und sie sagt: »Nein, gar nicht so schlimm, was ist schon dabei. Nein, Sie brauchen sich keine Sorgen zu machen.« Und diese Worte kann ich nicht vergessen. Das war in der Uhlandstraße.

Mein Onkel Schlochauer ist durch seine Frau durchgekommen. Er war Gleisarbeiter für die Reichsbahn. Ein Konfektionär als Gleisarbeiter! Der ist doch abends nach Hause gekommen und konnte nicht mehr piep sagen. Und nachher stand sie in der Rosenstraße unter den protestierenden arischen Frauen, die ihre verhafteten Ehemänner herausverlangten.

Es gab stille Helden in Berlin, die uns beim Überleben halfen. An einer Hauswand Kant-, Ecke Schlüterstraße, die man jetzt nicht mehr sehen kann, weil ein Haus davor gebaut wurde, war noch lange zu lesen: »Konditorei Teschendorf«. Da traf sich ab und an eine kleine Clique Illegaler. Teschendorf hat uns immer reingelassen, Kaffee gegeben und kein Wort. Er wusste Bescheid. Die Tante hat erzählt, dass Herr Teschendorf auch ohne Karten Lebensmittel oder mehr Brot auf die Karten ausgegeben hat, als erlaubt war. Wenn er wusste, dass da Illegale zu versorgen sind.

Mai 1945: Man durfte wieder auf die Straße! Im Haus wurde gesagt: »In der Knesebeckstraße kann geplündert werden.« Sagt meine Tante Nenny: »Lilli, wir gehen beide mal hin, vielleicht können wir auch etwas abstauben.« Es war nur ein kurzer Weg. Was haben wir da gesehen! Mit Messern wurden riesige Perserteppiche zerschnitten. »So'n jroßet Ding kann ick ja nich nehmen, ick schneide dit mal auseinander.« Also: grauenhaft. Wir haben kaum was gefunden und sind nach Hause gekommen. Da hat mein Onkel fast einen Herzschlag gekriegt vor Wut. Vielleicht zwanzig Rollen Toilettenpapier, das weichste, was es gab, Seife, nicht diese olle Sandseife, sondern schöne Seife, und Scheuerpulver für die Toilette. »Und weiter habt ihr nichts? Essen solltet ihr bringen! Irgendwas. Die haben bestimmt etwas Gutes in den Kühlschränken gehabt.« Also hat er uns noch mal losgeschickt.

Wir kamen an der Bank Ecke Uhland-/Ludwigkirchstraße vorbei. Es waren ja noch kaum Menschen auf der Straße. Riesige Kisten standen vor der Bank, offen, nur so ein bisschen abgedeckt. Wir blickten hinein, trauten unseren Augen nicht. Tausende von Mark, Hunderter, Fünfziger, Zehner, Zwanziger. Zwei Kisten voll mit Geldscheinen. Nun hatte das ja keinen Sinn, die zu nehmen. Das Geld ist doch nichts mehr wert, es wird doch entwertet werden, nicht mehr gültig sein. Also haben wir uns genommen: einen Hunderter, einen Fünfziger, einen Zehner, einen Zwanziger als Souvenir. Und damit sind wir dann nach Hause gekommen. Da sagt mein Onkel: »Die sind doch noch gültig! Was seid ihr bloß für dumme Frauen! Geht sofort zurück und holt noch mehr Geld!« Da war es aber schon weg, da hatten sich andere schon bedient.

Wichtiger war, wir konnten wieder auf die Straße gehen und waren uns der jüdischen Identität bewusster denn je. Von Hause aus war ich religiös orientiert.

Das jüdische Gemeindeleben begann rasch wieder, schon 1945/1946. Terror und Druck ließen uns uns enger an unsere Religion anschließen. Das erlebte ich in der Pestalozzistraße im kleinen Vorraum, der jetzt nur zum Kiddusch oder zur Barmizwa oder zu Hochzeiten oder für einen kleinen Umtrunk benutzt wird, bevor man die Synagoge verlässt. Dort waren Stühle und ein Bullerofen aufgestellt. Das war der Beginn an einem Freitagabend. Die Hauptsynagoge war im Innern noch zerstört, sie war als Pferdestall verwendet worden. Das ganze Gestühl war weg.

Als ich das erste Mal wieder in die Synagoge ging, war Estrongo noch nicht Kantor, da hat er noch im Chor gesungen und geholfen, Holz ranzukarren. Kantor wurde er erst 1947. Estrongo sang in der Synagoge Pestalozzistraße. Aber damals war er für mich noch der Herr Kantor und sonst nichts. Richtig näher kennen gelernt haben wir uns erst später bei der Familie Baer in der Lietzenburger Straße.

Als die Jüdische Gemeinde 1946 wieder zustande kam, habe ich mich gleich gemeldet. Man musste dort mitteilen, dass man überlebt hat. Das war in der Oranienburger Straße. Wie man sich das Gemeindeleben vorzustellen hat in den ersten Jahren? Dass man eben Freitagabend und Samstagvormittag, sofern nicht die Männer gearbeitet oder sich Arbeit gesucht haben, in die Synagoge gegangen ist. Und dort hat man Leute kennen gelernt. Was, du lebst, und wo hast du denn überlebt, wo bist du denn hergekommen ...? Es gab Ärzte zur Betreuung, aber nicht allzu viele. Es gab eine so genannte »Kleiderkammer«, da haben die Amerikaner sehr viel gespendet. Da konnte man sich einen warmen Mantel holen oder Schuhe. Psychologische Betreuung war damals unbekannt. Davon reden sie heute, aber das hätten sie damals machen sollen. Denn da müssen doch unglaublich traumatisierte Menschen zusammengekommen sein am Anfang.

Haben sie sich dann gegenseitig erzählt, was sie erlebt haben? Nein. Keiner hat erzählt. Keiner! Kein Mensch. Das ist jetzt das erste Mal, dass ich darüber spreche zu anderen ... Man spricht einfach nicht darüber. Es ist eigenartig. Und das hört man von vielen anderen Leuten auch. Wenn man mal so intern geredet hat, bei einer Zigarette, einem Kaffee ... »Weißt du, mir ist heute gar nicht gut.« »Warum?« »Na so, ich denke ...« Dann kam so ein Gespräch. Aber offiziell: Wie war denn das? Ich spreche nicht gerne darüber.

Neue Freundschaften wurden geschlossen innerhalb der Jüdischen Gemeinde, aber auch außerhalb. Die Menschen waren aber alle sehr introvertiert. Die wollten eigentlich immer nur für sich sein. Das hing noch alles so nach. Egal, woher sie kamen. Ob sie interniert waren oder ob sie illegal gelebt hatten. Für große Freundschaften hatte man keine Kraft. Man war lieb zueinander, nett, wenn man sich gesehen hat, aber hat sich irgendwo immer abgekapselt. Traf man sich in Gesellschaft, hat man sich herzlichst begrüßt, aber dann ist man auseinander gegangen und vielleicht hat man sich nächste Woche wieder gesehen.

Im Verhältnis zu den Nichtjuden ringsherum hat man Vorsicht walten lassen oder sich ganz zurückgezogen. Wenn man wusste, da war jemand, der uns geschadet hat oder schaden wollte ... Unsere Portiersfrau zum Beispiel: »Ich werde Sie anzeigen, Sie sind schon wieder ohne Stern gelaufen.« Und nach 1945: Ach, sie ist ja so selig, dass ich wieder da bin. »Sie waren doch diejenige, die mich anzeigen wollte.« »Nur nach außen hin war das doch.«

Aber Platz für Rachegefühle gab es nicht. Jeder Mensch war froh, dass er überlebt hat, und wollte damit nichts mehr zu tun haben. Wem hätte man es denn anzeigen sollen? Der Justiz? Da gab es kein Vertrauen. Sich an die Befreier, die vier Mächte, zu wenden, daran hat keiner gedacht. Die Sache war zwar nicht vorbei, aber nicht mehr zu sehen. Und am Besten, man beachtete die Leute nicht. Und Schluss.

Das hat dann auch dazu beigetragen, dass die Jüdische Gemeinde in den Anfangsjahren sehr in sich ruhte. Sie war unser Schutzraum. In den Anfangsjahren waren die Menschen alle sehr miteinander verbunden; was sich dann aber sehr schnell geändert hat, so etwa in den 60er Jahren, als das Wirtschaftswunder begann. Wenn keiner was hat, dann ist man eng verbunden. Und wenn dann einige wieder etwas mehr haben, dann geraten andere ins Abseits. Die Solidarität lässt nach.

Estrongo war hier ganz fremd. Er konnte nur sehr schlecht Deutsch, als er hierher kam. Als ich ihn das erste Mal traf, habe ich ihn kaum verstanden. Wie kam er zu dem Entschluss, hier zu bleiben? Es hätte ja auch nahe gelegen, nach Hause zu fahren, nach Saloniki. Es kam zwangsläufig. Ich war nicht der Grund, wir haben uns noch nicht gekannt. Von Sachsenhausen aus ist er zu Fuß zum Bahnhof Lichtenberg gelaufen, weil man ihm gesagt hatte, von Lichtenberg aus könne man nach Saloniki fahren. Auf dem Bahnhof hat er eine Frau getroffen, die in Lichtenberg wohnte und ihm ein Zimmer vermietet hat. Er kam dann ins Krankenhaus, weil er Typhus hatte. Er hat dann gehört, in der Oranienburger Straße, in der Jüdischen Gemeinde, bekomme man etwas zu essen. Care-Pakete. Dorthin ist er dann gewandert, eine Station gelaufen, eine gefahren. Dort trifft er auf der Treppe einen Mann. Der schaut ihn an: »Eto, du bist doch der Sänger von Auschwitz.« Ja, und so haben sie sich wieder getroffen, sie kannten sich ja leider Gottes vom KZ. Er sagte: »Komm, komm, komm«, und Eto hat dann zehn Pakete oder wie viele bekommen. Für die Zeit, die er im Krankenhaus war und die Care-Pakete nicht abholen konnte, hat er sie rückwirkend bekommen. Und dadurch war er natürlich über Nacht ein reicher Mann. Da konnte er auf den Schwarzmarkt gehen und handeln. Später ist er nur einmal wieder nach Saloniki gefahren.

Wenn ich heute zurückblicke auf die fünf Jahrzehnte: Ist es richtig, in Deutschland zu leben? Als in den letzten Jahren die NPD so hoch kam, muss ich ehrlich sagen: Wenn man das vorher gewusst hätte, wäre man bestimmt nicht hier geblieben. Denn man hat doch geglaubt, mit 1945 ist endlich, endlich, endlich Ruhe und die braune Pest ist weg. Dass die nun wieder hochblüht, hat ja nun wirklich kein Mensch geahnt. Man hat geglaubt, mit dem Untergang gibt es noch Kommunisten, aber keine Nazis mehr. Die Alten sind sowieso unbelehrbar, die müssen sich eben jetzt reinfinden, und die Jungen werden bestimmt anders. Aber: Denkste! Die Kahlköpfe sind wieder da.

Ist nicht die Mehrheit eigentlich immer noch so verführbar, wie sie es war? Ich weiß es nicht. Ich hätte wirklich nie – nicht nur ich, ich sage nur jetzt ich –, nie, nie gedacht, dass die Nazis es wagen würden, in deutschen Städten umherzustolzieren und Fahnen zu schwenken oder »Sieg Heil« und so'n Quatsch zu brüllen. Das hätte ich nie gedacht. Aber diese Neonazis, die »Sieg Heil« schreien, sind ja alles Nachgeborene. Die Alten haben gesagt: Bloß still sein, Gott sei Dank, wir sind wieder in Amt und Würden oder Amt und Brot und bloß still sein, wir leben. Aber diese verflixte Jugend, die da rangezogen wurde. Die sind infiltriert, und die Alten haben ihnen das eingebläut. Das ist nicht nur einfach mieser, dummer Protest. Sie sagen nur das, was die anderen sich nicht trauten.

Sollte ich meinem Enkel raten zu emigrieren? Eigentlich ja. Müsste ich. Wirklich wahr, so bitter es für mich wäre. Nach Amerika? Da habe ich ja jetzt auch Ängste. Wohin? Nach Israel schon gar nicht. Aber wohin denn dann, bitte? Nach Alaska, oder irgendwohin. Zur Eisbärenjagd. Aber wäre es denn nicht auch eine Aufgabe, jetzt erst recht hier zu bleiben und zu sagen: Wir können Zeugnis ablegen über das, was passiert ist? Aber was nützt das, Zeugnis ablegen? Wir sind eine Minderheit. Da möchte ich dann doch daran erinnern, dass die Leute, die das EK1 oder EK2 hatten, im Ersten Weltkrieg, immer gesagt haben: Aber uns kann doch nichts passieren. »Und

Gold gab ich für Eisen.« Und haben noch stolz ihre Eisenkette gezeigt, ihre Hundekette. Na, und was ist geschehen mit denen?

Ich würde mein Kind nie auf eine jüdische Schule schicken. Ich finde es schrecklich. Wieder nur alles separiert. Etwas Integration muss sein, zusammen sein mit anderen Menschen. Könnte es sogar falsch sein, jüdische Schulen überhaupt einzurichten? Aus meiner Sicht würde ich mein Kind oder mein Enkelkind, wenn ich darauf Einfluss hätte, nicht hinschicken. Ich würde immer sagen: Tut es nicht. Obwohl ich befürchte, dass sich in dieser Gesellschaft wieder braune, antisemitische Gedanken ausbreiten, ist das kein Widerspruch, im Gegenteil. Wir Juden werden offener und geben auch keinen Anlass, durch dieses Separieren auf uns zu schauen. So gehen wir natürlicherweise in diese Gesellschaft ein, wecken keinen Neid oder andere Ablehnung. Und es ist auch kein Widerspruch, wenn ich den jungen Juden rate auszuwandern und gleichzeitig zur Integration in normale Schulen. Schule ist etwas anderes als ein Gotteshaus. Religionsunterricht gab es in der Synagoge oder in der Religionsschule für jüdische Schüler, die in normale Schulen gingen. Und das war in Ordnung. Wenn ich daran denke, dass die Kinder in der jüdischen Schule als Abiturfach Iwrith haben, dann finde ich das so hirnrissig wie noch nie. Sie sollen Japanisch lernen, Russisch, Englisch, Französisch, aber doch kein Iwrith. Wer geht denn nach Israel? Und wenn sie dahin gehen, dann werden sie es schon lernen, die jungen Leute.

___Ilse Rewald

Der Preis des Überlebens

Nicht zufällig wohne ich nahe dem Haus, in dem wir uns zuletzt verborgen hielten, wo uns die »stillen Helden« Cora und Hanning Schröder versteckt und durchgebracht haben. Vor kurzem wurde am Haus Quermatenweg 148 vom Bezirksamt Zehlendorf eine Gedenktafel angebracht. Dort ist zu lesen: »In diesem Haus lebten von 1934 bis zu ihrem Tode Hanning Schröder, Komponist, und Cornelia Schröder-Auerbach, Musikwissenschaftlerin. Von 1944 bis 1945 versteckten sie hier ein jüdisches Ehepaar und halfen ihnen, die Schoa zu überleben.« Als wir nach der Befreiung wieder auftauchten, fanden wir eine eigene Wohnung in der Nachbarschaft.

Zweieinhalb Jahre waren mein Mann und ich »U-Boote« mit ständig wechselnden Behausungen und auf den Straßen der Stadt. Zuerst die Vorgeschichte: Mein Mann war Zwangsarbeiter bei der Deutschen Reichsbahn, und ich war Zwangsarbeiterin in einer Rüstungsfabrik. Nach und nach wurden die Transporte ja immer häufiger. Und eines Tages kamen Freunde zu uns, die in Mischehe lebten, und haben uns gesagt: »Wir denken, es ist höchste Zeit, dass ihr versucht, illegal zu überleben. Und wir sind bereit, für einen von euch eine Unterkunft zu besorgen.« Das war mein Mann. »Und du wirst ja genug Menschen kennen, die bereit sind, dich aufzunehmen.« Ich ging zu denen, denen man unbedingt vertrauen konnte, weil sie politisch und menschlich vollkommen integer waren.

Es lauerte ständig die Gefahr, dass man angezeigt wurde, wenn man sich jemandem öffnete. Überall, wo ich hinkam, sagte man: »Wir würden dir sehr gerne helfen, aber die Kinder sind ja so durch die Hitlerjugend geprägt, wir dürfen nicht mal unsere politische Meinung den Kindern gegenüber sagen. Wie sollen wir erklären, wer du bist?« Also, nach vielen Absagen war meine letzte Hoffnung, zu einer Familie zu gehen, die ich nie gesehen hatte – nur durch gemeinsame Freunde kannte ich den Namen und wusste, dass man ihnen vertrauen konnte. Das war eine Familie Pickard, der Mann war auch Jude, lebte aber nicht mehr. Seine Frau und seine Tochter lebten in der Bregenzer Straße. Denen habe ich gesagt: »Heute ist mein letzter Versuch. Könnte ich hier übernachten, schlafen?« Da haben sie gesagt: »Wir würden Ihnen ja gerne helfen, aber wir haben ja schon eine Jüdin aufgenommen – und zwei, das werden Sie doch verstehen, das ist zu riskant.« Ich stand also weinend vor der verschlossenen Tür. In dieser Verfassung konnte ich mich nicht auf die Straße begeben. Unterdessen hat die alte Mutter noch mal mit ihrer Tochter gesprochen; sie kamen zu dem Ergebnis: Wenn wir jetzt nein sagen, sind wir mitverantwortlich, wenn die Ilse ins Konzentrationslager kommt. Also haben sie gesagt, vorübergehend könne ich bei ihnen bleiben.

Von dem Tage an haben mein Mann und ich getrennt gelebt, ohne Lebensmittelkarten, ohne polizeiliche Anmeldung und ohne noch irgendwelche Möglichkeiten zu haben, zur Bank zu gehen oder zur Arbeit. Wir wussten, dass die Transporte zusammengestellt wurden zur Deportation der Verhafte-

ten und Aufgegriffenen. Jetzt konnten wir bei den Gastgebern nicht einfach sitzen bleiben, sondern, wenn sie uns schon Unterkunft gaben, mussten wir sehen, dass wir irgendwelche Arbeit fanden, um dort entweder etwas zu essen zu bekommen oder Geld zu verdienen, um auf dem auch gefährlichen »Schwarzen Markt« etwas zu kaufen.

Mein Mann hat in einer kleinen chemischen Reinigung die Maschinen gereinigt und geölt. Das war ein Familienbetrieb. Sie waren sehr überzeugte Christen und empfanden das als ihre Art Widerstand, ihm Arbeit zu geben. Er erhielt nicht nur mittags eine warme Mahlzeit, sondern oft auch noch Brote, die wir teilen konnten, wenn wir uns sahen. Und er hat jede Arbeit gemacht. Weil es ja auch keine Lastwagen mehr gab, hat er für ein Papierwarengeschäft Papier und Kartons geschleppt. Er hat alten Leuten die Kohlen raufgetragen. Er führte die verschiedensten Reparaturen aus, da es ja keine Handwerker gab und er enorm geschickt war.

Ich arbeitete in einer Wäscherei. Die Besitzerin kannte meine Lage, die Angestellten waren überzeugte Nazidamen. Ich musste schmutzige Wäsche sortieren und bügeln und an der Heißmangel stehen. Das war mit vielen Gefahren verbunden. Einmal kam eine Kontrolle vom Arbeitsamt. Ich hatte keine Arbeitserlaubnis, keine Papiere, nichts. Ich bin im letzten Moment zu der hinteren Geschäftstür hinaus entwichen und erst nach zwei Stunden wiedergekommen und habe den anderen Angestellten gesagt: Mir war sehr schlecht, ich musste in die Apotheke, musste Wasser trinken, musste mich ausruhen, aber jetzt bin ich wieder da. Einmal bin ich bei Glatteis hingefallen. Da ging mir sofort durch den Kopf: Kein Krankenhaus kann mich aufnehmen ohne Lebensmittelmarken, ohne polizeiliche Anmeldung. Aber zum Glück konnte ich aufstehen. Und das Wunder geschah, ein alter, weißhaariger, bärtiger

Mann kam und schenkte mir eine Tafel Schokolade. Das kam wie vom Himmel. Er war der Besitzer der Schokoladenmanufaktur Hamann.

Also: viele, viele Gefahren. Nach 14 Tagen haben Freunde zu meinem Mann gesagt: »Es ist für dich und für uns zu gefährlich, wenn wir jede Nacht im Luftschutzkeller zusammen sind, dann werden bald Fragen auftauchen, wer wir sind.« Mein Mann war 1,89 Meter groß, jung, ohne Uniform, ohne Papiere, ohne Urlaubsschein von der Wehrmacht, ohne Hakenkreuz. Wir konnten nicht abwarten, bis Luftschutzwart, Blockwart, Hauswart oder die Mieter fragen würden: Wer ist das eigentlich? Er musste also im gegenseitigen Interesse verschwinden. Er fand eine andere Unterkunft am Moritzplatz bei einem Maler, der Sozialdemokrat und bereit war, uns zu helfen. Aber auch diese Bleibe war nur kurz. Abends beim Bier hieß es: »Hier in der Gegend soll es Juden geben, die sich verstecken.« Der Maler meinte es gut, tat aber das Ungeschickteste, er mischte sich ein und sagte: »Der bei mir wohnt, ist kein Jude, das ist mein Freund.« Das war so leichtsinnig, dass mein Mann keine Nacht mehr dort blieb. Ich habe nur noch eine Tasche, in der sein Rasierzeug und sein Waschzeug waren, abgeholt, mich bedankt, und wir beide haben von da an den Moritzplatz gemieden.

Dann ging es in eine Laube in Falkensee, aber ohne Luftschutzkeller. Die Nachbarn kannten die eigentlichen Besitzer und wurden misstrauisch. Also ging das auch nicht. Und immer die große Angst, wenn man voneinander getrennt lebte, es könnte dem anderen bei Bombenangriffen etwas zugestoßen sein. Die Telefone funktionierten nicht. Ist er durch einen Granatsplitter verletzt oder ist er erkannt und verhaftet worden?

Die Kontrollen auf den Straßen wurden immer schärfer.

Wir mussten einsehen: Wenn wir nicht bald irgendwelche Ausweise haben, wird einer von uns bestimmt bei einer Kontrolle festgenommen. Mein Mann fuhr zu seinem früheren Reichsbahninspektor, von dem er wusste, dass er ihn dreimal vor dem Abtransport bewahrt hatte durch die Behauptung, er brauche einen so gut eingearbeiteten Angestellten. Als mein Mann ihm gesagt hatte, dass wir ohne Papiere nicht länger existieren könnten, war er sofort bereit, uns echte Papiere von der Reichsbahn mit seiner Unterschrift und einem Stempel zu verschaffen. Der Ausweis wurde auf den Namen eines wirklich existierenden Hilfsarbeiters ausgestellt, um die Gewissheit zu haben, dass wir bei Nachforschung durch die Polizei nicht aufflogen. Der Erich Treptow existierte. Aber ich hatte keine Ahnung, welchen Vornamen seine Frau hatte, wann und wo sie geboren und was ihr Beruf war. Ich habe einen leeren Zettel ausgefüllt mit ausgedachtem Namen und bin zu besagter Frau Treptow gegangen und habe gesagt: »Ich komme vom Arbeitsamt und möchte gerne ihre Personalien.« Sie war sehr verärgert. »Ich kann mir das nicht vorstellen, ich bin ja schon so lange als Sekretärin bei der Geheimen Staatspolizei beschäftigt.« Ich sagte: »Das wissen wir ja alles, aber durch die vielen Angriffe sind die Karteikarten so durcheinander geraten, dass wir jetzt Hausbesuche machen.« Dann war sie bereit, mir alles zu sagen. Es war ein schwerer Entschluss. Ich musste total vergessen, dass ich Ilse Rewald bin, habe mir Tag und Nacht vorgesagt, ich bin jetzt die Ursula Treptow, geboren in Beuthen, geboren am 15. Mai 1917. Das musste ja ähnlich meinem eigenen Datum sein. Mein Foto war im Ausweis.

Schließlich fanden wir eine Möglichkeit, zusammen zu wohnen. Das war natürlich eine große Erleichterung für beide – mit der Lebensmittelbeschaffung, mit der Angst, mit den vielen anderen Sorgen, die wir nun gemeinsam besprechen

konnten. Eines Tages gab es einen besonders schweren Luftangriff. Alle Männer wurden zum Löschen gerufen. Mein
Mann selbstverständlich auch. Aber es gab nichts mehr zu löschen, wir waren ausgebombt. Die anderen Opfer des Angriffs
bekamen entweder eine Unterkunft in einer Schule oder Er-
satzwohnungen. Aber wir konnten uns nicht zu erkennen geben und mussten sehen, wo wir ein Obdach finden. Ich kannte
eine Kollegin aus der Fabrik, die Cello spielte. Ich habe mich
mit ihr immer sehr gut verstanden. Ich wusste, dass sie nicht
in der Illegalität lebte, sondern mit einem christlichen Ehemann, also noch in Berlin war. Zu ihr bin ich gegangen. In ihrer Zweizimmerwohnung war es unmöglich, aber sie schickte
uns zu Freunden. Und das waren Hanning und Cora Schröder,
die uns völlig fremd waren. Zuerst bot mein Mann ihnen an,
für sie elektrische Reparaturen auszuführen oder die herun-
tergerissenen Verdunkelungen herzurichten. Ich bot an, der
Tochter Nele Nachhilfestunden zu geben oder mit ihr spazieren zu gehen oder abzuwaschen oder aufzuräumen im Haus-
halt.

So lernten wir beide die Schröders besser kennen. Cora
Schröder war selbst Jüdin. Sie verbarg sich mit ihrer kleinen
Tochter in einem mecklenburgischen Dorf. Hanning Schröder
blieb dienstverpflichtet in Berlin. Wir betreuten ihn und das
Haus und dachten, endlich sicher zu sein. Denn Hanning
Schröder wusste ja Bescheid, und er war – genau wie Cora –
bereit, uns zu helfen, damit wir überlebten. Aber das Glück
dauerte nur kurz, denn vom Wohnungsamt, das genau wusste, dass jetzt nach dem Fortgang von Cora ein Zimmer frei geworden war, wurde ein Major des Heereswaffenamtes eingewiesen, der ein überzeugter Nazi war. Der durfte nicht wissen,
dass er unter einem Dach mit untergetauchten Juden lebte. So
mussten wir uns bei jedem Wort, nicht nur bei jedem Satz,

konzentrieren. Und er hoffte genau das Gegenteil von dem, was wir hofften. Er war fest überzeugt, der Endsieg käme. Und wir waren der Meinung, dass nach allen gescheiterten Aktionen des Widerstands nur ein verlorener Krieg uns vielleicht irgendwann wieder ein normales Leben bescheren könnte. Der Major glaubte fest an die Niederlage der russischen Armee, wenn sie in die Stadt käme und dort umzingelt würde von Armee und Werwolf. Und er glaubte an die Wunderwaffe. Er durfte natürlich auch nie merken, dass wir keine Lebensmittelmarken hatten. Und er durfte auch niemals merken, dass mein Mann die Brote mitbrachte von der Arbeit, um sie mit mir zu teilen. Da habe ich gesagt: »Du hast ja dein Frühstück wieder nicht aufgegessen.« Und er sah so elend aus, dass man glauben konnte, dass er magenkrank sei und nicht essen könne. Und natürlich bedurfte es einer hohen Konzentration, um sich niemals zu verraten, aber Hannings unvergesslicher Ausspruch war: »Wir müssen dem Grauen der Konzentrationslager unsere Konzentration gegenüberstellen, damit wir gemeinsam überleben können.« Er war sich der Gefahr schon bewusst, aber seine Ruhe und seine optimistische Lebenshaltung haben uns wirklich bewahrt.

Nachdem der Major an die Westfront ging und es sehr bedauerte, unsere Wohngemeinschaft zu verlassen, konnten wir dann endlich unter einer Decke den englischen Sender hören, denn das war ja die einzige Information, die uns ermutigt hat. Sonst hätten wir ja immer nur von deutschen Siegen gehört und vom Durchhalten. Wir schöpften Hoffnung, dass wir es am Ende doch schaffen würden. Mein Mann ging nicht mehr auf die Straße.

Hanning bekam den Einberufungsbefehl und mußte sich zum Volkssturm melden. Wir haben eine ganze Nacht diskutiert: Wenn er nicht Folge leistet, kommt eine Hausdurchsuchung, dann sind wir alle drei verloren. Und wenn er zum Volkssturm geht, sind wir schutzlos allein. Trotz unserer Gefährdung als Illegale wollten wir alles versuchen, dass er zurückgestellt wurde. Mein Mann lieh sich ein Fahrrad, radelte zum UFA-Orchestervorstand, der einen Zettel ausstellte mit der Bestätigung, dass die kulturpolitisch wichtigen Aufnahmen von Filmmusik ohne den Solobratscher Hanning Schröder nicht denkbar seien und der Orchestervorstand um Rückstellung bitte. Diese Bescheinigung musste aber von der Kreisleitung der NSDAP und vom Bataillon des Volkssturms in Zehlendorf abgestempelt werden. Es war natürlich undenkbar, dass mein Mann dorthin ginge. Er hatte ja keinerlei Legitimation. Also ging ich mit dem Mut der Verzweiflung und behauptete, ich sei die Sekretärin der UFA. Da es so eilig sei, könne das Papier nicht mit der Post geschickt werden. Ich sei geschickt worden, um die Stempel zu holen. Der dicke SA-Mann hat sich das Schreiben von allen Seiten angesehen. Und ich habe gezittert, aber beide Stempel bekommen. Hanning kam frei vom Volkssturm, konnte nach Hause gehen.

Zuletzt lebten wir zusammen nur noch im Keller. Weil wir nicht kochen konnten, lebten wir von rohen Mohrrüben und Knäckebrot. Wir haben jeden einzelnen Luftangriff in Berlin hautnah miterlebt, kannten die verschiedenen Geräusche der abgeworfenen Bomben und die Anspannung. Aber dann haben wir plötzlich Geräusche gehört, die uns ganz neu waren: die ersten russischen Panzer. Es dauerte nicht lange, da durchstreiften die ersten Offiziere Haus für Haus. Wir sprachen kein Russisch und sie sprachen nicht Deutsch. Sie suchten nach versteckten deutschen Soldaten, nach Munition und nach Waffen. Das war noch harmlos. Aber dann kamen die gemeinen Soldaten, Plünderungen und Vergewaltigungen. Als Frau musste ich mich auf dem Dachboden verstecken.

Dann endlich der 8. Mai, das Kriegsende, die Befreiung vom Naziterror. Die zwölf Jahre waren für uns endlos gewesen. Bis heute erscheinen sie mir noch immer viel länger als die gesamte Zeit danach. Ein himmlischer Maitag. Frei, ohne Angst auf der Straße, voller Hoffnung. Wir waren beide sehr glücklich und dankbar.

Die Eltern meines Mannes, die Brüder meines Mannes, meine Mutter, ihre Schwester, viele, viele junge Freunde … Wir konnten es einfach nicht glauben, dass keiner von ihnen zurückkommt. Alle Suchaktionen über das Rote Kreuz waren erfolglos. Wer aus dem Konzentrationslager entlassen war, wurde befragt. Dabei haben wir von der Realität eines Konzentrationslagers mehr erfahren, als wir vorher befürchteten. Nur mein Bruder überlebte in England. Als er Weihnachten 1945 kam, haben wir ihm sehr viel Trauriges erzählen müssen.

Hanning hatte noch sehr viel zu tun, um uns überhaupt wieder lebensfähig zu machen. Mein Mann war so tief misstrauisch, dass er sofort wegging, wenn irgendjemand kam, den er nicht kannte und von dem er nicht wusste, wie der sich in der Nazizeit verhalten hatte. Wie sollten wir das Vertrauen in andere Menschen wiederfinden? Bis heute habe ich Albträume, die sich auch durch Schreiben und durch Sprechen nicht verdrängen lassen. Das ist eben der Preis dafür, dass ich überlebt habe.

Ich sehe in der Nacht alles wieder vor mir aus diesen zwölf Schreckensjahren, ganz realistisch. Da muss ich aufstehen, muss was trinken, was völlig anderes lesen, weil ich Angst habe, der Traum setzt sich fort. Entweder höre ich die SS-Stiefel hinter mir, oder ich suche meinen Mann. Ich blicke in ein riesiges Loch. Er sagt, ich gebe dir die Hand und du kommst herüber. Aber es gibt ja leider keine Hand mehr. Er ist nicht mehr da. Aber ich habe wirklich wunderbare Freunde.

Meine Mutter stammte aus dem schlesischen Riesengebirge, mein Vater aus der Provinz Posen. Er war Tierarzt. Er hat mir als schönstes Geschenk die Liebe zur Musik hinterlassen. Neben seiner beruflichen Tätigkeit spielte er Cello, Klavier und Flöte. Ich bin niemals eingeschlafen, ohne Musik zu hören.

Ich bin in Berlin geboren und habe mein ganzes Leben in Berlin verbracht. Mein Mann ebenfalls. Als Hitler an die Macht kam, war ich 15 Jahre alt. Ich wollte unbedingt Abitur machen. Zuletzt war ich die einzige Jüdin in der Klasse. Jede Schulstunde begann mit »Heil Hitler!«, Deutsch, Erdkunde, Biologie und natürlich Geschichte, sogar Musik, alles war von der Naziideologie bestimmt. Viele Lehrer waren überzeugt: Wir leben in einer wunderbaren Zeit. Mir wurde klar, dass es unmöglich sein würde zu studieren. Ich bin zwei Jahre vor dem Abitur abgegangen, habe eine jüdische Handelsschule besucht und wurde an einen jüdischen Rechtsanwalt und Notar, so durfte er ja nicht mehr heißen, also zu einem so genannten Judenberater vermittelt. Er hat mir jeden einzelnen Fall erklärt. Ich lernte Maschine schreiben mit zehn Fingern, Stenografie, auch englische Stenografie. Das war zu Ende, als er auswandern konnte.

Sechs Wochen nach der Pogromnacht habe ich geheiratet. Wir befürchteten, dass Heirat unter Juden auch noch verboten werden könnte. Im Dezember 1938 war das natürlich keine lustige Hochzeit – eine Haustrauung. Weil wir Musik liebten, legte mein Bruder eine Grammophonplatte mit Musik von Bach auf. Mein Schwager, der später umgekommen ist, hat für uns gesungen von Frieden und Glück.

Selbstverständlich wollten wir auswandern. Ich habe endlose Briefe geschrieben, ganze Akten voll, sogar nach Honduras. Ich hatte keine Ahnung, wo Honduras liegt. Aber für das

Gefühl, als freier Mensch zu leben und zu arbeiten, wäre ich auch nach Honduras gegangen. Es war nicht einfach, eine Möglichkeit des Auswanderns zu finden. Das Ausland hat es uns Juden nicht gerade leicht gemacht. Ich bekam ein Affidavit nach den USA, aber die Nummer der Registrierung war zu hoch. Mein Mann hatte, bevor ich ihn kennen lernte, ein Zertifikat nach Palästina. Wegen des frühen Todes seiner Mutter lebte er bei den Großeltern. Er hat das Zertifikat nicht genutzt, denn er wollte seine Großmutter nicht im Stich lassen. So lernten wir uns 1935 kennen und konnten 1938 heiraten. Wir haben geheiratet, weil wir nicht auseinander gerissen werden wollten.

Die deutschen Juden glaubten an ihre Assimilation. Die ältere Generation hat uns immer erklärt, wie wunderbar wir es in Deutschland haben: »In Polen und Russland gibt es Pogrome, keine Gleichbehandlung, anders als hier. Seht doch, wer alles in der Wirtschaft und in der Kultur tätig ist. Der Nazispuk geht vorüber. Hitler kommt und geht.« Es war eine große Diskussion um Emigration oder Hierbleiben. Aber viel zu spät.

Meine Mutter wollten wir nicht im Stich lassen. Im Nachhinein bin ich froh, dass ich wirklich bis zur letzten Sekunde mit meiner Mutter zusammen gewesen bin. Als meine Mutter auf der Deportationsliste stand, bin ich trotz der Angst zur Geheimen Staatspolizei gegangen. Ich glaubte, gute Gründe zu haben, um eine Rückstellung zu erbitten.

Der erste Grund war, dass mein Vater mit vierzig Jahren freiwillig in den Ersten Weltkrieg gezogen ist, denn er meinte, wenn die Juden in Deutschland gleiche Rechte haben, haben sie auch gleiche Pflichten, und er wollte keinesfalls als Drückeberger erscheinen. So ist er also freiwillig vier Jahre lang im Ersten Weltkrieg gewesen, hat sich dort ein schweres Nierenleiden zugezogen und ist mit 56 Jahren zu früh gestorben.

Diese ganze schreckliche Zeit danach ist ihm jedenfalls erspart geblieben.

Der zweite Grund war, dass meine Mutter für ihre Schwester, für meinen Mann und mich gekocht, gewaschen, eingekauft hat. Wir waren alle bei ihr in der Wohnung. Aber das alles hat nichts genutzt. Ich wurde nur angeschrien: Ob ich glaube, dass man Sondergesetze für mich machen würde. Aber bald werde ja eine Zeit kommen, in der ich solche Frechheiten gar nicht mehr aussprechen könne.

Mein Mann und ich überlegten, ob es nicht besser sei, mit der Mutter zusammen freiwillig in die Deportation zu gehen. Wenn wir vielleicht vier oder sechs Wochen nach ihr in ein anderes Konzentrationslager kämen, könnten wir meiner Mutter nicht mehr beistehen. Wir waren bereit, uns freiwillig zu melden, um sie nicht allein zu lassen. Wir glaubten: Wir sind noch jung, wir können mehr arbeiten und ihr mehr zu essen geben. Aber wir konnten das nicht mehr alleine entscheiden. Die Fabrik, in der ich arbeiten musste, hätte mich gehen lassen, aber mein Mann hat die Genehmigung nicht bekommen. Die bei der Reichsbahn Tätigen wurden noch gebraucht für die militärischen Züge. So sind wir nicht freiwillig mitgegangen. Später haben wir erfahren, dass die freiwillig Deportierten überhaupt nicht helfen konnten. Sie wurden ja sofort selektiert: Junge, Alte, Gesunde, Kranke.

Ich stamme nicht aus einem streng orthodoxen jüdischen Elternhaus, aber aus einer bewusst jüdischen Familie. Mein Mann und ich waren nach 1945 unter den ersten, die in der Pestalozzistraße den Gottesdienst besuchten. Dort haben wir noch auf Gartenstühlen gesessen. Es waren nur ganz wenige Leute anwesend. Und der Gottesdienst war vom Weinen und Schluchzen der Überlebenden begleitet.

Die Chotzens, über deren Schicksal es Buch, Film und Ausstellung gibt, waren unsere engen Freunde. Sie waren freiwillig deportiert worden. Die Familie hat auch meinem Mann und mir geholfen. Frau Chotzen war Christin und ist sehr bewusste Jüdin geworden. Ein Koffer mit den für mich wichtigsten Dingen, u. a. mit dem Tagebuch und den Briefen meines Vaters, stand unter ihrem Sofa. Ihr letzter überlebender Sohn besuchte uns täglich. Er hat die Geschichte seiner Familie dokumentiert und dem Haus der Wannseekonferenz übergeben.

Der 8. Mai 1945 war ein sonniger Tag, ein heller Tag. Wie ging es nun konkret danach weiter? Wie hat sich das Leben allein dadurch verändert, dass wir wieder auf die Straßen gehen konnten? Mein Mann musste sich eine neue Existenz aufbauen. Als Innenarchitekt wäre er nach 1945 verhungert. Dafür gab es weder Geld noch Material. Durch seine Ausbildung verfügte er über handwerkliche Kenntnisse. So fing er an, alte Sessel aufzuarbeiten, Sofas zu beziehen, Vorhänge zu machen. Ich habe einen Intensivkurs in Englisch gemacht und dann erst mal Deutschen, die bei Amerikanern und Engländern gearbeitet haben, Englischunterricht gegeben und Engländern oder Amerikanern, die Deutsch sprechen wollten, die deutsche Sprache vermittelt. Als es nach der Währungsreform wieder alles gab, hat mein Mann wieder Aufträge als Innenarchitekt und Gestalter bekommen – auch für große Firmen. Er fuhr oft in die Bundesrepublik, um Aufträge zu überwachen und die Stoffe und Farben zu bestimmen. Er ist gerne gereist, vor allem mit der Eisenbahn. Mit dem Reichsbahninspektor, der uns damals geholfen hatte, waren wir, solange er lebte, befreundet.

Im Jahre 1947 erlebte ich dann eine große, bittere Enttäuschung. Mein Bruder heiratete in London. Als einzig überlebende nahe Angehörige war ich zur Hochzeit eingeladen. Ich bekam aber einen amtlichen Brief, dass ich nicht zu dem Personenkreis gehöre, dem eine Auslandsreise gestattet sei. Damals war ich noch so obrigkeitshörig, dass ich das einfach hingenommen habe. Heute würde ich genau wissen, welche Leute mobilisiert, angesprochen werden müssen, damit ich reisen darf. Dafür bin ich fünfzig Jahre später nach Los Angeles geflogen zu seiner Goldenen Hochzeit. Inzwischen habe ich in ganz Deutschland keinen Familienangehörigen mehr. Mein Bruder ist vor zwei Jahren gestorben. Meine Schwägerin kommt jedes Jahr zu mir. Wir sind früher Schwägerinnen gewesen und jetzt sind wir gute Freundinnen. Überhaupt sind viele unserer Freunde oder unserer Angehörigen nicht nach Berlin gekommen, um ihre alte Heimat zu sehen, sondern nur, um uns wieder zu sehen. Sie haben an politischen Gesprächen teilgenommen, haben unsere Freunde kennen gelernt und dadurch eine ganz andere Vorstellung vom Nachkriegsdeutschland bekommen. Das können Briefe nicht in dem Maße erreichen. Ich schreibe Briefe an Freunde in der ganzen Welt, vor allem natürlich nach Israel, Amerika, England und in die Schweiz. Ich habe kein E-Mail, keinen Computer. Ich schreibe mit einer alten Schreibmaschine und halte telefonisch Kontakt mit vielen Besuchern aus diesen Ländern, sie übernachten nicht irgendwo im Hotel, sondern natürlich bei mir.

Auch nach 1945 gab es wieder lange Überlegungen mit vielen Diskussionen, ob wir nicht doch Deutschland verlassen sollten. Aber wir hatten gute Gründe, das nicht zu tun. Der erste Grund: Nachdem wir jetzt als freie Menschen in Deutschland leben konnten, hätte die Auswanderung in unseren Augen so ausgesehen, als ob Hitler nachträglich gewonnen hätte. Das Land würde judenfrei. Zweitens: Es waren nicht Ausländer, die unser Überleben ermöglicht haben. Es waren Berliner. Wenige, aber trotzdem mehr, als unter den Umständen zu erwarten war. Sie sorgten für Wohnung, Arbeit,

Verpflegung oder für Ermutigung. Und standen hinter uns. Zum Teil lebten sie in Mischehen. Und drittens: Wir sprachen zwar beide Englisch, aber wussten genau, beim dritten Satz spätestens wird jeder merken: Das sind Ausländer, sie gehören nicht hierher, sind nicht hier geboren. Nicht jedem kann man seine Lebensgeschichte erzählen. In Amerika konnte ich beobachten, dass die europäischen Juden unter sich blieben wie die Chinesen, die Marokkaner, die Koreaner. Die Gruppen lebten wie im Ghetto. Erst die nächste Generation ist integriert.

Schließlich einer der allerwichtigsten Gründe war: Wir waren körperlich und seelisch überhaupt nicht fähig wegzugehen, brauchten noch sehr viel Unterstützung, um wieder in ein Gleichgewicht zu kommen und unsere Aufgaben zu erkennen. Und Hanning auf Wiedersehen zu sagen war ganz undenkbar. Wer hätte ihn in unserem Leben ersetzen können? Wir haben selbstverständlich auch neue Freunde dazugewonnen, aber keine Verbindung war intensiver. Und wir hätten von so vielen Angehörigen und Freunden Abschied nehmen müssen, mit denen es kein Wiedersehen gegeben hätte. Noch einmal freiwillig liebe Menschen verlassen, das wollten wir nicht.

Noch eine Überlegung kam hinzu: Aus politischen Gründen Emigrierte sind ja auch nicht auf den Gedanken gekommen, nach der Befreiung im Ausland zu bleiben. Sie kamen zurück, um ein besseres Land aufzubauen. Willy Brandt ist zurückgekommen und viele andere auch. Politische Häftlinge, die aus dem KZ kamen, wollten ein anderes Deutschland schaffen. Juden lebten zu allen Zeiten in der Diaspora. Wenn wir hier mit Geschichte, mit Kultur, Musik und Literatur so stark verwurzelt sind, dann wollten wir nicht als Ignoranten in einem anderen Land leben.

Mein politisches Engagement besteht darin, dass ich seit

1975 in Schulen gehe, um zu berichten, zum Nachdenken anzuregen und Vorurteile abzubauen. Zuerst war das sehr mühsam und schmerzhaft. An der Freien Universität halte ich Vorträge vor ausländischen Studierenden. Sie sollen nicht nur Deutsch und alte Geschichte lernen. Daraus entstehen neue Freundschaften.

Als Steven Spielberg zum ersten Mal nach Berlin kam, wurde ich zuerst angerufen, um die deutsch-englische Klasse eines zweisprachigen Gymnasiums vorzubereiten, die er besuchen wollte. Und das war auch nötig. Am nächsten Tag kam Spielberg und wurde gefragt, ob er nun alle Deutschen hasse. Er gab eine sehr gute Antwort: »Ich hasse überhaupt keine Menschen. Ich unterscheide zwischen anständigen und unanständigen Menschen, zwischen wohlmeinenden und anderen. Und die heutige Jugend, hoffe ich, hat ja mit dieser Zeit nichts zu tun.« So sehe ich auch meine Aufgabe in den Schulen. An der Vergangenheit können die Jungen nichts ändern. Aber ich weiß ja, wie fern für einen jungen Menschen fünfzig Jahre sind – so weit weg wie das Mittelalter. Und ich weiß nicht, was ihnen die Großeltern erzählt haben. Wie wunderbar es damals war, Ordnung und Ruhe auf den Straßen? So erzähle ich ihnen meine Erlebnisse, woraus sich Fragen und Antworten für die heutige Zeit ergeben. Denn ich will sie davor bewahren, dass sie zu Neonazis oder zu Skinheads oder zu Rechtsextremen werden.

Indem sie Fragen stellen, haben sie Vertrauen zu mir. Ich bekomme stößeweise Briefe mit dem Dank, dass ich gekommen bin, dass sie zum ersten Mal mit einer Jüdin sprechen konnten. Natürlich gibt es auch andere Vorfälle. Ich kam in eine Grundschule. Ein allgemeines Staunen ging durch die Klasse. Ich fragte, was ist eigentlich so erstaunlich an mir. Und da hat eine Schülerin geantwortet: »Ich dachte, Sie hätten eine krumme Nase.« Na, wunderbar. »Wie viele jüdische Frauen hast du denn schon gesehen? Woher weißt du denn, dass Juden krumme Nasen haben?« Ich konnte über Vorurteile sprechen und darüber, wie aus Vorurteil Hass wird. Insofern war mir diese Frage willkommen. Das Kind hatte nachgesprochen, was es von irgendjemandem gehört hatte, ohne überhaupt jemals zuvor einen Juden gesehen zu haben. Ich habe erzählt, ich war oft in Israel, da gibt es Schwarze und Blonde und Rothaarige und Blauäugige, und es ist sehr schwer zu erkennen, wer ist Jude, Christ, Mohammedaner oder sonst was. Wenn du in Italien oder in Griechenland bist, dann wirst du auch nicht genau wissen, zu welcher Religion die Menschen dort gehören.

Es kam auch vor, dass jemand erwiderte: »Mein Großvater hat mir ganz anderes erzählt.« Ich will ja keinen Unfrieden in die Familien bringen. Ich habe dann gesagt: »Wenn du zum Beispiel mit einem Freund in einen Film gehst, dann bin ich überzeugt, der eine sieht das eine und der andere das andere, das, was jedem wichtig erscheint. Und du wirst ja wohl nicht an der Wahrheit meiner Worte zweifeln. Ich zweifle auch nicht an der Wahrheit der Worte deines Großvaters, aber frage ihn doch mal, wo er im Kriege war, ob er KZs gesehen hat, ob er Menschen gesehen hat, die Sträflingskleidung anhatten und ganz abgehärmt aussahen, was er für eine Rolle gespielt hat, ob er SS-Mann war, ob er Reichsbahnbeamter war. Viele, viele müssen es gesehen haben, das wirst du dir ja denken können, wenn so viele Menschen transportiert wurden. Und wie kommt es, dass alle Menschen alles so genau wissen und andere jetzt so tun, als wäre das völlig neu für sie. Versuch doch mal, mit Älteren ins Gespräch zu kommen. Du kannst ja auch mal in ein Altersheim gehen und mit denen sprechen, was sie alles erfahren haben. Vielleicht freuen sich manche, die gar keine Gelegenheit haben, mit jungen Menschen zu sprechen. Und hör dir das alles mal an. Und aus diesem ganzen Mosaik kannst du dir dann eine eigene Meinung bilden.«

Noch immer werden jüdische Friedhöfe angegriffen. Ist ein jüdischer Friedhof geschändet oder ein Gedenkstein beschmiert worden, heißt es dann, niemand wurde gefunden. Wenn man gestattet, dass Neonazis durchs Brandenburger Tor ziehen, dann bin ich nur glücklich, dass mein Mann das nicht mehr erlebt. Und das sind alles junge Leute, die nicht wissen, was sie tun. Wo kommt denn deren Hass oder was auch immer her? Es gibt eine enorme Arbeitslosigkeit. Es gibt zu wenig Angebote für junge Menschen. Es sind nicht immer die Klügsten, die darin ihre Chance sehen, sich wichtig zu machen. Sie fühlen sich mit diesen schwarzen Stiefeln und in dieser Gemeinschaft gut aufgehoben. Erst kommen sie zu Hunderten, dann kommen sie zu Tausenden. Ich denke, die Freiheit von Andersdenkenden ist bedroht, wenn diese NPD-Aufmärsche weiter gestattet werden. Hier geht die Toleranz zu weit. Gleichzeitig wird das Grab von Heinz Galinski beschädigt. Es ist ungeheuerlich, dass man nicht einmal den Toten Ruhe gönnt, die sich nicht mehr wehren können. Mag sein, dass es in anderen Ländern auch Antisemitismus gibt, dass in Frankreich auf andere Weise auch viel passiert. Aber ich fühle mich hier verantwortlich und nicht irgendwo.

Mein Trost ist, dass wir vorläufig noch in einer Demokratie leben. Und dass es eine Minderheit ist. Aber trotzdem: Es fing bei den Nazis auch scheinbar harmloser an. Und was dann geschehen ist! Wehret den Anfängen! Ich denke manchmal, vieles ist umsonst, was ich getan habe oder was ich noch zu tun hoffe.

___Heinrich Simon

Etwas ganz Neues hätte beginnen müssen

Am 8. Mai 1945 war ich beim britischen Militär in Italien. Aus Berlin weggegangen bin ich 1939, als schon der Zweite Weltkrieg begonnen hatte. Ich wanderte aus in das damalige Palästina. Nicht um dort die zionistische Bewegung zu unterstützen, den Staat Israel entstehen zu lassen. Der Grund war einfach: Spätestens 1939 war klar, dass man in Deutschland nicht bleiben konnte.

Ich stamme mütterlicherseits aus einer ganz alten jüdischen Berliner Familie. Ich bin 1921 geboren. Und ich habe bis 1939 die Schule in Berlin besucht. Ende 1938 hat mich das Friedrichswerdersche Gymnasium rausgeworfen, zweieinhalb Monate bevor das Abitur startete. Ich hatte dann die Möglichkeit, das Abitur zu machen an der Oberschule der Jüdischen Gemeinde. Dort war es möglich, ein Abitur zu veranstalten je nach Schultyp, also je nach Vorbildung, die jeder hatte. Ich war vorher auf einem humanistischen Gymnasium mit Latein und Griechisch. Und darum hatte es vorher auch keine Umschulungsmöglichkeiten gegeben.

Man hat natürlich schon Jahre vorher überlegt, ob man an einer städtischen Schule bleiben kann. Das Wechseln hätte bedeutet, dass man wahrscheinlich Zeit verloren hätte. Die Bedingungen für jüdische Schüler waren am Friedrichswerderschen Gymnasium insofern gut, als die Schule abgewickelt wurde. Schon seit 1935 etwa nahm sie meines Wissens keine neuen Schüler mehr auf, sie wurde immer kleiner. Das bedeutete auch, dass ständig Lehrer, jeweils die jüngsten, an andere Schulen versetzt wurden. Das Lehrerkollegium war infolgedessen relativ alt. Ausgesprochene Nazis waren keine darunter.

Die jüdischen Schulen nahmen also alle Schüler, die das wollten, aus unterschiedlichen städtischen Schulen. Es waren ja auch verhältnismäßig wenige. Denn unter den Juden wurde damals kein Wert mehr auf Bildung gelegt. Man versuchte, die Kinder möglichst in praktische Berufe zu lenken. Das Praktische konnte eher eine Vorbereitung zur Auswanderung sein. Wer sollte da Hilfestellung leisten? Die Emigration war ja doch für Minderjährige kaum möglich. Wohin denn? Und wie eigentlich?

Na schön, es gab die Möglichkeit der Jugend-Alija nach Palästina. Das hätte ja aber bedeutet, dass man erstens die Beziehung zu zionistischen Kreisen hätte haben müssen. Die hatte ich nicht. Das hätte zweitens auch bedeutet, dass man dann vermutlich in irgendeine landwirtschaftliche Ausbildung oder etwas Ähnliches gekommen wäre. Das lag mir nicht und interessierte mich auch gar nicht.

Der Grund, dass ich nach Palästina ging, war, dass ich nach dem Abitur fest davon überzeugt war, hier sei weiter nichts mehr zu machen. Eine weitere Ausbildung war nicht möglich. Einen Beruf zu lernen, war auch praktisch ausgeschlossen. Also versuchte man, irgendeinen Weg zu finden, Deutschland zu verlassen. Nach Amerika zu kommen hätte endlos gedauert. So hatte ich mich in Palästina für ein Studentenzertifikat

beworben. Und das hat merkwürdigerweise funktioniert, durch einen sehr großen Zufall.

Geschwister hatte ich nicht. Mein Vater war sehr früh gestorben, als ich zweieinhalb Jahre alt war. Meine Mutter hat dann noch mal geheiratet. Eine Ehe, die nicht gut gegangen ist. Sie wäre wahrscheinlich emigriert, wenn sie gekonnt hätte. Aber sie konnte ja nicht, sie war verheiratet, und der Mann wollte nicht auswandern. Später ließ er sich scheiden und wanderte selbst aus. Während des Pogroms 1938, da waren wir, meine Mutter und ich, alleine.

In Berlin war man von diesen NS-Willkürmaßnahmen während des Novemberpogroms weniger betroffen. Verhaftet wurden nur Männer, und auch nur die über 18 oder 21 Jahre. Ich war 17 und also nicht gefährdet. Aber das wusste man ja vorher nicht unbedingt, wenn auch einiges durchsickerte. Wir hatten in diesen Tagen einen Mann aufgenommen, der mit einer Bekannten meiner Mutter befreundet war und sie auch später geheiratet hat. Er wiederum hatte eine Schwester nebst dazugehörigem Schwager, die in Dortmund lebten und dem Pogrom dadurch entkommen waren, dass sie sich in die Bahn gesetzt hatten. Und es ist ihnen gelungen, nach Berlin zu kommen. Sie hatten sich hier in ein Hotel eingemietet, waren tagsüber bei uns. Diese Leute hatten sehr gute Beziehungen zum Palästina-Amt. Vielleicht haben sie irgendwie diese Sache mit dem Studentenzertifikat anschieben können. Aber vor allen Dingen: Als sie wieder zurückgefahren waren, vermittelten sie uns einen anderen Mitbewohner, der im Palästina-Amt angestellt war, wo er die illegale Auswanderung organisierte. Erich Frank – so hieß mein Retter – ist dann später mit dem letzten Transport selbst ausgewandert. Ihm verdanke ich höchstwahrscheinlich dieses Studentenzertifikat. Aber die Auswanderung hat sich dann noch bis Ende 1939 hingezogen.

Ich bin dann schließlich im Dezember 1939 nach Palästina emigriert.

Nun erwies sich die Sache doch als sehr schwierig. Man musste dazu Geld einzahlen, womit das Studium für mindestens zwei Jahre erst mal bezahlt war. Aber als ich dort ankam, stellte sich heraus, dass das Geld nicht mehr transferiert worden war. Das war irgendwo hängen geblieben, hieß es. Als ich ankam, stand ich da, ohne Geld und ohne irgendetwas, hilflos, mittellos – und allein. Ich habe trotzdem das Studium aufgenommen. Es gab dann irgendwie ein winziges Stipendium, von dem man nicht leben konnte, von dem man aber leben musste. Es war etwas schwierig.

Ich habe klassische Philologie, jüdische Geschichte und Philosophie studiert. Und das war relativ schwierig wegen meiner mangelnden Sprachkenntnisse. Gut, als ich dahin kam, konnte ich mich verständigen. Das schon. Wenngleich der erste Schock einige Tage nach meiner Ankunft kam. Man wurde gleich von Haifa aus verfrachtet nach Jerusalem mit einem Bus. Einige Tage später fuhr ich nach Tel Aviv, wo ich Verwandte hatte. Kam also an in Tel Aviv an der Autobus-Endhaltestelle mitten in der Stadt und wollte meine Verwandten aufsuchen, nahm meine hebräischen Kenntnisse zusammen und fragte jemanden, wie man zur Bialik-Straße kommt. Worauf der zuerst sagt: »Ach, sprechen Sie vielleicht Deutsch?« Ja, so war das also damals in Tel Aviv. Ich sagte ihm dann auf Deutsch, wo ich hinwollte. Worauf er sagte: »Das ist sehr weit, da müssen Sie mit dem Autobus fahren.« »Ja, das will ich aber nicht, weil ich kein Geld habe.« Ich hatte als Auswanderungsgeld ein englisches Pfund bekommen. Ich wollte das Geld aber natürlich nicht für irgendeinen Autobus ausgeben. Ich fragte, wie lange man denn gehen würde. Sagte der: »Also mindestens zehn Minuten.« Das lief man nicht in Tel Aviv – verständlich, denn entweder goss es in Strömen, dann war das nicht das Richtige, oder es war so heiß, dass man das auch nicht mochte. Ich machte es aber. So fing das an.

Das Studium in Jerusalem war insofern schwierig, als alle Geisteswissenschaften selbstverständlich in Hebräisch unterrichtet wurden. Das setzte gute Sprachkenntnisse voraus. Ich hatte einen Bekannten, der Physik und Mathematik studierte. Das war auch bei geringer Sprachkenntnis gar kein Problem. Der Dozent schrieb irgendwelche Formeln an die Tafel, die sind international. Er verstand zumindest erst mal, wovon die Rede war. Wenn er nun nicht jedes Wort verstand, auch gut, irgendwie fand er sich rein und kam durch. Das war nicht so schwierig. In allen geisteswissenschaftlichen Dingen gehörte es dazu, dass man die Nuancen verstand, die in dem Vortrag waren. Es kam nicht darauf an, dass man wusste, wovon der betreffende Dozent redete, sondern man musste wirklich eine profunde Sprachkenntnis haben, um zu wissen, was er denn nun eigentlich Neues oder Anderes sagen wollte. Das war also in allen historischen und sonstigen Vorlesungen notwendig.

Ganz schlimm war es mit der klassischen Philologie. Da wurden also zum Beispiel in den Seminaren Texte übersetzt. Einen griechischen oder lateinischen Text, den verstand ich ja irgendwie. Ich konnte vielleicht auch auf Hebräisch sagen, was da drin stand. Aber wortwörtlich übersetzen erfordert wirklich gute Kenntnisse, um das genaue Äquivalent zu finden.

Ich habe versucht, Vorlesungen über Arabisch zu hören, weil mich das interessierte. Aber es ist mühsam, Arabisch auf der Grundlage des Hebräischen zu lernen, wenn man Hebräisch nicht hundertprozentig kann. Ich nehme an, dass ich das wahrscheinlich geschafft hätte, wenn ich genug Zeit gehabt hätte. Aber in den anderthalb Jahren, die mein Studium nur dauerte, konnte ich das nicht erreichen. Es ging einfach nicht mehr weiter, ich musste abbrechen, weil 1941 das Stipendium gestrichen wurde, um die Leute zum Kriegsdienst zu zwingen.

Während des Studiums in Jerusalem konnte ich in der ersten Zeit noch Verbindung zu meiner Mutter in Berlin halten, das heißt, durch Mittelsleute Briefe schicken und auch empfangen. Die Zensurbestimmungen waren zwar da, aber es wurde nicht alles kontrolliert. Ich hatte eine Adresse in der Schweiz und hatte auch einen Freund in Schweden. Die Briefe, die nicht für sie bestimmt waren, wurden weitergeschickt. Und zurück ging das ebenso. Es dauerte allerdings eine gewisse Zeit. Und nachdem das nicht mehr ging, konnte man Nachrichten über das Rote Kreuz austauschen. Das war dann praktisch nur ein Lebenszeichen, denn das dauerte immer – hin und zurück – mindestens ein halbes Jahr.

Ich habe dann nur – ich glaube im Jahre 1943 – gehört, dass meine Mutter im Jahr 1942 verhaftet worden ist, und am nächsten Tag war sie tot. Einzelheiten weiß ich nicht. Sie ist hier in der Großen Hamburger Straße gestorben, anscheinend nicht während einer allgemeinen Aktion zur Deportation, sondern bei einer individuellen Verhaftung. Warum, wieso, weiß ich nicht, war nicht zu erfahren. Ich habe, ehrlich gesagt, auch nie weiter nachgeforscht, weil es im Grunde gleichgültig ist, warum und wieso und was der Anlass war. Ich bin dem nicht nachgegangen. Sie ist in Weißensee bestattet.

Ob es ein gemeinsames religiöses Leben der Emigrierten gab, ob ich damals ein gläubiger Jude war? Die Nazizeit hat es natürlich mit sich gebracht, dass man doch mehr in die Synagogen ging und dass einen diese Dinge mehr interessierten. Vorher war ich zu jung. Ja, man ist zu den Feiertagen mal hingegangen. Ich kann mich erinnern, im ersten oder zweiten Jahr meiner Gymnasialzeit bin ich mit einem Mitschüler am Freitagabend in die Synagoge in der Levetzowstraße gegan-

gen, weil da unser Religionslehrer, der gleichzeitig dort Hilfs-
kantor war, vorgebetet hat. Und da sind wir hingegangen, um
uns zu amüsieren, weil der überhaupt nicht singen konnte.
Und in den späteren Jahren bin ich ziemlich regelmäßig in die
Synagoge gegangen und habe mindestens die liberalen Synagogen in Berlin mehr oder weniger alle kennen gelernt.

In Jerusalem hat man das dann fortgesetzt. Da gab es eine
deutsche Gemeinde, geleitet von Rabbiner Wilhelm. Er kam
wohl gleich 1933 aus Deutschland und hat diese Gemeinde
gegründet. Da ist man eigentlich ständig hingegangen. Daran
kann ich mich auch erinnern. Das sind alles diese irrsinnigen
Sachen. Da hat der eines Tages eine Besichtigung aller möglichen jüdischen Viertel veranstaltet für die Leute, die da nicht
so Bescheid wussten. Das fing so an: Ich bin mit noch einem
Jüngling – mit dem ich gemeinsam hier schon in der Schule
war – immer zu Fuß zu allem gegangen, um das Fahrgeld zu
sparen. Rabbiner Wilhelm sagte nun, wir fahren mit dem
Autobus. Und diesen halben Piaster oder was das kostete, den
hatten wir nicht, und dann sind wir leise weinend abgezogen
und sind da nicht mitgegangen. So war das also. Na schön.

Dann, 1941, wurden die Stipendien gestrichen, weil man
die Leute irgendwie zum Kriegsdienst zwingen wollte, nun
nicht gerade in der englischen Armee, sondern man hat ja damals schon eine Art Untergrundarmee in Palästina aufgebaut,
also die so genannte Hagana. Das gefiel mir aber gar nicht.
Das war mit furchtbar viel Geheimnistuerei verbunden. Und
ich hatte auch keine Veranlassung, mich da auf irgendwelche
sozusagen illegalen Dinge einzulassen. Und daraufhin habe
ich mich zur englischen Armee gemeldet. Das konnte man damals in Palästina.

Ich war dann in einer jüdischen Kompanie des englischen
Militärs. Auf diese Weise war ich also nach der Ausbildung erst

in Ägypten, dann habe ich diesen ganzen Feldzug mitgemacht in Nordafrika bis Tripolis, dann war ich ein halbes Jahr in Malta. Das war auch ganz interessant. Und dann in Italien und ganz zum Schluss in Belgien und Holland.

Was war wohl das Motiv, sich zum englischen Militär zu melden? War das der antifaschistische Kampf? 1941 wurde also das Stipendium gestrichen, und ich hatte ja nichts gelernt. An sich war ich in einer ungünstigen Lage. Wenn man irgendwohin emigriert, dann hat man nur dann gute Chancen, wenn man so jung ist, dass man in dem betreffenden Land noch die Schule besucht, in die Verhältnisse reinwächst. Oder man muss so weit sein, dass man schon einen abgeschlossenen Beruf hat. Dann hat man auch nicht in allen Ländern gleiche Chancen, aber man hat immer die Hoffnung, dass man doch in irgendeiner Weise in irgendetwas reinkommt, dass man auf dem Gelernten aufbauen kann. Das ging etwa bei Ärzten relativ reibungslos. Ein Arzt, der nach Palästina ausgewandert ist, der konnte schon, als er noch auf dem Schiff war, seine Patienten finden. Er konnte eine Praxis aufmachen oder in ein Krankenhaus gehen. Das war kein Problem. Für Juristen war es schon schwieriger. Die kamen nicht rein, weil das deutsche Jurastudium nicht zu irgendetwas berechtigte. Trotzdem hatten sie im Laufe der Zeit irgendwelche Tätigkeiten, mit denen sie sich ernähren konnten.

Aber was hätte ich in Palästina anfangen können, als das Studium beendet war? Ich hatte ja nichts. So kam ich zum Militär. Und ob es auch eine Rolle spielte, dass ich mich an der Niederschlagung der Nazis aktiv beteiligen wollte? Na ja, das hat sich so ergeben. Dass das an sich ein erstrebenswertes Ziel ist, das war klar.

Palästina war damals ohnehin gefährdet. Es gab durchaus die Möglichkeit, dass es von den Nazis erobert wird. Also eine

Sicherheit hatte man, wenn man dort blieb, ja auch nicht. Also war man beim Militär auch nicht unsicherer. Für mich war es unter den schlechten Optionen die beste. Irgendetwas musste man ja tun. Und es hat sich als gut erwiesen. Denn wir haben nie irgendwelche nennenswerten Gefahren durchgestanden. Ich glaube, in den ganzen Kompanien, in denen ich dann war, die später mal zur jüdischen Brigade gehörten – die ja erst viel später gegründet worden ist, ich glaube 1944 –, hatten wir keine Verluste. Es sind im Ganzen drei Personen umgekommen, und zwar allesamt wohl nach dem Krieg aufgrund von Verkehrsunfällen. Also durch feindliche Einwirkungen ist keiner umgekommen.

Nun gut, die Reise von Tripolis nach Malta, die war nicht ungefährlich. Aber das haben wir erst hinterher gemerkt. Wir sind in Tripolis auf ein Schiff verladen worden und waren dann am nächsten Tag in Malta. Daran erinnere ich mich sehr gut. Als wir in Malta ankamen, war der Hafen voller Menschen, wahnsinnige Menschenmengen. Und die winkten und jubelten. Wir waren sehr erstaunt. Und als wir uns dann erkundigten, warum die da an dem Hafen solches Theater machten, wurde uns gesagt, das sei so, weil es wohl so ungefähr das erste Schiff war, das die Blockade von Malta durchbrochen hatte. Weil es sehr neblig war, keine U-Boote, deutsche oder italienische, unterwegs waren und Flugzeuge nicht in Aktion treten konnten, waren wir heil angekommen. Eine andere Kompanie, die gleichzeitig von Alexandria kommen sollte, ist unterwegs torpediert worden und hatte hohe Verluste.

Die jüdische Brigade ist dann mit den Briten vorgerückt, Italien hoch, und dann waren wir in Holland und Belgien. Fünf Jahre dauerte meine militärische Karriere. Ich habe es bis zum Unteroffizier gebracht. Ich habe ein Stück Welt gesehen.

Das kann man an und für sich schneller haben, dafür brauchte man eigentlich nicht fünf Jahre.

1946 bin ich aus der Armee entlassen worden. Die Entlassung fand natürlich in Palästina statt. Es wurde dort entlassen, wo man ins Militär eingetreten war. Zurück nach Palästina. Das hatte sich so ergeben. Als wir in Holland waren, habe ich Urlaub beantragt nach Berlin. Ich wollte mir das ansehen und hatte dafür auch einige Gründe. Und zwar hatte ich in der jüdischen Oberschule vor der Auswanderung einige junge Leute kennen gelernt und mit ihnen ein philosophisches Kränzchen gebildet. Wir trafen uns alle 14 Tage oder jede Woche und lasen Descartes. Warum ausgerechnet Descartes, weiß ich auch nicht mehr.

In diesem Kreis war ein junges Mädchen, mit dem ich befreundet war. Rein platonisch. Aber wir fanden uns gegenseitig sehr nett. Sie besuchte uns, meine Mutter und mich, auch außerhalb dieses Kränzchens. Und ich brachte sie auch mal nach Hause. Sie hatte nur noch ein möbliertes Zimmer mit ihrem Vater zusammen. Den lernte ich dann auch kennen.

Ich erfuhr durch gemeinsame Bekannte während meiner Militärzeit, dass meine Freundin den Krieg überlebt hat, untergetaucht in Berlin, und dass sie also nun wieder in Berlin offiziell lebte. Ich vermeide für den Untergrund den Ausdruck Illegalität, denn eigentlich war illegal das, was die Nazis getan haben. Sie lebte jedenfalls. Und ich hatte die Adresse. Und ich wollte sie gerne wieder sehen. Außerdem hatte ich auch eine Tante in Berlin, eine so genannte arische Tante. Die war sozusagen auch als Anlass ganz brauchbar. Wenn man irgendwelche familiären Gründe geltend machen konnte, dann ging so etwas unter Umständen.

Es fuhr jemand nach Berlin aus meiner Kompanie, ihm hatte ich einen entsprechenden Brief mitgegeben. Und diesem jungen Mädchen hatte ich geschrieben, ob sie in der Angelegenheit irgendetwas unternehmen könne. Und sie hat das getan. Sie hat mir das dann später mal erzählt. Sie hat sich gedacht, solche Sachen werden nur dann genehmigt, wenn wirkliche Gründe vorliegen oder wenn man an eine Behörde, in diesem Falle eine englische Behörde, so schreibt, dass denen der Brief irgendwie auffällt. Denn die bekamen natürlich waggonweise Anträge aller möglichen Art. In jeder Sache, wo einer auch nur eine Reise ins Umland machen wollte, musste dies von irgendeiner Militärbehörde genehmigt werden. Das war ja wohl damals in Berlin so.

Also, sie schrieb einen Brief etwa in dem Sinne: Bitte, liebes Hauptquartier, sei doch so nett und ermögliche meinem Verlobten, nach Berlin zu kommen und so weiter. Na, jedenfalls erreichte sie mit diesem idiotischen Brief genau das, was sie wollte, nämlich dass die den Brief in dem Büro lachend rumzeigten und infolgedessen auch genehmigten. Wahrscheinlich neunzig Prozent aller Anträge oder noch mehr landeten gleich im Papierkorb.

Und ich kam dann nach Berlin Anfang 1946. Ja, ich glaube, das muss im Januar 1946 gewesen sein. Da war ich etwas über eine Woche in Berlin, als beurlaubter Soldat von Holland kommend. Es waren zehn interessante Tage und entscheidende für mein Leben. Denn diese Freundin ist später meine Frau geworden.

Das war dann auch der wichtigste Grund, warum ich nach Berlin zurück wollte, ganz zurückkehren wollte. Das ging natürlich auch nur mit sehr großen Schwierigkeiten. Aber ich will die Dinge nicht dramatisieren. Das sind alles individuelle Schicksale, und man weiß nicht, warum diese Sachen so gekommen sind, wie sie gekommen sind. Jedenfalls hatte ich überlegt: Sollte man vielleicht erst einmal versuchen, beim

Militär zu bleiben und vielleicht sich in Deutschland stationieren zu lassen? Das ging aber nicht.

Ich hatte 1946 einen so genannten Heimaturlaub bekommen. Den kriegte man automatisch, wenn man so und so viele Jahre keinen Urlaub bekommen hatte. Aber noch konnte ich nicht in Berlin bleiben. Ich musste zurück nach Palästina. Die Entlassung stand nach Dienstjahren nahe bevor. Danach wäre es möglich gewesen, das vor fünf Jahren unterbrochene Studium mit einem Stipendium weiterzuführen. Aber das wäre wieder einem Neuanfang gleichgekommen, und wer weiß, ob das nicht auch wieder befristet gewesen und was dann danach gekommen wäre.

Also habe ich zunächst in Palästina eine berufliche Tätigkeit angenommen, was ja auch nicht ohne weiteres möglich war, denn ich hatte ja nichts gelernt. Was konnte man machen mit einem nicht abgeschlossenen Studium? Man konnte gar nichts machen. Ich habe damals eine Stellung angenommen bei der Mandatsverwaltung, genauer gesagt bei der Postverwaltung. Diese Tätigkeit hatte einen sehr großen Vorteil. Sie war natürlich stinklangweilig. Da wurden in großen Büchern die Wochenabrechnungen sämtlicher Postämter zusammengestellt, geordnet nach Einzelposten. Wofür das gut war, weiß ich nicht, aber das ist Verwaltung. Diese Summen mussten dann addiert werden, das musste dann alles stimmen, und wenn es nicht stimmte, musste man das endlos nachrechnen. Eine fürchterliche Tätigkeit. Aber: Das Gehalt richtete sich nach den Dienstjahren, und die Militärzeit wurde angerechnet. Das heißt, ich fing mit dem sechsten Berufsjahr immerhin an. Davon konnte man einigermaßen existieren. Keine großen Sprünge machen, aber man konnte sich damit mindestens satt essen, und das war schon immerhin etwas. Das war alles noch in Palästina.

Sehnsucht nach Berlin? Ich musste versuchen, nach Berlin zu kommen, und das war insofern etwas schwierig, als dafür in meinem Fall eine englische Dienststelle in Berlin zuständig war. Ein Antrag wurde genehmigt, wenn man nachweisen konnte, dass man in Berlin Wohnrecht hat. Und diese Bescheinigung ließ sich in Berlin bei einem Bezirksamt relativ leicht beschaffen. Die Bezirksämter waren, nun, sagen wir mal, für eine Schachtel Zigaretten oder Ähnliches bereit, irgendein Stück Papier abzustempeln. Das war alles nicht so schwierig. Das bekam ich jedenfalls gestempelt. Ob es echt war oder nicht, weiß ich nicht. Die britische Behörde gab daraufhin ihre Zustimmung. Merkwürdig war, dass mich irgendjemand in Jerusalem fragte: »Wo hast du denn die Genehmigung herbekommen?« Und ich habe ihm die britische Dienststelle genannt, und der hat auch dahin geschrieben. Und die haben zurückgeschrieben, sie seien nicht zuständig. Das war alles nicht so geordnet. Einer ist in Berlin geboren, musste emigrieren, will zurück und braucht dafür eine Genehmigung, weil die Alliierten wohl beschlossen hatten, deutsche Juden nicht zu repatriieren.

1947, im Oktober, kam ich endlich wieder zurück zu meiner Freundin. Also war ich etwas über ein Jahr bei dieser Postverwaltung in Palästina tätig. Mein Berliner Ziel, diese junge Dame, wohnte in Pankow. Ich wollte natürlich in ihre Nähe ziehen, und das war doch im russischen Sektor. Doch das war möglich, trotz meiner Bescheinigung vom Bezirksamt Tiergarten. Dass ich dort das Wohnrecht hatte, verschaffte mir aber noch keine Wohnung und schon gar nicht eine Stelle.

Ich wollte jetzt erst einmal das Studium abschließen. Die Semester in Jerusalem wurden angerechnet. Wir gingen beide zur Humboldt-Universität. Vieles im Leben sind Zufälle. Wir belegten gemeinsam als Hauptfach klassische Philologie.

Dann stellte sich aber heraus, dass da hauptsächlich Lehrer ausgebildet wurden. Dieses Studium schloss dann mit einem Staatsexamen ab.

Meine Frau und ich stiegen um auf die Philosophie als Hauptfach. Denn Philosophie war ein Fach ohne Staatsexamen. Die Promotion war der Abschluss, und das ging dann relativ schnell. Wir sind 1951 gleichzeitig promoviert worden – im Grunde genommen mit einer gemeinsamen Dissertation in zwei Teilen, die später zusammengesetzt als Buch erschienen ist. Die zuständige Professorin Liselotte Richter regte uns an, über die Stoa zu schreiben. Das war die ganze Betreuung. Wir haben das Thema eingegrenzt und uns auf die alte Stoa beschränkt und sie unter dem Naturbegriff untersucht. Wir haben das Thema dann zwischen uns geteilt, der eine hat den Naturbegriff in der stoischen Physik und Logik und der andere in der Gesellschaftslehre behandelt. Das Ganze haben wir dann nachher wieder zusammengesetzt. Für die Teilstücke haben wir getrennte Einleitungen geschrieben, aber im Grunde genommen war es eine Arbeit.

Das Fach Philosophie war seinerzeit noch nicht ideologisiert. Das kam erst später. In den ersten Jahren war das ein ziemlich bürgerlicher Betrieb. Frau Richter war Lehrstuhlinhaberin, las über Philosophiegeschichte und ein bisschen Logik. Sie war – aus mir unerfindlichen Gründen – eine Zeit lang in der Kommunistischen Partei, später in der SED, obwohl sie dazu eigentlich gar keine Bindungen hatte, ist dann aber ausgetreten und zur Theologie gewechselt.

Was konnte man denn mit einem Philosophiestudium und einer Promotion beruflich machen? Eigentlich gar nichts. Man kann nur wieder weiter lehren. Wir sind also in der Wissenschaft geblieben.

Wenn ich gefragt werde, wie ich als Augenzeuge gesehen

oder erlebt habe, wie die Welt – die Stadt und die Welt – sich geteilt haben in zwei einander bekämpfende Lager und untereinander konkurrierende Systeme, ob es eher Zufall oder Entscheidung war, in der östlichen Welt angekommen zu sein: Ich bin primär nach Berlin zurückgekehrt, nicht nach Deutschland. Als ich nach Berlin kam – und auch noch in den folgenden Jahren –, gab es einen deutschen Staat ja noch nicht. An anderen Orten in Deutschland hatten wir gar kein Interesse. Wir waren geborene Berliner. Eine wirkliche Teilung der Stadt gab es ja erst ab 1961, vorher hatte man immer noch die Möglichkeit, sich in ganz Berlin frei zu bewegen. Das war eine angenehme Situation und Identität.

Wir wohnten in Pankow. Aber nun zu sagen, man ziehe nach West-Berlin, das war ja eine etwas gefährliche Möglichkeit. In West-Berlin hätte man vielleicht nicht bleiben können, denn dass sich West-Berlin als Enklave in einer sich bildenden DDR halten werde, war nicht sicher. Wenn man also in den Westen hätte gehen wollen, dann hätte man nach Westdeutschland gehen müssen. Und dahin hatten wir überhaupt keine Bindung. Und auch kein Interesse. Meine Frau war im kommunistischen Widerstand und war ganz selbstverständlich 1945 in die KPD eingetreten. So ergeben sich Dinge aus solcher Situation.

Auch ich wurde damals Mitglied der SED, weil ich der Meinung war – und heute noch der Meinung bin –, dass in Deutschland insgesamt etwas ganz Neues hätte begonnen werden müssen. Dass sich dann die ganze kommunistische Weltbewegung sozusagen mehr oder minder aufgelöst hat, angepasst hat, besagt noch nichts dagegen, dass das als Fernziel trotzdem vielleicht eine bessere Lösung gewesen wäre als die kapitalistische Gesellschaft. Überall gibt es Vor- und Nachteile. Dass sich die östlichen Nachteile so eklatant herausstellen würden, konnte man damals nicht unbedingt wissen oder voraussehen. Jedenfalls war der Umgang mit Menschen aus der Emigration und dem Widerstand ehrenhafter als im Westen. Sie hatten offiziell gewisse Vorteile. Ich habe damals gewisse gesellschaftliche Aktivitäten entfaltet. In der VVN habe ich eine Zeit lang die Hochschulgruppe geleitet. Und für die SED waren wir beide mehr in den Wohngruppen tätig als im Rahmen der Universität.

Zur Situation der Jüdischen Gemeinde, der jüdischen Menschen, erst vor der Teilung der Stadt und dann nach der Teilung, und zum Verhältnis der DDR-Regierung zu den jüdischen Staatsbürgern: Offiziell war gegen die jüdischen Mitbürger nichts einzuwenden. Aber in meinem Fall muss man natürlich bedenken, dass ich sicher der Partei insofern suspekt war, als ich in der westlichen Emigration gewesen bin. Das hatte gewisse Schwierigkeiten für manche Leute heraufbeschworen. Wir waren weitgehend davon frei, weil wir nach dem Studium in einer so genannten wissenschaftlichen Aspirantur als Vorbereitung auf eine Hochschullehrerlaufbahn waren. Wir hatten ja keine Posten, die uns irgendwer neiden konnte.

Der Jüdischen Gemeinde bin ich selbstverständlich unmittelbar, nachdem ich hierher kam, beigetreten. Ich weiß noch, die Jüdische Gemeinde lieferte den Studenten mittags Essen. Wir sind also meistens hierher gegangen in die Oranienburger Straße und bekamen ein Mittagessen. Das war damals schon sehr wichtig.

Ich glaube nicht, dass ich damals ganz regelmäßig die Synagoge besucht habe. Als die Gemeinde 1953, noch vor dem 17. Juni, gespalten wurde, fand eine Versammlung in den Räumen der Jüdischen Gemeinde statt. Riesenburger war darunter. Ich war eingeladen, und es ging darum, einen neuen

Vorstand zu wählen. Das machte dann zunächst ein gewisser Herr Heilbrunn. Wir waren Mitglieder einer jüdischen Studentengruppe, die ziemlich regelmäßig in der Joachimsthaler Straße tagte. Daher rührten unsere freundschaftlichen Kontakte zum Rabbiner Schwarzschild.

Die Spaltung der Jüdischen Gemeinde hatte auch zur Folge, dass in dem jüdischen Kinderheim in Niederschönhausen ein Großteil der Kinder nebst dem Leiter Baruch über Nacht plötzlich entschwanden. Er hat einen großen Teil der Kinder mitgenommen, zum Teil hatten die Kinder ja auch Eltern, zum Teil waren die Eltern im Westen. Und da habe ich mich auch eine Zeit lang noch um die Kinder gekümmert, die dageblieben waren.

Judaistik hat es an der Humboldt-Universität nie gegeben. Und ich habe auch was gegen Judaistik als Terminus. Das ist mir zu allgemein und zu unbestimmt. Das war nicht unser Fach. Wir haben erst mal diese Aspirantur gemacht im Rahmen der Philosophie. Wir haben dann auch beide im Rahmen des Philosophischen Instituts Vorlesungen gehalten zur Geschichte der Philosophie, wobei meine Frau sich konzentriert hatte auf antike Philosophie und man mir das Mittelalter überlassen hat.

Dann kam interessanterweise von Seiten des Staatssekretariats für Hochschulwesen an mich die Aufforderung, ich sollte mich doch auch um arabische Philosophie kümmern. Das habe ich dann getan. Und habe hier auch Arabisch betrieben, also erst einmal richtig gelernt. Soweit man das aus Büchern tun kann. Und theoretisch kann ich es auch ganz gut – oder konnte es ganz gut. Also so weit, dass ich Texte lesen konnte.

Das Philosophische Institut hat sich im Laufe der Zeit mehr oder minder zur Ausbildungsstätte von Parteifunktionären entwickelt, und die Philosophiegeschichte wurde sehr reduziert. Dann bot sich die Möglichkeit, an ein damals gegründetes Institut zu wechseln. Das war zunächst ein Institut für iranische und kaukasische Sprachen und wurde dann umgewandelt in ein Vorderasiatisches Institut mit Turkologie und Arabistik. Im Laufe der Zeit habe ich den Fachbereich Hebraistik aufgebaut. Das schien mir sinnvoller als Judaistik; hebräische Sprache und Literatur, das ist schon ausgedehnt genug.

Rückblickend würde ich sagen, dass es richtig war, 1947 endgültig nach Berlin zurückzukommen. Natürlich haben sich die Dinge nicht so gut entwickelt, wie man gehofft hatte. Mich hat an der ganzen westdeutschen Entwicklung – und das von Anfang an – gestört, dass man eigentlich nie mit der deutschen Vergangenheit abgerechnet hat. Dass man geglaubt hat, verdrängen zu können. Man hat de facto die meisten Nazis ungeschoren gelassen, sie wieder in Funktionen gebracht. Im östlichen Teil Deutschlands ist das nicht in so großem Maße geschehen. Was man leider nicht geschafft hat: Ich hatte gedacht, man wäre in der Lage, wirklich die faschistische Ideologie gänzlich auszurotten – aber leider wächst sie eben immer wieder nach. Das ist eine Entwicklung, die ich beklage. Und insofern, würde ich sagen, ist die Zukunft auch heutzutage in Deutschland nicht unbedingt als positiv einzuschätzen, wenngleich die Zukunft natürlich immer offen ist, überall.

Für mich war es keine Alternative, in Palästina zu bleiben, weil ich eigentlich die Entwicklung im Vorderen Orient nie sehr positiv gesehen habe. Und das liegt vielleicht weniger in der heutigen Zeit, als man ja sehen muss, dass dieser Landstrich, der an der Verbindung zwischen Asien und Afrika liegt, noch nie eine ruhige Gegend gewesen ist. Also, freiwillig sich dort anzusiedeln ist nicht zu empfehlen.

Ich glaube auch nicht, dass man Judentum und Israelismus gleichsetzen kann. Und ich glaube auch, dass die Bindungen, die zu Israel bestehen, rückläufig sind. Natürlich betrifft es uns hier persönlich, was sich gegenwärtig dort abspielt, denn es gibt noch Leute, die wir da kennen. Ich habe noch Kontakt zu Menschen meiner Generation. Zu deren Kindern nur noch sehr, sehr begrenzt. Die dort geboren sind und kein Wort Deutsch können und von deutscher Kultur nichts wissen, sind uns fremd. Na gut, manchmal kommt irgendwer, aber da gibt es schon kaum noch eine Brücke. Und dieses zionistische Experiment … Heute kann man nicht mehr von Zionismus reden. Die Leute, die in Israel geboren sind, leben nicht dort, weil sie Zionisten sind, sie sind eben da geboren. Wenn sie heute einen jungen Israeli fragen: »Bist du Zionist?«, würde er mit dem Kopf schütteln, er würde die Frage nicht verstehen.

___Susanne Thaler

Wir Juden gehören dazu

Mein Tag der Befreiung war der 6. Mai 1945 in Amsterdam, ein unglaublich aufregendes Ereignis, auch für ein fast achtjähriges Mädchen. Die ganze Stadt war auf den Beinen. Auf der einen Seite verließen die Nazis fluchtartig die Stadt, und auf der anderen Seite zogen die Kanadier ein. Alles war auf den Straßen, so auch ich. Die einrückenden Soldaten fuhren – das werde ich nie vergessen – auf solchen Amphibienfahrzeugen, die für mich als Kind unwahrscheinlich hoch waren. Sie haben uns Kinder mitgenommen und uns Schokolade geschenkt. Ich bin nicht zur rechten Zeit nach Hause gekommen, erst nach neun Uhr abends. Im Mai ist es ja schon ziemlich lange hell. Meine Eltern hatten mit Mühe den Krieg überlebt und glaubten nun die Tochter verloren zu haben. Das muss für sie ein furchtbarer Gedanke gewesen sein. Als ich endlich nach Hause kam, habe ich die ersten Prügel meines Lebens bezogen. Ich wurde sogar mit dem Gürtel meines Vaters verdroschen, was ich nie zuvor erlebt hatte. Und ich habe immer gesagt: »Tut gar nicht weh, tut gar nicht weh.« Also, das war mein 6. Mai.

Dass der 8. Mai die offizielle Befreiung oder das offizielle

Kriegsende oder der Zusammenbruch in Deutschland war, hatte in Amsterdam eine ganz andere Bedeutung. Von Stund an hatten wir genug zu essen – im Gegensatz zu den Menschen in Deutschland. Und das Leben normalisierte sich. Das Hochgefühl kann man gar nicht beschreiben. Wir waren eben wirklich befreit worden von unserem Lagerleben, von Todesangst und von Hunger.

Aber von vorn erzählt. 1934: meine Mutter – Berufsverbot als Schauspielerin; mein Vater – Berufsverbot als Rechtsanwalt und Vorstandsmitglied der Engelhardt-Brauerei, die der Familie gehörte. Die Dresdner Bank hatte sich die Engelhardt-Brauerei schon 1934 unter den Nagel gerissen. Arisierung? Das war Raub! Es gab unterschiedliche Stufen der so genannten Arisierung: Manchmal gab es ein bisschen Geld, aber meistens wurde der »Kaufpreis« unter fadenscheinigen Gründen, zum Beispiel wegen angeblicher Steuerschuld oder Reichsfluchtsteuer, einfach einbehalten. Mein Vater jedenfalls hatte nichts mehr, gar nichts mehr.

Mein Vater glaubte wie viele der deutschen Juden immer noch, dass sich dieser Hitler gar nicht halten könne. Als dies dann aber nicht mehr so sicher schien, haben meine Eltern die Fühler nach einer Möglichkeit ausgestreckt, irgendwo unterzukommen. Und meine Mutter hat Kontakt aufgenommen mit Fritz Lang in Hollywood, der Marlene Dietrich groß gemacht hat. Lang hat ihnen nach langem Warten ein Affidavit besorgt. So hatten meine Eltern die Möglichkeit, in die USA zu reisen.

Meine Eltern sind 1938 von Berlin nach Rotterdam und von dort per Schiff nach Amerika gefahren. Sie hatten das Pech, in Ellis Island interniert zu werden. Mein Vater war entsetzt: »Das soll das ›freie‹ Amerika sein, da geh' ich gar nicht rein, da fahr' ich gleich wieder zurück.« Meine Mutter überredete ihn,

wenigstens die 14 Tage abzuwarten. Und sie wurden tatsächlich ausgelöst von dem berühmten so genannten »Neger-Sänger« Paul Robeson. Er hat für sie gebürgt – aber sie durften mit ihm zusammen in New York in kein Hotel und kein Lokal gehen, denn überall war zu lesen: »For gents only«. Und da hat mein Vater gesagt: »Na, das ist ja wie bei den Nazis. Was soll ich denn hier?«

Das Ende vom Lied war, dass meine Eltern zurückfuhren. Das muss man sich mal vorstellen! Auf dem Schiff erreichte sie ein Telegramm der Familie: »Ihr könnt nicht zurückkommen, ihr werdet umgebracht!« Denn hier war die »Reichskristallnacht«. Meine Eltern saßen nun in Holland, in Rotterdam, fest, weil sie mit einem holländischen Schiff gereist waren.

Mein zehn Jahre alter Bruder und ich, ein einjähriges Kind, wurden mit einem Rot-Kreuz-Transport nach Holland geschickt. Meine Eltern haben uns in Amsterdam in Empfang genommen und haben dann versucht, Holland zu verlassen und England zu erreichen, was ihnen nicht mehr gelungen ist. 1940 wurde Holland von der deutschen Wehrmacht besetzt. Die Falle war zugeschnappt.

Es gab die Möglichkeit, sich entweder im Untergrund zu verstecken, wie Anne Frank, oder einen »offiziellen« Weg ausfindig zu machen, um der Verfolgung zu entgehen. Meine Mutter bereitete – zunächst gegen den Willen meines Vaters, weil dazu falsche eidesstattliche Versicherungen notwendig waren – etwas vor, was damals mit »Calmeyern« bezeichnet wurde.

Es gab einen deutschen Juristen, Hans Calmeyer, der als Abteilungsleiter in der Entscheidungsstelle über die Meldepflicht jüdischer Mitbürger eingesetzt war, die dem Reichskommissariat für die besetzten niederländischen Gebiete unter Seyß-Inquart, Den Haag, angehörte. Calmeyer war ein interessanter Mann, der nicht in der SS, auch nicht in der Partei war. Er hatte die Aufgabe, die beantragten Arisierungsverfahren zu überprüfen. Mit ihm hatte die Nazibehörde, die letztlich dem Reichssicherheitshauptamt unterstand, den Bock zum Gärtner gemacht. Er betätigte sich als »Saboteur«. Seine Motive, Juden zu arisieren, blieben auch für die Forschung im Dunkeln. Er war kein Widerständler, kein Sozialdemokrat, kein Kommunist, auch nicht kirchlich gebunden. Er hatte einfach menschlichen Anstand und baute gegenüber den Nazibehörden folgende Argumentation als »Eingriffskonstellation« auf: Es dürfe nicht passieren, dass ein Arier versehentlich in deutschen Konzentrationslagern ende, und deshalb müsse im besetzten niederländischen Gebiet sehr genau geprüft werden, ob Antragsteller nicht möglicherweise Nichtjuden seien. Auf diese Weise wurden von ihm etwa dreitausend Anträge auf Arisierung, von denen einer von meiner Mutter stammte, positiv beschieden. Der Jurist Calmeyer ging unglaublich geschickt vor, weil er arrogant und unnahbar auftrat, nie mit den jüdischen Antragstellern selbst verhandelte, sich nur über nichtjüdische Anwälte die Fälle vorlegen ließ und geschickterweise diesen Anwälten genau vorgab, welche Papiere notwendig seien, wie diese auszusehen hätten, um über diese Fälle positiv entscheiden zu können.

So rettete er insgesamt 10 000 bis 15 000 Menschen vor Verfolgung und Deportation. Denn von einem Antrag hing das Schicksal von mehreren Personen ab, bei uns beispielsweise waren es vier. Heute spricht man von einer »Calmeyer-Liste«. Durch Calmeyer entwickelte sich ein ganzes Fälschernetzwerk für eidesstattliche Versicherungen, Auszüge aus holländischen Kirchenbüchern zur Erstellung gefälschter Geburtsurkunden etc.

Durch diese Antragstellung meiner Mutter konnten wir

eine Weile lang halbwegs geschützt in Amsterdam leben. Im Sommer 1943 jedoch wurden wir ins Auffanglager Westerbork verbracht, weil der im September 1942 an Calmeyer gerichtete Antrag meiner Mutter noch nicht »in letzter Instanz« entschieden war. Ihre »vorgespielte« Begründung: Der jüdische Ehemann, der Schauspieler Fritz Spira, der nichtjüdischen Mutter, der Schauspielerin Lotte Spira geb. Andresen – die Ehe bestand vom 20. Dezember 1905 bis Dezember 1939, Camilla Spira wurde am 1. März 1906 geboren –, sei nicht der Erzeuger von Camilla, sondern der inzwischen verstorbene ungarische Schauspielerkollege der Mutter Victor Palfy.

In einem Verfahren des Reichssippenamtes Berlin wurde die Mutter von Camilla Eisner-Spira – meine Großmutter, Schauspielerin Lotte Spira, geboren 24. April 1881 – von der Gestapo in Berlin vernommen. Vor diesen »Beamten« bestätigte die 64-Jährige, eine voreheliche Liaison mit dem ungarischen Schauspieler gehabt zu haben, aus der die als ehelich geltende Tochter Camilla, meine Mutter, hervorgegangen sei – ein Rettungsversuch meiner Großmutter für ihre Tochter, Enkelkinder und im Glücksfalle auch für ihren Schwiegersohn Hermann Eisner. Diese einst bemerkenswert attraktive Schauspielerin starb in Berlin während der harten Endkriegszeit im Dezember 1944 an Diabetes. Ihr Ehemann Fritz Spira kam im berüchtigten KZ Ruma, Tschechoslowakei, um. Ob die Scheidung 1939 aus politischen Gründen oder wegen Eheverfehlungen erfolgte, wie es das Scheidungsurteil auswies, ist in der Familie nie erörtert worden.

Es gab einen großen Skandal, als Calmeyer einen seiner Mitarbeiter herauswarf, der von Juden für positive Begutachtung Geld verlangt hatte. Calmeyer selbst wurde Ende 1944 aus dem Amt entfernt, weil die Nazis dann doch Verdacht geschöpft hatten. Doch als die Untersuchung gegen ihn begann, waren die Verhältnisse in Nordholland schon chaotisch, die SS war zum Teil bereits geflohen.

Calmeyer wurde nach Kriegsende zunächst von den Amerikanern oder den Kanadiern interniert. Er ging dann nach Osnabrück zurück, psychisch und physisch an der schier unmenschlichen selbst gestellten Aufgabe zerbrochen: Er hatte nicht alle Fälle zum Positiven wenden können. In der Nachkriegszeit fand er sich in den juristischen Ämtern von ehemaligen Nazis umgeben und zog sich mehr und mehr zurück.

Calmeyer ist lange vor seiner Ehefrau gestorben. Als sehr alte Dame hatte sie die Ehre, in Yad Vashem für den mutigen »Judenretter« einen Baum im »Hain der Gerechten« zu pflanzen. Beider Sohn ist wie seine Mutter inzwischen verstorben. Es gibt niemanden mehr, der die Person Calmeyer und seine Motive erklären könnte. Selbst hat er sich anscheinend niemandem offenbart. Es ist traurig, dass er über die Voraussetzung für diese Leben rettende Tätigkeit Schweigen beibehielt.

Das ist die Geschichte des Osnabrücker Anwalts Hans Calmeyer.

Ich kann mich deshalb so genau an das Verfahren erinnern, weil ich als knapp Siebenjährige mit meiner Mutter nach Den Haag zur Vermessung vorgeladen wurde. Wir mussten uns nackt ausziehen, für ein Kind meines Alters besonders schamverletzend. Ich fand das so furchtbar, dass ich mich mein Leben lang daran erinnern werde: Da saß ein Mann hinter einem Schreibtisch, der uns nackt auf unsere arischen Körpermerkmale hin vermaß.

Ganz verrückt wurde die Geschichte, als mein Bruder als »Halbjude« im Januar 1945 von der deutschen Wehrmacht einen Gestellungsbefehl erhielt, weil die zum Schluss alles eingesammelt haben, was man noch als Kanonenfutter ins Gefecht werfen konnte. Und da hat mein Vater tatsächlich, ich nenne es so, sein Leben geopfert. Er ist mit ihm hingegangen und hat gesagt: »Den Jungen können Sie nicht einziehen, ich bin Jude.« Da hätte es auch passieren können, dass sie sagen: »Was machen Sie denn überhaupt noch hier?« Aber dann saß da eben auch ein Anständiger, der hat ihn rausschmeißen lassen und gesagt: »Sie hören von uns.« Aber es ist nie etwas gekommen.

Trotz des laufenden Arisierungsverfahrens mussten wir ins KZ Westerbork. Das geschah an jenem berühmt-berüchtigten Tag, einem wunderbaren Sonntag, dem 21. Juni 1943. In der ganzen Stadt Amsterdam galt Ausgangsverbot. Die Holländer hingen in den Fenstern und schauten sich das Schauspiel an, wie die letzten Juden aus den Häusern geholt wurden. Soldaten fuhren mit Lastern durch die Straßen und schrien durch Megaphone: »Juden raus!« Wir wurden aus der Wohnung geholt – es war genau so, wie man es aus dem Film *Schindlers Liste* kennt. Auf einem Sammelplatz waren Tische aufgestellt, vor die wir uns zur Registrierung aufstellen mussten.

Mein Bruder erinnert sich – er war ja schon 15 Jahre alt –, Herrn Calmeyer gesehen zu haben. Ein auffallend eleganter Mann habe da gestanden, mit meiner Mutter gesprochen, die ihm gesagt haben soll: »Wenn Sie schon nichts für uns tun können, dann tun Sie wenigstens was für meine fünfjährige Tochter.« Er hat meine Mutter offenbar als Schauspielerin gekannt. Er war Theaterfreak und hatte zwei Jahre in Berlin gelebt zu der Zeit, als meine Mutter hier Ende der 20er Jahre sehr bekannt war und große Erfolge feierte. Tatsächlich hat dieser Mann dafür gesorgt, dass uns die schützenden Papiere im Lager erreicht haben und wir nach fünf Monaten wieder rausgekommen sind.

Vom Tag der Entlassung an sind mein Bruder und mein Vater nicht mehr auf die Straße gegangen, sie haben zwar nicht im eigentlichen Sinne versteckt gelebt, aber sie kamen einfach nicht mehr vor. Wir haben das überstanden.

Mein Vater hatte fest vor, nach Deutschland zurückzukehren. Es gab für ihn nichts anderes: deutscher Jurist, keine andere Ausbildung und genau wissend um die Rechte, die er hier einzuklagen im Stande war.

Es gibt einen bewegenden Brief meines Vaters aus dem Jahr 1946 an Fritz Wisten, der nach Kriegsende Intendant am Schiffbauerdamm-Theater war und in einer Mischehe überlebt hatte. Er wurde in der Hinterlassenschaft Fritz Wistens an die Akademie der Künste gefunden und mir in Kopie überlassen. Mein Vater hat in diesem Brief unsere schwere Zeit sehr zurückhaltend beschrieben und die Haltung meiner Mutter hoch gelobt. Aber eigentlich ging es ihm darum zu erkunden, ob Camilla Spira wieder in Berlin würde auftreten können.

Mein Vater ist dann im Mai 1947 nach Berlin zurückgegangen und nahm sofort im verbliebenen westlichen Rest der Engelhardt-Brauerei wieder seinen Platz ein – zunächst als Treuhänder der Wiedergutmachungsbehörde, später als Vorstandsmitglied. Mein Vater hat aus dem Betrieb im Laufe der Jahre wieder eine Großbrauerei gemacht.

Ich erlebe, dass meine jüdischen Freundinnen, die nach dem Krieg hier in Berlin von Überlebenden des Holocaust geboren worden sind, bis heute Schwierigkeiten mit ihrer Identitätsfindung und in der deutschen Umgebung haben. Ich kann nur sagen, dass mir das erspart geblieben ist. Von meinem Vater habe ich nie gehört: »Mit denen kannst du aber nicht verkehren, das sind sicher alte Nazis.« Nie! Und sie müssen doch um uns herum gewesen sein. Er war deutscher Patriot, im Ersten Weltkrieg freiwilliger Kriegsteilnehmer des Geburtsjahrganges 1897 (Oktober), mit dem Eisernen Kreuz 1. Klasse ausgezeichnet.

Wie war das 1947? Ich war zehn Jahre alt. Und die Juden, die bei uns in Berlin verkehrten, waren die Schauspieler Ernst Deutsch, Fritz Kortner, Alfred Balthoff. Weitere Juden kannte ich überhaupt nicht. Mein Vater ist in die Jüdische Gemeinde eingetreten. Da traf er auf Menschen, die überhaupt nichts mit dem zu tun hatten, was er vor dem Krieg in Berlin in seiner Gemeinde erlebt hatte. Meine Eltern sind 1927 von Leo Baeck getraut worden. Sie gingen in Berlins modernste Synagoge in der Prinzregentenstraße, die zur Reformationsgemeinde gehörte. Die Überlebenden nach 1945 waren Orthodoxe aus Osteuropa. Da gab es keine Verständigung. Mein Vater trat aus der Jüdischen Gemeinde wieder aus.

Das Jüdische spielte bis zu dem Zeitpunkt, als wir ins Lager Westerbork kamen, in unserer Familie eine traditionelle Rolle: Wir haben die jüdischen Feiertage gefeiert. Danach war alles vorbei. Für meinen Vater war Gott erledigt. Wir haben darüber nie gesprochen. Ich bin areligiös aufgewachsen. Die Selbstverständlichkeit jüdischer Religiosität ist uns nach 1945 verloren gegangen. Dennoch hat er sein Judentum ganz bewusst gelebt. Ich meine: als Jude und als zurückgekehrter Jude mit seinen angestammten, erworbenen Rechten im nunmehr Demokratie lernenden Deutschland.

Mein Bruder ist nicht mit zurückgekommen nach Deutschland. Er wanderte nach Amerika aus. Als er sich dort taufen ließ, war mein Vater unglaublich betroffen, tief verletzt. Was mich sehr gewundert hat, weil wir ja das Jüdische gar nicht lebten. Da erkannte ich, was ihm jüdischer Glaube bedeutet haben musste.

Beim Tod meiner Mutter im Jahr 1997 fand ich unter ihren Hinterlassenschaften den Tallit, den Gebetsschal meines Vaters, verwahrt in einem Samtsäckchen mit aufgenähtem Davidstern und einer eingestickten Zahl nach dem jüdischen Kalender. Das war die Jahreszahl 1910. Es war also der Tallit der Barmizwa meines 1897 geborenen Vaters. Unvorstellbar: Sein ganzes Leben lang, durch Emigration, Lageraufenthalt, wo uns alles weggenommen wurde, hat er ihn gerettet, wohl stets greifbar gehabt oder versteckt. Mein Vater, der nicht mehr aktiv religiös gelebt hat, war dennoch ganz bewusst Jude! Ich habe den Gebetsschal jetzt meinem jüdischen Schwiegersohn überlassen zur Weitergabe an einen möglichen Sohn, meinen Enkel und den Urenkel meines Vaters.

Der Neubeginn nach 1945 war nicht einfach für meine Eltern. Die Wiedergutmachungsverfahren, die Anfang der 50er Jahre begannen, sind teilweise bösartig verlaufen. Die 1934 eingeleitete Arisierung jüdischen Eigentums, das heißt der Raub jüdischen Vermögens, wurde in den 50ern noch weitgehend geleugnet. Meinem Vater wurde unterstellt, seinerzeit Steuerschulden gehabt zu haben – ein Argument aus der Nazizeit. Das war für ihn bitter. In den Entschädigungsämtern saßen in den Anfangsjahren die Leute, die vorher die Verfolgung organisiert hatten und die nun, nachdem der Spuk vorbei war, mit der gleichen Infamie die Anträge abzulehnen bereit waren.

Heute jedoch bin ich dankbar für das Leben, das ich habe führen können, trotz dieser acht oder zehn schlimmen Jahre, in denen ich beispielsweise als Fünfjährige schwer krank war, mein Vater in der Zeit bis zum Kriegsende beinahe verhungert ist. Ich kann mich noch genau erinnern, wie es im KZ war. Diese Kindheitserfahrungen haben dazu geführt, dass alles, was mir an Gutem widerfahren ist und widerfährt, für mich einen ganz besonderen Wert hat. Es mag naiv klingen, aber die Not in meiner Kindheit hat mein späteres freies Leben reicher gemacht. Das Leben an sich ist etwas Tolles. Schon die alltägliche heiße Dusche ist ein Geschenk, wie der stets volle Kühlschrank.

Ich ging nach der Befreiung und nach meiner Rückkehr auf die nichtjüdische Waldoberschule im Eichkamp. Wir lebten bis etwa 1956 am Lietzensee. Und zwar in einem Miethaus, wo auch Fritz Kortner gewohnt hatte. Später hat mein Vater ein Haus in Dahlem gekauft, in dem ich noch heute wohne.

Das Leben im Berlin der Nachkriegsjahre war toll, lebendig, besonders das Theater – Barlog im Schiller- und Schlossparktheater. Meine Mutter hat bei ihm gespielt. Es war eine richtige Aufbruchstimmung damals, der Schwung und die Aufregung des Neubeginns: meine Mutter, Camilla Spira, im Westen, meine Tante, Steffie Spira, aus Überzeugung im Osten, denn sie war Kommunistin und hatte zusammen mit Gleichgesinnten, wie Anna Seghers, die Nazizeit im Exil in Mexiko verbracht.

Ich habe meine Tante oft im Ostteil Berlins, genannt »Hauptstadt der DDR«, besucht. Der Mauerbau im August 1961 unterbrach nicht ihren Kontakt zum Westteil Berlins, denn sie war privilegiert als Reisekader und wäre ohnehin als bald Sechzigjährige vom generellen Reiseverbot für DDR-Bürger nicht mehr lange betroffen gewesen. Sie also kam weiter ungehindert zu uns, wie vor dem Mauerbau. Brüsk verließ mein Vater dann immer das Haus, weil er in seinem Haus keiner Kommunistin begegnen wollte. Dennoch verbot er meiner Mutter die Besuche der Schwester nicht. Die in allem so unterschiedlichen Schwestern hatten immer persönlichen Kontakt miteinander. Nie wären Außenstehende auf die Idee gekommen, dass diese auch im äußeren Habitus so ganz konträren Personen Schwestern sein könnten. Ich konnte mit Tante Steffie wunderbar sprechen, eigentlich in manchen Dingen sogar besser als mit meiner Mutter. Sie war eine Frau mit »Affären«, darüber konnte man sich herrlich mit ihr unterhalten. Sie war unkompliziert – anders als meine Mutter. Sie war unglaublich bescheiden und anspruchslos in ihrem Leben, nicht in ihrer künstlerischen Ambition.

1947 lag Berlin in Schutt und Asche – für uns ein Schock, denn Amsterdam war heil geblieben. Ich werde nie vergessen, wie wir 1947 in Tempelhof landeten. Wir wurden von einem amerikanischen Freund abgeholt, der als deutscher Jude nach Amerika emigriert und als hoher Offizier hierher zurückgekommen war. Meine Mutter sah die zerbombte Stadt und ist in Tränen ausgebrochen. Sie konnte es nicht fassen. Zwar haben wir in Holland immer gesagt, wenn die Engländer rüberflogen: Es können nicht genug Bomben sein, mehr, mehr! Aber wenn man dann hier ankommt ... Wir waren erschüttert. Wir sahen Trümmerfrauen, die Steine abklopften. Das schien so sinnlos, eine so zerstörte Stadt kann man nie, nie wieder aufbauen.

Für mich als Kind war es wirklich ein Kulturschock, dass zum Beispiel Fenster ohne Glasscheiben einfach zugeklebt worden waren. Wir haben anfangs am Ku'damm in einer Pension gewohnt. Mit einer Packung Zigaretten wurde die Wochenrechnung bezahlt! Wir hatten nicht das Gefühl, dass dieser Reichshauptstadt recht geschehen sei, sondern wir trauerten um die kaputte Heimat, um etwas Zerstörtes, das unwiederbringlich vorbei war.

Als wir in Holland lebten, erzählte mir mein Vater von dieser hell erleuchteten Stadt: »Wenn du abends über den Kurfürstendamm gehst, kannst du sogar die Zeitung lesen.« Und er erzählte, wie Deutschland aussieht: mit Bergen. Holland ist ja platt. Und als Kind habe ich mir dann immer vorgestellt, Berlin müsse so aussehen wie Innsbruck, von wo ich einmal eine Ansichtskarte gesehen hatte. Also war ich ziemlich enttäuscht – Berlin ohne Berge.

Mein Vater wäre niemals nach Deutschland zurückgekehrt,

wenn er die Vorstellung gehabt hätte, er müsse hier geschützt werden. Er fühlte sich hier so sicher und so zu Hause. Ich habe mit 17 oder 18 den Film *Bei Nacht und Nebel* in einer Matinee gesehen. Dieser Zusammenschnitt von Dokumenten der Nazis lief jahrelang in der Filmbühne Wien. Zum ersten Mal erlebte ich das Ausmaß des Grauens. Ich saß wie versteinert in diesem Kino und war nicht einmal fähig rauszugehen. Zu Hause hat das mein Vater bemerkt. Er sagte: »Juden sind immer verfolgt worden. Und es gab schreckliche Zeiten für Juden. Aber die sind jetzt vorbei, jetzt kommen die guten Zeiten.« Und weil mein Vater *die* Institution für mich war, haben seine Worte mich getröstet. Er hat mich damals wirklich davor bewahrt, all das durchzumachen, was ich viel später, zum Teil erst heute, durchmache.

Heute denke ich oft: Wie konnten meine Eltern nach Deutschland zurückkommen? Aber mein Vater dachte eben nicht so. Er war anders, viel positiver. Er wollte sich von der Vorstellung, in ein Land zurückzukommen, wo man von Mördern oder wenigstens von Mitläufern, von Mittätern, von Verursachern umgeben sein würde, nicht beherrschen lassen.

Mein damals 19 Jahre alter Bruder Peter Paul weigerte sich 1947, mit nach Deutschland zurückzugehen. Dass mein Vater zurückgegangen ist, hat sich für unsere Familie – Vater, Mutter und Tochter – als richtig erwiesen. Mein Bruder – völlig auf sich allein gestellt – ist in Amerika gleich in die Armee eingetreten und deshalb sofort amerikanischer Staatsbürger geworden, war Soldat in Korea und Vietnam. Seine verwundete Seele haben diese freiwilligen Kriegseinsätze endgültig ruiniert. Er ist entwurzelt.

Mein Bekenntnis: Im Laufe meiner Lebensjahre habe ich gemerkt, dass ich – anders als mein Vater und mein Bruder – gerade durch meine schicksalhafte Kindheit zur Jüdischen

Gemeinde gehöre, auch als Nichtreligiöse. So bin ich in den 80er Jahren der Jüdischen Gemeinde beigetreten und war bemüht, ein engagiertes Mitglied zu sein. Es ist beides: ein Akt der Solidarität und ein Schritt in die Identität der eigenen Existenz.

Wenn ich zurückblicke auf die letzten vier, fünf Jahre und mir die Frage stelle: »War es richtig, sich in Deutschland wieder als Jude, als Jüdin, als Jüdische Gemeinde zu etablieren?«, dann folge ich meinem Vater, der mir das vorgelebt hat. Er hatte die Vorstellung, man dürfe nicht nachträglich dem Hitler den Erfolg verschaffen, Deutschland judenrein zu machen. Mein Vater war stolz darauf, wieder hier zu sein. Der Jude Hermann Eisner ist wieder in Berlin und hat seinen Platz in der Gesellschaft nicht erobert, sondern selbstverständlich wieder eingenommen. Ich meine, dass sich die deutsche Gesellschaft selbst geschadet hat durch den Verlust ihres jüdischen Anteils.

Wir Juden gehören dazu. Ich bin Deutsche! Was denn sonst? Ich will dabei helfen, dass dies als eine Selbstverständlichkeit akzeptiert wird. Juden gehören zu Deutschland. Sie waren stets Teil der deutschen Gesellschaft, der deutschen Wissenschaft, der deutschen Kultur – und haben das Ansehen der deutschen Nation vermehrt. Vaters Entscheidung war richtig.

Hätten sich meine Eltern für ein anderes Land entschieden, wären sie vielleicht befreit worden von der Last, in einem Land zu leben, von dem der europäische Holocaust ausgegangen ist. Aber sie wären heimatlos gewesen und hätten in der Gewissheit gelebt, dass Hitler über seinen Tod hinaus erfolgreich agiert hat. Ich bin Deutsche, 1937 in Berlin von deutschen Eltern geboren, und beanspruche das selbstverständliche Recht, als Jüdin ein voll anerkanntes Mitglied der deutschen Gesellschaft zu sein. Diese Selbstverständlichkeit verteidige ich nach allen Richtungen – gegenüber Deutschen, gegenüber Israelis und gegenüber Juden anderer Nationen.

Ich werde nie vergessen, wie ich mit meiner Mutter im Titania-Palast den Auftritt Yehudi Menuhins erlebte. Das muss 1947 gewesen sein. Wir trafen ihn sogar hinter der Bühne, weil er meine Mutter aus der Vorkriegszeit kannte. Das war eine eindrucksvolle Bestätigung, dass wir, die Zurückgekehrten, daran mitwirken, dass das Leben hier wieder normal wird, dass wir zur Demokratisierung und Toleranz, zum moralischen Wiederaufbau beitragen. Ich habe später erfahren, dass vor der Tür andere jüdische Menschen aus dem DP-Lager gegen Menuhins Präsenz protestierten.

Wenn man genau hinschaut, gibt es diesen Unterschied in der Jüdischen Gemeinde heute immer noch. Aber wenn ich mir vorstelle, was viele durchgemacht haben, die aus Todeslagern kamen, dann ist es verständlich. Denn das, was wir erlebt haben, ist ja vergleichsweise harmlos im Vergleich zu den Schrecken, die diese Menschen überlebt haben und teilweise noch nach der Befreiung in Lagern erdulden mussten.

Wie sehe ich die Zukunft der Jüdischen Gemeinde? Es ist eine ständige Verschärfung der Isolation festzustellen. Wir werden immer mehr bedroht, und die Zäune werden immer fester und höher. In der Fasanenstraße wurde das Gemeindehaus in den letzten Jahren fast schon zu einem Hochsicherheitstrakt. Es gibt zwei Bedrohungsszenarien. Das eine ist vagabundierender, weltweiter Terrorismus. Und das andere sind stumme Skinhead-Banden. Ist das eigentlicher Antisemitismus?

Und wo führt das hin? Ich weiß es nicht. Bei der Frage nach dem Antisemitismus in Deutschland muss man unterscheiden. Es gibt diesen spezifischen Antisemitismus unter Intellektuellen, den ich für gefährlicher halte als diese Skinheads, die Parolen brüllen, die durch nichts untermauert sind. Das ist reines Gewaltpotential, das sich gegen etwas richtet, das sie jeweils benutzen können. Das richtet sich genauso gegen »Kanaken«, gegen Farbige, gegen alles Fremde, richtet sich allgemein gegen Minderheiten. Dieses Phänomen gibt es überall in Europa. Das ist allerdings keine Entschuldigung, nur der Versuch einer Abgrenzung zum tradierten Antisemitismus gebildeterer Kreise.

Ignatz Bubis hat gegen Ende seines Lebens frustriert und enttäuscht bemerkt, seine Bemühung, aufklärend wirken zu wollen, habe eigentlich wenig Wirkung gezeigt. Ich habe darüber viel nachgedacht. Sein schweres Schicksal hat er offenbar verdrängen können – durch ein erfolgreiches geschäftliches Leben und sein gesellschaftspolitisches Engagement. Er hatte damit eine Form gefunden, seine Biografie irgendwie einzuordnen. Doch im Amt des Zentralratsvorsitzenden wurde er ständig, von morgens bis abends, mit dem jüdischen Schicksal konfrontiert. Er musste sich auseinander setzen, er wurde gefragt, er musste protestieren, fordern, er musste sozusagen den Deutschen die Beichte abnehmen, er musste sie beruhigen, er musste die richtigen Worte finden – immer und immer wieder. Dazu kamen die Anwürfe, die bösartigen Briefe mit anonymen Morddrohungen, die jeder Funktionär in der Jüdischen Gemeinde zu gewärtigen hat. So wird man dünnhäutig. Das hält man auf Dauer nicht aus. Da kann schon das Gefühl aufkommen, dass alles überhaupt keinen Sinn hat. Ich bin davon überzeugt: Hätte Bubis dieses Amt nicht angetreten und wäre er diesen ständigen Anwürfen nicht ausgesetzt gewesen, wäre er einen viel friedlicheren Tod gestorben.

Meiner Meinung nach wird viel zu wenig herausgestellt, dass das Verhalten gegenüber Minderheiten der Lakmus-Test für die Demokratiefähigkeit dieses Landes ist. In erster Linie geht es eigentlich gar nicht darum, dass wir deutschen Juden hier unter Antisemitismus leiden, sondern darum, dass die nichtjüdischen Deutschen eigentlich genau so sensibilisiert sein müssten wie wir, nämlich aus der gemeinsamen Erfahrung heraus, dass letztlich die Demokratie insgesamt gefährdet ist. Dass schon einmal auf diese Weise Deutschland in einen Totalitarismus geführt worden ist im vergangenen Jahrhundert und dies Teil übelster deutscher Geschichte ist. Die Existenz der jüdischen Gemeinden in Deutschland ist ein wesentlicher Teil dieses Demokratietests. Der demokratische Staat muss sich daran messen lassen, wie er mit seiner jüdischen Gemeinde und anderen Minderheiten umgeht.

Meine Einstellung zum geplanten Holocaust-Denkmal? Den ermordeten europäischen Juden ein Denkmal zu setzen ist ausschließlich Angelegenheit der nichtjüdischen Bevölkerung. Aus der Diskussion um die Gestaltung hätte sich die Jüdische Gemeinde vollkommen raushalten müssen.

Heute als Jude mit dem Schicksal des Holocaust-Überlebenden zu leben ist eine ganz schwierige Gratwanderung, die jeder Jude mit sich selbst abmachen muss. Ich selbst möchte und kann inzwischen das Wissen vom Geschehenen nicht zu dicht an mich rankommen lassen. Mir Filme zum Holocaust anzusehen, ertrage ich immer weniger, und immer öfter entziehe ich mich bewusst.

Eigentlich kann man verstehen, wenn ein Holocaust-Überlebender mit deutschen Menschen nicht mehr unbekümmert umgehen kann. Aber er muss ja irgendwie sein Leben wieder in den Griff kriegen. Er muss irgendeinen Schutz entwickeln, um damit fertig zu werden. Durch Zufall sah ich eine Dokumentation über den 17. Juni 1942, als Himmler in Auschwitz war, um das erste Mal dieses Zyklon B mit den Leuten von IG

Farben auszuprobieren. Bei diesem »Test« wurden 1200 holländische Juden auf einmal vergast. Im Film wird ein überlebender jüdischer Mann befragt, den sie da eingesetzt haben – stellen Sie sich das mal vor! –, die Juden zuerst zu beruhigen, dann in die Gaskammern zu führen, ihnen beim Ausziehen zu helfen und ihnen nachher die Zähne rauszuschlagen. Ich frage mich: Wie kann so ein Mensch weiterleben? Er sagte: »Und im Übrigen, wissen Sie, das dauert acht Minuten.« Acht Minuten dauert es, bis die Menschen tot waren! Ich muss Ihnen sagen, das werde ich nicht mehr los.

Wenn man sich in solches Wissen vertieft, kann man zu einem Punkt kommen, wo man sagt: Ich kann das nicht ertragen. Und dann wird so was zur Obsession – auch für Menschen, die sich damit beschäftigen als Nachkommen der Täter, die wissen wollen, was geschah. Es ist schier unerträglich. Die Vorstellung ist unerträglich. Ich war in Yad Vashem, und plötzlich wurde mir bewusst, dass 1,5 Millionen jüdische Kinder ermordet worden sind. Da wird man doch verrückt! Aber es wäre auch nicht anders, wenn wir nicht nach Deutschland zurückgekehrt wären. Man wird von diesem Wissen genauso verrückt, wenn man in Amerika lebt.

Konsequenz war für mich der feste Wille, politisch so zu wirken, dass hier in diesem Land eine Demokratie aufgebaut und gestärkt wird. Ich entschied mich, in eine Partei, die FDP, einzutreten, der ich zutraue, dass sie demokratisch und liberal bleibt, auch wenn sich die Verhältnisse ändern. Es war mir wichtig, Leute wie die Außenminister a. D. Hans-Dietrich Genscher oder Klaus Kinkel zu kennen, von denen ich weiß, dass man sich auf sie verlassen kann, wenn es drauf ankommt. Jüdische Politiker hat es im Nachkriegsdeutschland nur ganz wenige gegeben, und sie hatten mit versteckter Ablehnung zu tun.

Und dann diese Enttäuschung: Dass ein liberaler Landesverband der FDP einem lumpigen Antisemiten wie Möllemann wie einem Rattenfänger gefolgt ist und bis heute (!) nicht die politische Kraft hat, sich von ihm unwiderruflich zu distanzieren! Dass darüber hinaus, genau wie im Bundesvorstand auch, sich nunmehr alles auf die kriminellen Finanzmanipulationen des Jürgen W. Möllemann konzentriert und die politische Verantwortung für das unsägliche antisemitische Flugblatt, das – von wem auch immer »gesponsert« – der eigentliche Skandal ist, völlig übergangen wird. Dabei hat dieses Flugblatt zusammen mit den ständig wiederholten antiisraelischen und antisemitischen Attacken Möllemanns die Seele und somit das Ansehen der FDP nachhaltiger beschädigt als der daranhängende Finanzierungskrimi.

Und die Enttäuschung über die dürftige Führungsqualität des Bundesvorsitzenden Westerwelle, der in der ersten wirklichen Krise seiner Amtszeit so versagt hat. Dazu die mir unverständliche Zurückhaltung der übrigen Parteigrößen, die erst, als die kriminellen Transaktionen zur Finanzierung des unsäglichen antisemitischen Flugblattes ans Licht kamen, sich zum längst fälligen »Raus!« gegen Möllemann entschließen konnten.

So bin ich am 5. Juni 2002 auf der Demo, veranstaltet von der WIZO und der Jüdischen Gemeinde vor der FDP-Zentrale in Berlin, unter Protest aus der Partei ausgetreten. Als ein jüdisches Feigenblatt wollte ich der FDP nicht dienen.

Und so zeigt sich der alltägliche Antisemitismus leider immer weiter: »Man hat ja eigentlich nichts gegen Juden, wäre da nicht diese geheime ›Weltlobby‹, die Schläue und die übervorteilende Geschäftstüchtigkeit.« Ob diese antisemitischen Stereotypen je auszurotten sind? Hoffen darf man ja, aber erleben werde ich es nicht mehr!

HORST TICHAUER

Wer sind wir?

Meine Geschichte kann sich niemand vorstellen. Mir selbst klingt es manchmal, als ob das Fantasie ist. Ja, aber ich habe es wirklich erlebt!

Ich bin in Berlin zur Schule gegangen. Ich habe in der Synagoge Lindenstraße Barmizwa gefeiert, und zwar bei Rabbiner Blumenthal, habe dann eine Lehre gemacht. Ich war kaufmännischer Angestellter. Ich hatte es in der Schule nicht leicht. Aber es war meine eigene Schuld. Ich habe immer eine große Klappe gehabt. Das gebe ich ehrlich zu. Schon 1933, als die Nazis an die Macht kamen, machte ich mich unbeliebt. Es gab in der Klasse einen dicken, bulligen Kerl. Er meinte, er sei stärker als ich, und ich habe ihn verdroschen. Mein Pech war nur, dass er eine Nazi-Jungvolk-Uniform mit schwarzem Halstuch trug. Ich gab ihm einen Schubs, und er blieb mit dem Halstuch an einem Kleiderhaken im Gang hängen. Aber das war nicht das Schlimmste. Lehrer Abel wollte seine Schüler im Sinne Hitlers zu Kämpfern erziehen und ihnen den Ritterschlag verpassen; Juden sollten auf dem Scheiterhaufen verbrannt werden.

Einmal nach der großen Pause lag auf meinem Pult ein Zettel in Form einer Fahrkarte: »Freifahrt nach Jerusalem, hin und nicht wieder zurück«. Und auf die große Wandtafel vorne zeichnete ein Mitschüler einen Wegweiser, auf dem stand: »Nach Palästina«, dazu malte er eine Figur mit Hakennase (à la *Stürmer*) und einem Koffer in der Hand. In mir kochte es. Ich saß wütend zwischen 45 oder 49 Schülern in der Klasse des Realgymnasiums für Jungen. Mein letzter Schultag verlief dramatisch: Die schwarz-weiß-rote Hakenkreuzfahne wurde mit Hitlergruß gehisst, ich aber begrüßte sie mit erhobener Faust. Ich musste die Schule verlassen und sollte auf eine jüdische Schule gehen. Da habe ich gesagt: »Nee, sonntags zur Schule, nee …«

Ich will noch erzählen, dass ich nach dem 30. Januar 1933 durch die Straßen unseres Wohnviertels gegangen bin und alle aufgeschrieben habe, die Nazifahnen draußen hatten. Es waren ja noch wenige. Viel zu spät wurde die so genannte »Eiserne Front« gegründet, bestehend aus SPD, KPD und Zentrum. Ich hatte an meinem Fahrrad einen schwarz-rot-goldenen Wimpel mit den drei Pfeilen. Ich fuhr herum und klebte kleine Zettel mit einer Hitler-Karikatur, und da stand drauf: »Hitler soll sich ja beeilen vor den eisernen drei Pfeilen.« Warum war ich Sympathisant der SPD? Ich weiß es nicht, vielleicht durch meine Mutter, die Frauen des *Vorwärts* mit Kleidern belieferte. 1932 war auf das Gebäude des *Vorwärts* in der Lindenstraße ein Überfall durch die Nazis verübt worden. Deshalb standen im Korridor sechs Mann vorne, hinten ungefähr so zwanzig Burschen, ausgesuchte Reichsbannerjungs mit Gummiknüppel. Ich bin da immer reingekommen, Freiheit, Freiheit. Sie kannten mich schon, ich brachte den Frauen die Kleider.

Wie ich von Berlin fortgekommen und nach sehr langer, schrecklicher Zeit wieder zurückgekehrt bin, das erzähle ich jetzt:

Ich hatte einen sieben Jahre älteren Bruder. Der war wie ich in der Konfektion tätig. Mein Bruder Egon war über 13 Jahre bei der jüdischen Firma »Picket und Noher« in der Kronenstraße – er hat sich dort sehr engagiert. Wenn es in einer Doppelfirma zwei jüdische Chefs gab, dann bekam nach den Nazigesetzen nur einer die Erlaubnis zur Ausreise. Einer blieb in Berlin, man könnte sagen, als Geisel. Herr Picket – die Firma hatte in London ein Zweiggeschäft – ist nach London geflogen, und Herr Noher ist mit seiner Familie illegal über Teplitz/Schönau in die Tschechei geflohen. Mein Bruder hat ihm zur Flucht verholfen. Das war 1937/38.

Mein Bruder wurde eines Tages von der Zollfahndung verhaftet, als er Nohers Sachen wegschaffte nach Breslau. Mein Bruder hat immer gesagt: »Was wollen Sie von mir? Ich weiß von nichts.« Also, er stellte sich dumm. Andere Beamte kamen hinzu. Ich wurde Nohers Bruder gegenübergestellt. Dr. Noher war Zahnarzt in der Brückenstraße. Er sagte: »Herr Tichauer, was wollen Sie sich für meinen Bruder opfern, sagen Sie, was los ist.« Und da hat mein Bruder gesagt: »Die Sachen sind in Breslau bei der Familie Friedmann, Hohenzollernstraße 78.« Die waren englische Staatsbürger. Und da hat der von der Zollfahndungsstelle gesagt: »So, jetzt können Sie nach Hause gehen.«

Aber der Zweite hat gesagt: »Seien Sie vorsichtig, denn von uns geht die Sache jetzt zur Gestapo.« Und da beschlossen wir zu verschwinden. Mit dem Auto sind wir rübergefahren ins Sudetengebiet, in die Tschechei. Wir haben den Wagen abgestellt und sind zu Fuß weiter gegangen. Wir hatten eine Landkarte dabei, wir wussten, da ist ein Bach, und der Bach führt direkt in die Tschechei. Und wie wir so da entlanggehen, steht ein deutscher Zöllner vor uns. »Meine Herren, wo wollen Sie hin?« »Ach, wir wollen hier nur ein bisschen spazieren gehen.« »Meine Herren, schauen Sie mal, wenn Sie da lang gehen, das Haus ist schon Tschechei. Sie müssen hier in der Gegend bleiben.«

Also, hier ging nichts mehr. Wir in den Wagen, über Stock und Stein nach Fürstenwalde, ein kleiner Grenzort gegenüber Teplice-Schönau, dahinter wieder die Grenze. Vor der Zollschranke ging mein Bruder zu dem alten Zöllner, er wolle nur mal eben Verwandtschaft besuchen, und bekam ein so genanntes 24-Stunden-Visum. Mein Bruder ging über die Grenze, ich blieb zurück und weinte. Von Prag aus meldete er sich.

Wir waren für die Ausreise nach Australien registriert, aber es kam nicht mehr dazu. Meine Mutter hatte verhindert, dass ich in das damalige Palästina ging, obwohl ich in einem zionistischen Jugendbund (Makkabi-Hazair) war, der auf die Emigration vorbereitete. Es kam diese berüchtigte Reichskristallnacht. Es wurde klar, das wird hier nicht besser. Da habe ich meine Mutter im Zimmer eingeschlossen, habe meinen Bruder Egon in Prag angerufen und gesagt: »Wenn du die Mutter noch lebend wieder sehen willst, muss etwas geschehen.« Hat er gesagt: »Warte ab, ich erkundige mich.« Und dann hat er ein paar Tage später zurückgerufen und gesagt: »Pass auf, mach hier alles dicht und kommt beide zu mir nach Prag, ihr fliegt von Tempelhof nach Ruzyne.« Gesagt, getan. Hier war alles erledigt.

Wir, meine Mutter und ich, haben uns am 23. Januar 1939 ins Flugzeug gesetzt. Sie ist eine gebürtige Oberschlesierin aus Katowice. Daher kann sie ein bisschen Polnisch. Wir kamen in Prag an. Alle Fluggäste wurden abgefertigt, nur wir nicht. Wir waren auf dem Flughafen, konnten meinen Bruder von ferne sehen, aber wurden nicht reingelassen. So ging das eine ganze Weile. Und dann kam ein wirklich netter tschechischer Beamter und schickte uns unter Polizeibewachung zur Polizeidirektion. Im Taxi, in Begleitung eines Polizisten, kamen wir zum Polizeidirektor, der fragte: »Wie kommen Sie nach Prag?« »Hören Sie zu«, habe ich gesagt, »wir sind deutsche Staatsbürger, wir können jederzeit in die Tschechei ein- und ausreisen.« »Ja, aber nicht mit dem roten J im Pass.«

Wir saßen fest und mussten unterschreiben, dass wir innerhalb von vier Wochen die Tschechei wieder verlassen. Dann haben wir gefragt: »Was machen wir jetzt?« »Meinetwegen gehen Sie ins Hotel, wohin Sie wollen.« Und damit waren wir entlassen und standen auf der Straße. Mein Bruder wollte gerade kommen und uns die Nachricht eines Rechtsanwalts bringen, dass wir uns gedulden müssten und für eine Nacht auf der Polizeidirektion bleiben sollten. Da standen wir aber schon beide vor der Tür. Wir gingen zusammen ins Hotel Sokol-Dom in Burchowice. Da blieben wir. Und dann kam der 15. März 1939. Ich war damals 19 Jahre alt.

Als Prag von der deutschen Wehrmacht besetzt wurde, beschlossen wir, illegal über die Beskiden nach Katowice zu gehen. Als Ausflügler reisten wir zu dritt, Mutter und ihre zwei Söhne, in die Beskiden. Mein Vater war ja schon 1926 verschieden. Dort trafen wir ein junges jüdisches Ehepaar, das genau wie wir rüber nach Polen wollte. Aber es klappte nicht. An einer tschechischen Baude, wo wir ungefähr drei Tage wohnten, sprach meine Mutter mit dem Wirt und erzählte ihm: »Wir sind Juden, wir wollen rüber nach Polen.« Und da sagte er wörtlich: »Mein Gott, warum haben Sie mir das nicht gleich bei Ihrer Ankunft gesagt, ich hätte Sie sofort rübergebracht. Jetzt ist Schluss. Jetzt sind überall die tschechischen Zollbeamten abgelöst von den Deutschen.« Meine Mutter erinnerte sich an eine Cousine in Mährisch-Ostrau. Wir sind dorthin gefahren.

Wir lernten dort eine Frisöse namens Lydia kennen. Sie war

mit dem Chef der örtlichen Gestapo liiert und verdiente sich nebenbei Geld, indem sie Juden über die grüne Grenze brachte. Damit begann unsere Tragödie.

Zuerst war die Frage: Wer soll als Erster gehen? Ich machte den Anfang, musste mich trennen. Eine kleine Frau, kleiner als ich, sie konnte fast gar nicht Deutsch, sollte mich über die grüne Grenze bringen. Wir sind mit der Straßenbahn zur Grenze gefahren. Der Ort hieß, glaube ich, Peterswalde, direkt hinter Mährisch-Ostrau. Wie wir so gingen, sagte sie, ich solle sie so umfassen, wie das ein Liebespaar macht, denn wir begegneten zwei Männern in Breecheshosen, Leute der SA. Wir sind weitergegangen, da sagte die Frau zu mir: »Halb zehn *graniza*« – also Grenze – »drei viertel zehn Auto Katowice.« Wir kamen in ein kleines Wäldchen. Auf einer Lichtung war eine Seite rot, die andere Seite weiß markiert, die Grenzzeile. So kam ich nach Polen. Eine Weile gelaufen, hörte ich Motorengeräusch, kamen wir an ein Haus, gleich rein ins Auto: Es war Nacht, gegen zehn. Sie hat mich bei meinen Verwandten in Katowice abgeliefert. Das war eine ziemlich teure Angelegenheit. Es wurde bezahlt, und ich war da.

Mein Bruder war nun der Zweite, der auf polnisches Gebiet gelangte. Er ist mit dem Omnibus gefahren und kam an. Aber unsere Mutter kam und kam nicht. Nun war es seinerzeit in Katowice schon riskant zu telefonieren. Es wurde abgehört. Ich habe mit dieser Lydia telefoniert und nachgefragt. Sie antwortete, die Mutter kommt morgen. Vielleicht wurde das Telefonat abgehört und die Lydia verhaftet. Jedenfalls blieb meine Mutter aus, bis sie eines Tages ankam, mit eingedrückter Nase, in Begleitung eines Herren.

Sie war in Mährisch-Ostrau mit einem Mann zusammengebracht worden, der sich als Teppichhändler Max Biermann vorgestellt hat. Sie sollten gemeinsam nach Polen rübergebracht werden. Sie haben in einem Haus übernachtet, meine Mutter dachte, sie wären schon in Polen, aber sie waren immer noch in der Tschechei. Offensichtlich sollte mit den beiden ein neuer Fluchtweg ausprobiert werden. Am nächsten Tag waren sie endlich auf polnischem Gebiet. Der Begleiter war ein kleiner gut aussehender Mann, typisch französisch – er war Franzose.

Als sie auf polnischem Gebiet ankamen, geht er ein paar Schritte voraus, dreht sich um, macht sein Jackett auf. Zu sehen sind eine Krone und ein Wappen. »Gnädige Frau, jetzt kann ich mein Inkognito lüften, mein Name ist nicht Max Diamant, ich bin Marquis Champvont du Farmont, Offizier im französischen Generalstab.« Er hatte die Spionage in der Tschechei geleitet. Er erzählte in wunderbarem Deutsch, dass er verhaftet und ihm viel Geld, 200 Pfund, pro Spion auf neutraler Bank angeboten wurde, wenn er die Spione ausliefert. Er hat sich scheinbar einverstanden erklärt, die Leute aber irregeführt. Er hatte immer zwei Bewacher. Eine Weile ist er mit ihnen umhergefahren, konnte mit seinen eigenen Leuten Verbindung aufnehmen und sie warnen. Er floh über eine Café-Toilette, dort erwartete ihn ein Auto, das ihn von Prag direkt nach Mährisch-Ostrau brachte. So kam meine Mutter mit ihm zusammen – und beide erreichten Katowice. »Gnädige Frau, Sie brauchen keine Befürchtung zu haben, wenn jetzt irgendetwas passiert, Sie sind meine Gouvernante.«

Mein Bruder konnte Französisch von der Schule und begleitete ihn zum Konsulat. Und so, wie er es erzählt hat, war der Konsul erst sehr misstrauisch. Und dann hat er gesagt: Wenn seine Frau ihn an seiner Stimme erkennt … und wenn der Generalstab, der Chef des Generalstabs Samelin, seine Identität bescheinigt, dann bekommt er Papiere und wird ausgeflogen. Meine Mutter hat den Marquis gefragt: »Können Sie uns nicht helfen, dass wir hier rauskommen?« Der Kerl antwortete wörtlich: »Ihre beiden Söhne könnten sofort in die französische Fremdenlegion kommen, anders geht es nicht.« Und meine hübsche Cousine Ursula wollte er gleich als Mätresse mitnehmen. Jedenfalls ist er abgehauen. Er versetzte beim Juwelier einen Ring und bekam dafür enorm viel Geld. Er ist dann nach Paris geflogen und hat uns noch ein Bild geschickt. Da steht er da in so einem Diplomatenanzug. Er sei im Begriff, sich in die Kolonien einzuschiffen. Ich habe so gelacht, als ich das gelesen habe.

Die Odyssee ging weiter. Bald hieß es, alle männlichen Juden im Alter von 16 bis 65 Jahren hätten sich zum Arbeitseinsatz nach Lublin zu melden. So fing der Leidensweg an. Wir durften etwas Gepäck mitnehmen. Verladen wurden wir in Abteile vierter Klasse. Egon erhielt die erste Ohrfeige. Er stand an der geöffneten Tür, da sagte ihm ein SS-Mann, er solle die Tür zumachen, was er auch tat. Dann riss der Kerl die Tür wieder auf und knallte ihm eine. Der Zug fuhr ab. Ich machte mich so klein wie nur irgend möglich. Von der schrecklichen Bahnfahrt will ich weiter nichts berichten!

Was begann nach der Entladung? Wir hatten ja Gepäck. Einer unserer Wortführer wollte darauf bestehen, dass eine Gruppe Menschen ging, dann das Gepäck kam und dann wieder eine Gruppe. Das wurde abgelehnt. Also im Laufschritt marsch, marsch – und bald kam eine Schneise, und die Polen verschwanden mit unserem Gepäck. Die Tritte und Hiebe während dieses Marsches möchte ich nicht extra erwähnen.

Wir gelangten zu einem umzäunten Gelände mit Baracken, das sollte später das berüchtigte Majdanek werden. Aussortiert wurden Ingenieure und Handwerker, und uns wurde bedeutet: Geht zu euren Freunden – gemeint waren die Russen –, wer morgen noch hier angetroffen wird, wird erschossen! Es war schon dunkel und dazu auch kalt. Der uns führte, hieß Salzmann, und er machte seine Sache sehr gut. Der Grenzfluss San war an den Rändern schon etwas zugefroren. Wir wateten und schwammen zum anderen Ufer, wo uns russische Posten mit dem Zuruf »Jude!« oder »Iwree!« und Taschenlampen erwarteten und uns den Weg zu einer Schule wiesen. Dort sah man viele nackte und halbnackte Gestalten – alles unsere Leute –, die an Öfen ihre durchnässten Sachen trockneten. Egon hatte gleich mit einigen Juden guten Kontakt. Ich hielt mich zurück.

Am nächsten Morgen ging es zu Fuß weiter. Ich kann mich heute nicht mehr an die diversen Orte erinnern, die wir passierten. An eine Stadt erinnere ich mich: Sie hieß Rowno. Eines Nachts schliefen wir in einer Scheune. Ich stand früh auf, denn ich war immer neugierig, wo wir sind und wie es weitergeht. Als ich zurückkam, war die Gruppe weg, auch Egon, und ich war alleine!

Hunger tut weh, aber irgendwie ergatterte ich immer etwas zu essen. Einmal ging es mir so schlecht, dass ich aus dem Rinnstein einen angefaulten Apfel auflas und ihn aß.

Was ich festgestellt habe: Je ärmer die Juden waren, desto gastfreundlicher waren sie. Einmal war ich bei einer jüdischen Familie zum Sabbat eingeladen: Ich schwöre, beten konnte ich nicht, aber ich brabbelte genauso wie der Jied. Er merkte es nicht.

Ich schloss mich einer anderen Gruppe an. Wir mussten den Bug passieren. Daran erinnere ich mich ganz genau. Die Menschen hingen wie Trauben an den Waggons eines Güterzugs. Für mich war nirgends Platz. So setzte ich mich zwischen zwei Waggons auf den Puffer und hielt mich an der Stange fest. Ich weiß nicht, durch wie viele Orte ich noch kam. So gelangte ich nach Lemberg – Llow. Dort erfuhr ich, dass der

Treffpunkt fast aller Emigranten das Café Warschau war. Ich ging ins Café und kam mit einem Herrn ins Gespräch und erzählte ihm, dass ich – weil ich eine Lehre in der Berliner Konfektion gemacht hatte – einiges von Stoffen verstünde. Er gab mir Geld, um Stoff zu kaufen. Ich gewann den Eindruck, dass mein Auftraggeber mit meiner Besorgung sehr zufrieden war.

Wo schlief ich? Eine Schule war für Flüchtlinge geräumt und mein Schlafplatz war ein Küchentisch. Das war nicht sehr bequem. Aber ich hatte ein Dach über dem Kopf und war vor allem nicht mehr allein. Eines Tages, als ich von einem Einkauf zurückkam, sah ich den Rücken meines lieben Bruders Egon. Wir hatten uns wieder gefunden. Er hatte überall nach mir gefragt und war sogar an Orten, die ich kurz vorher verlassen hatte.

Nun war es üblich, dass im Café Warschau plötzlich Kontrollen von der Miliz durchgeführt wurden, die meistens im Sande verliefen. Was aber passierte an diesem Tag? Ein kleiner jüdischer Mann mit roter Armbinde, der von Tisch zu Tisch ging, beschlagnahmte auf meinem Tisch die selbst gefertigten Handarbeiten, Deckchen, Taschentücher etc., die Emigrantenfrauen angefertigt hatten. Es gab oft falsche Milizionäre, die auf diese Weise versuchten, sich zu bereichern. Egon war schwer wie ein Mittelgewichtsboxer, also sehr kräftig. Er packte den so genannten Milizionär, setzte ihn auf einen Stuhl. Ich drehte ihm – wie man zu sagen pflegte – den Gashahn ab, ich drückte ihm die Kehle zu. Dabei öffnete sich sein Mantel, und ich sah ein Seitengewehr baumeln. Ich schaute Egon an, er blinzelte mir zu, und gleichzeitig ließen wir den Kerl los. Vor uns öffnete sich eine Gasse, und wir verschwanden schnellstens. Ich bin dann noch mal ins Café gegangen, um den Zwirn zu holen, der für meine Wirtin bestimmt war. Als ich das Café Warschau durch die Schiebetür betreten wollte, drückte mich ein Bekannter heraus und erzählte mir, dass, kurz nachdem wir verschwunden waren, ein ganzer Trupp Miliz mit Gewehren und aufgepflanzten Bajonetten erschienen war. Der miese Jied lief überall herum, um uns, die beiden »Schwarzen«, zu suchen – gemeint waren unsere dunklen Haare.

Was tun? Am nächsten Morgen sehr früh gingen wir zur Bahn und lösten Fahrkarten nach Bukacowsce. Hier angelangt, fanden wir gleich eine Unterkunft bei zwei älteren Brüdern und einer Schwester, wirklich nette und gebildete Menschen. Gegessen wurde bei Tante Hannchen. Sie war keine leibliche Tante. Sie war die Cousine meiner lieben Mama. Wir lernten viele nette junge Leute kennen. Sogar an einer Wahl haben wir teilgenommen. Wir wurden, obwohl Flüchtlinge, aufgefordert zu wählen. Man drückte uns zwei Zettel in die Hand. Wir haben damit für den Anschluss an die Sowjetunion gestimmt.

Inzwischen hatten wir uns mit einem netten Ukrainer angefreundet, von dem wir einiges erfuhren, zum Beispiel, dass in Lemberg eine Kommission für deutschstämmige Menschen, die ins Reich wollten, tagte. Wir waren doch doof, aber wir wollten unbedingt zur Mutter. Also fuhren wir dorthin, wo die Kommission tagte. Es war eine Villa. Vor der Tür stand ein schwarzer SS-Posten. Gemeint waren eigentlich Russlanddeutsche, aber das hielt uns nicht davon ab, uns registrieren zu lassen. Wir erhielten Bescheinigungen, die unsere Registrierung bestätigen. Das sollte für uns noch einmal die Rettung sein.

Eines Abends, wir saßen mit unserem ukrainischen Bekannten, einem Milizionär, beim Bier, da meinte er, es wäre ratsam, wenn wir die Gegend verlassen, denn es sei geplant, die West-Ukraine von den Flüchtlingen zu säubern. Ja, in Tarnopol wären schon Hunderte von Waggons bereitgestellt. Es war Juli 1940. Am 29. Juli hatte Egon Geburtstag. Eine Freundin meinte, wir sollten das Fest vorziehen und schon am 28. feiern. Gesagt, getan! Es wurde sehr lustig.

Mitten in der Nacht wurde ich von einem Milizionär aufgeweckt, den ich mit den Worten begrüßte: »Es stimmt also doch.« Er herrschte mich an: »Hände hoch!« und fing an, mich abzutasten. Dann führte er mich hinunter. Dort war schon unsere ganze Mischpoke versammelt. Alle abreisebereit. Wir wurden auf Panjewagen verladen. Erst dort wurde uns bewusst, wie viele Flüchtlinge und Emigranten in diesem Nest waren. Es ging zur Bahnstation, da standen Güterzüge bereit, in die wir dann verfrachtet wurden. Jetzt saßen wir also in einem Waggon und wussten nicht, was auf uns zukommt. Es ging bis Tarnopol. Dort wurden wir in Waggons mit russischer Breitspur umgeladen.

Dann rollte der Zug los. Ich weiß nicht mehr genau, wie lange die Fahrt ging. Wir kamen irgendwann in Kiew an, die Türen wurden endlich geöffnet, und wir kamen an Wasser heran! Auch konnten wir uns draußen bewegen! Nun kann ich mich heute nicht mehr an die einzelnen Stationen erinnern, doch unser Ziel wurde der Ural. Unser Aufenthaltsort nannte sich Swerdlowskaler Oblast Quartal 240! Ganz neue Holzbaracken waren mit Pritschen eingerichtet. Später wurden wir zur Arbeit eingeteilt. Ich wurde einer Holzfällerbrigade zugeteilt. Hier arbeiteten mein Bruder und ich bis zum Ausbruch des Krieges am 21./22. Juni 1941.

Wir haben uns registrieren lassen, meldeten uns freiwillig zur Roten Armee, erhielten die Antwort, die Rote Armee habe genug Soldaten, wir sollten durch kräftigen Einsatz helfen, den Faschismus zu schlagen. Eine ganze Weile passierte gar nichts. Eines Tages, mein Bruder arbeitete woanders, kommt

der Kommandant. So wie ich vom Arbeitsplatz kam, ohne vorher noch meine wenigen Sachen aus der Baracke zu holen,
sollte ich mitkommen. Ich wurde misstrauisch. Mein Bruder
kommt hinzu. Und dann sind wir am Bahngelände entlangge-
führt worden. Wir sollten angeblich den Waggon mit Brenn-
klötzen für die Gasgeneratoren ausladen. Das wâr aber nicht
wahr. Wir sind eine ganze Weile gegangen. Auf einmal stehen
da zwei Männer, einer in Uniform, der andere in Zivil, und
eine Draisine. Die mussten wir auf die Schienen heben, uns
draufsetzen und damit in die nächste Kreisstadt Kamisch-
lowsk fahren.

Das war zur Zeit der Mobilmachung. Da haben wir Szenen
erlebt. Eingezogene kamen zum Teil betrunken, wurden verhaftet. Ein zuständiger Leutnant hat uns in ein Zimmer gebracht, dort haben wir auf dem Boden gelegen, wurden dann
einem Sergeant und einem Soldaten übergeben. Sie führten
uns zum Bahnhof, wo wir uns auf die Erde setzen mussten.
Der Soldat war ein Mensch, aber der Sergeant mit dem langen
Säbel nicht. Wenn Leute vorbei kamen, rief er: »Weggehen,
weggehen, das sind Verbrecher!«

Wir wurden dann nach Swerdlowsk gebracht, zum Gefäng-
nis, und am nächsten Tag nach Zerov, alles im Ural, hier an
einen Offizier übergeben und landeten unsanft – Klappe hoch,
Treppe runter – in einer Zelle mit sechs oder sieben Leuten
drin, Einheimische, Russen. Sie wollten wissen, was wir verbrochen haben. Die wussten noch nicht einmal, dass Krieg
war. Der eine hat gesagt, er hat seine Anklageschrift bekommen wegen konterrevolutionärer Tätigkeiten. Wir haben da
Pritschen zugeteilt bekommen, haben etwas zu essen bekommen. Und ich weiß noch wie heute, da gab es so guten Hafer-
brei, der hat mir gut geschmeckt. Und die haben gesagt, du
bekommst deine Verpflegung und aus. Und ich habe geklopft

und gesagt, ich möchte noch mehr haben. Und ich habe noch mehr bekommen. Andererseits kamen die dann wieder und haben gesammelt für die Kantine, dass sie was zukaufen können. Von uns haben sie nichts genommen, wollten nichts haben. Und dann ging es weiter.

Am nächsten Tag, am Abend, wurden wir wieder zur Bahn geschafft. Auf einmal kommt ein Güterzug voller deutscher Leute an. Da begann für uns die echte Internierung. Da kamen wir mit deutschen Juden, österreichischen Juden und Juden aus der Tschechei nach Nowosibirsk. Der Kommandant des Internierungslagers sagte, er halte sich streng an die Genfer Konvention, Internierte dürften nicht arbeiten – zunächst. Die Frauen hatten eine eigene Baracke. In der größeren Männerbaracke gab es Doppelpritschen, Tag und Nacht brannte das Licht. Es war fürchterlich.

Von Nowosibirsk ging es nach Kasachstan. Mein Bruder und ich waren gemeinsam interniert und zufrieden. Der Kommandant war menschlich. Wir bekamen Konservendosen aus Aluminium. Wir haben sie mit Asche blank geputzt. Mithäftlinge wollten von uns auch welche gemacht haben. Dafür haben wir Brot bekommen. Und dann kamen wir auf die Idee, Äste zuzuschneiden und mit Nägeln an den Dosen zu befestigen. So erzeugten wir Kochgeschirr. Wir hatten fürchterlichen Hunger, bekamen vierhundert Gramm Brot morgens. Und das Brot war ja wie Kleister. Frühmorgens eine Wassersuppe, manchmal ein paar Graupen drin, mittags 'ne Suppe, Kascha sollte es sein, einen Hering und abends wieder eine Suppe. Und alle 14 Tage sind wir zum Bad geführt worden. Wir bekamen eine Hand voll Ton mit ein bisschen Seife drin, damit sollten wir uns einseifen und abduschen. Derweil kam unsere Kleidung zur Entlausung. So sahen wir alle 14 Tage, wie die Menschen von Mal zu Mal weniger wurden.

Eines Tages hieß es, die Deutschen verschleppten die russische Zivilbevölkerung zur Zwangsarbeit nach Deutschland, wir müssten jetzt ebenfalls arbeiten. Das fanden wir herrlich. Die Frauen haben Schuhe geflochten und die Männer große Netze für Heu, Tarnnetze für Panzer und Ähnliches gemacht. Wir waren glücklich und zufrieden, aber nicht lange. Eines Tages hieß es, alle versammeln sich und werden verladen in Güterzüge nach Kasachstan, nach Karaganda. Es war Winter. Eine Nacht mussten wir draußen auf dem Feld verbringen. Als wir ankamen, lag Schnee. Schaufeln wurden verteilt, und wir mussten unsere Baracken ausgraben. Das waren ehemalige Ställe, in denen wir untergebracht wurden. Ich war im Ganzen, ich weiß nicht genau, in 20 oder 21 verschiedenen sowjetischen Lagern, in Kasachstan, dann später in Moskau, in Kiew, in Minsk, in Stalino.

Den Sieg über den Faschismus, Kriegsende und Befreiung erlebte ich in Karaganda am Radio. Ich war dann noch bis 1950 in Karaganda. 1950 bin ich erst zur Repatriierung nach Moskau gekommen – in das berühmte, bekannte 27er Lager. Da waren viele hohe Offiziere. Dann kamen wir Juden, die Kleinen, der Rest. Von unseren Leuten sind die ersten 1946 nach Hause geschickt worden, dann in Gruppen in den folgenden Jahren 1947, 1948, 1949.

Ich war einer der fleißigsten Arbeiter. Mir haben sie so oft gesagt: »Du bist ja kein Jude. Ein Jude kann nicht arbeiten.« Das war die Einstellung der Russen. Fleißig war ich aber nur bis 1948, da war Adenauer in Moskau. Ihm hatte man versprochen, die Kriegsgefangenen und Internierten kämen bis Ende 1948 frei. Und nach 1948 war ich der faulste Hund. Wir konnten später auch Geld verdienen. Bis zu zweihundert Rubel. Aber bei mir war's dann vorbei. Ich lernte zusammen mit einem deutschen Ingenieur, den ich kennen gelernt hatte,

Russisch aus Schulbüchern. Ich konnte auch schreiben und habe im Lager Kiew Liebesbriefe für die gefangenen Landser geschrieben, mit denen ich zusammen war.

1952: 13 Jahre war ich in Russland gewesen, 13 Jahre Lagerleben! Ich war in Moskau im berühmten, berüchtigten 27er Lager, ein Musterlager. Dort hatte ich ein unangenehmes Erlebnis: Wir haben draußen an der Moskwa Torf aus Schiffen entladen, Säcke gefüllt, auf die Schulter und dann runter und auf einen Stapel. Wir waren ungefähr zwanzig Mann, Deutsche, Österreicher, Ukrainer, Polen, nicht alles SS-Männer. Ich hatte eine Wattejacke mit einem Judenstern drauf. Kommt der Brigadier und wollte den Judenstern entfernen, was ich ihm untersagte. Die das Zeichen anordneten, sollten es auch wegmachen. Wir haben weitergearbeitet, Pause gehabt, jedenfalls zum Schluss habe ich gedacht: Ach, es hat doch keinen Zweck. Ich habe es weggewischt, es war ja nur mit Kreide gezeichnet. Wir wurden mit einem LKW ins Lager zurückgebracht. Wir kommen rein, steht der Läufer von der Kommandantur schon da, ich solle sofort zum Lagerkommandanten kommen. Ich muss hinzufügen, wir Juden waren nicht zur Arbeit gezwungen. Wir konnten arbeiten, um Geld zu verdienen. Ich wollte Geld verdienen, um mir etwas kaufen zu können. Ich komme also zum Kommandanten, fragt er mich: »Herr Tichauer, wie geht's und was ist los, macht die Arbeit Freude und ist sonst etwas passiert?« Und ich: »Was soll denn passiert sein?« Da tritt er hinter seinem Schreibtisch hervor, brüllt mich an: »Trus«, heißt auf russisch: Feigling. Schreit er: »Du Feigling, du verfluchter, was da draußen geschehen ist, hatte ich zehn Minuten später als Meldung auf dem Tisch.« Da sage ich zu ihm: »Ach Herr Oberleutnant, es hat doch keinen Zweck, weil der sich nicht melden wird.« Da sagt er zu mir: »Und wenn ich alle zwanzig eingesperrt hätte, ich hätte den rausbekommen.«

Und er fragt mich, ob ich da nun überhaupt noch weiterarbeiten will. Nun, große Lust hatte ich dazu nicht mehr.

Zur Repatriierung sind wir nach Brest Litowsk gekommen. Eines Tages hieß es, fertig machen zum Transport nach Stalino. Ich stand vor einem Oberleutnant der Roten Armee und habe auf russisch – ich konnte inzwischen ganz gut Russisch – gesagt: »Ich bin hier zur Repatriierung.« Ich sollte zwei, drei Schritte vorkommen. Da stand der LKW bereit mit vier, fünf Soldaten mit Maschinenpistolen. »Komm schon rauf, es hat doch keinen Zweck.« Von Stalino ging es nach Dombas.

In jedem Lager, in das ich kam, habe ich mich sofort bei der Lagerleitung gemeldet und gefragt: »Was habe ich verbrochen, warum haltet ihr mich fest?« Die Antwort war immer: »Kommt der Befehl aus Moskau, fährst du nach Hause.« Dann ging es nach Minsk. Da sind wir in den Hungerstreik getreten, ich auch. Ich habe, obwohl ich ganz gut Russisch verstand, immer einen Dolmetscher verlangt, der dabei sein soll, damit ich überlegen kann, was ich antworte.

Ein jüdischer Oberst der Sowjetarmee hat mir gesagt, mein Benehmen gieße Wasser auf die Mühlen unserer Feinde. Sage ich: »Was erwarten Sie denn von mir?« Eine jüdische Ärztin hat gedolmetscht, und wie ich ihr mein Schicksal erzähle, hat sie geweint. Und da wurde er noch wütender: »Was soll ich machen, soll ich ein Flugzeug bestellen und dich in ein Flugzeug setzen? Wenn der Befehl aus Moskau kommt, dann kannst du nach Hause.« Dann ging es weiter nach Kiew. Da musste ich auf dem Bau arbeiten – und das war so fürchterlich. Eines Tages wurden alle 105 Bauarbeiter festgehalten, keiner wurde rausgelassen, wir wurden einzeln namentlich rausgerufen. Keiner wusste, was los ist. Als die Aufgerufenen herausgegangen waren, ging das Tor auf. Wir, der Rest, marschierten ab, vorbei an einer ganzen Kompanie von Offizieren und Soldaten mit Namenslisten. Die Leute, die rausgerufen worden waren, wurden am Abend alle weggebracht in ein anderes Lager. Alle, die jetzt übrig blieben, durften nach Hause fahren. »Tichauer«, sagte ein Russe, »du wirst entlassen.«

1952: Von Kiew über Brest Litowsk, über Warschau nach Bischofswerda in der DDR in ein Quarantänelager. Hier begegnete mir eine Frau, eine Schicksalsgenossin. Jetzt leben wir zusammen mit unseren gemeinsamen Erinnerungen.

Wir sind beide in Treptow ohne Papiere entlassen worden, mussten uns gegenseitig beim Roten Kreuz bestätigen, wer wir sind, weil wir uns von dem Transport kannten. Erst habe ich sie nach Hause gebracht, nach Lichterfelde, und dann bin ich nach Hause gefahren. Sie hat eine Fahrkarte bekommen, und mir hat man gesagt, zur Lausitzer Straße gehe ich einfach geradeaus, über die Köpenicker Straße.

Meine Tante ist zu Herrn Galinski gegangen: »Hier ist mein Neffe.« »So, ist er da? Na dann gehen sie mal ins Büro und lassen sich einen Brief geben, mit dem werden Sie Geld bekommen.« »Herr Galinski, ich bin ja nicht alt, 32 Jahre. Ich möchte eine Arbeit haben, ich möchte gerne arbeiten.« Aber Arbeit konnte er mir nicht verschaffen. Ich übergebe Galinskis Brief dem Herrn Danziger beim Entschädigungsamt am Fehrbelliner Platz. Der Empfänger schaut mich an und sagt: »Wie kommt denn Herr Galinski dazu?« Ich habe einen roten Kopf bekommen und weg war ich, Ende. Aber beim Roten Kreuz im Dol wurde ich freundlicher aufgenommen. Direktor Öhlschläger sagte zu mir: »Lieber Kamerad Tichauer, ich heiße Sie in der Heimat herzlich willkommen. Über Sie liegen Aussagen von deutschen Kriegsgefangenen vor aus verschiedenen Lagern. ›Ein jüdischer Internierter aus Berlin namens Horst Tichauer war besonders solidarisch und mutig gegenüber den russischen Bewachern. Es sollte alles unternommen werden, dass er wieder in die Heimat kommt.«« Jetzt war ich hier.

Aus den DP-Lagern konnte man nach Israel oder Amerika ausreisen. Ich hatte daran kein Interesse. Auch meine Tante meinte, ich könne doch nach Amerika gehen. Ich könne nicht mehr arbeiten und bekomme eine Rente. Nein, ich war 32 Jahre alt. Es würde genügen, wenn ich mich ein halbes Jahr akklimatisiere. Derweil streckte ich schon meine Fühler aus nach einer Beschäftigung. In der Charlottenstraße, beim Textilgeschäft von Herrn Luchs, bin ich eingestellt worden. So kam ich wieder zurück in die Konfektion. Mein Arbeitslosengeld betrug 23,10 Mark die Woche. Was sollte ich verlangen? »Herr Luchs, ich kann ja nischt verlangen, ick weeß ja nich, wat ick kann. Ich weiß ja nicht, was ich noch bringe.« Er bot mir 200 Mark im Monat. Selbstverständlich war ich einverstanden. Da hatte ich einen Vorgesetzten. Als ich sah, dass nach Tarifvertrag einem ausgelernten jungen kaufmännischen Angestellten ein Mindestlohn von 330 Mark zusteht, bin ich zu Herrn Luchs gegangen. »Wir werden uns ja nicht streiten.« Ich bekam jetzt 300 Mark. Das war 1952 ja doch schon gutes Geld. Ich wechselte zur nächsten Firma, bekam dort 400 Mark, bei der folgenden 500 Mark und schließlich sogar 800 Mark.

Ich hatte Glück, wurde Vertreter im Heimtextilbereich mit sehr gutem Einkommen. 1953 habe ich geheiratet, 1954 kam meine Tochter zur Welt, 1993 ist meine Frau verstorben. Und dann ereignete sich das größte Glück und Wunder meines Lebens: Eines Tages klingelte die Gefährtin aus dem Quarantänelager Bischofswerda an meiner Tür. Seitdem sind wir zusammen. Wir haben unsere Lebensschicksale miteinander verbunden. Wer sind wir?

Brief von Horst Tichauer an den Regierenden Bürgermeister von Berlin, Herrn Eberhard Diepgen, geschrieben am 28.

März 1987: »Sehr geehrter Herr Regierender Bürgermeister, zunächst wünsche ich Ihnen einen guten Tag. Dann möchte ich mich Ihnen in Erinnerung bringen. Mein Name ist Tichauer. Ich sprach Sie am letzten Sonntag im Jüdischen Gemeindehaus an. Habe nicht ein Problem, weswegen ich Sie bitten möchte, mir etwas Ihrer kostbaren Zeit zu opfern, sondern deren zwei. Mein ganz persönliches Problem ist die Klärung der Frage, Jude in Deutschland oder deutscher Jude. Sie, Herr Regierender Bürgermeister, werden ganz erstaunt sein, dass eine derartige Frage in meinem Alter noch ein Problem darstellt. Zu meiner Person: Ich bin am 24.02.1920 in Berlin-Neukölln geboren, nach Umzug in die Innenstadt besuchte ich zuerst die 130. Gemeindeschule in der Wallstraße, Nähe Spittelmarkt, spätere Einschulung in das Luisenstädtische Realgymnasium, was ich im Jahre 1935 im Zuge der politischen Verhältnisse verlassen musste. Mein Vater, der im Jahre 1926 verstarb, war deutscher Soldat des I. Weltkrieges. Auch alle übrigen männlichen Angehörigen mütterlicherseits wie väterlicherseits waren – teils freiwillig, teils gezogen – Soldaten. Ich könnte dieses Thema noch erweitern, aber vielleicht geben Ihnen die Erläuterungen einen Eindruck, warum diese oben erwähnte Frage mich beschäftigt ...«

Die Antwort: »Sehr geehrter Herr Tichauer, Sie haben im März an den Regierenden Bürgermeister geschrieben. Es ging dabei um eine Einladung für das Ehepaar Rainer und die Überlegung zum Thema Jude in Deutschland, deutscher Jude ... Was ich nicht mehr klären kann, ist die Frage, ob Sie zur Problematik Jude in Deutschland oder deutscher Jude die Rede des Regierenden Bürgermeisters erhalten haben, in der er diese Frage aufgegriffen hat. Ich schicke Ihnen deshalb in der Anlage diese Rede zur Kenntnis.«

Ansprache des Regierenden Bürgermeisters, Eberhard Diepgen, vor der Jüdischen Gemeinde zu Berlin am Gedenktag des Warschauer-Ghetto-Aufstandes am Sonntag, den 26. April, 11.00 Uhr: »Wie oft haben wir diese Sätze der Unmenschlichkeit gelesen und gehört. Aber dennoch erschüttern sie uns immer wieder von neuem. Und dennoch ist es richtig und notwendig, diese Sätze immer wieder in Erinnerung zu rufen. In einem Bericht, dem Bericht des SS-Generals, der die Vernichtung des Warschauer Ghettos leitete und der heute vor 44 Jahren und 3 Tagen seinem Vorgesetzten meldete, dass diese Juden Widerstand leisteten und er den Befehl zum Ausbrennen gab. Erst nachdem der Straßenzug und die beiden Seiten sämtlicher Höfe in hellen Flammen standen, kamen die Juden zum Teil brennend aus den Fenstern und Balkonen auf die Straße, auf die sie vorher Betten, Decken und sonstige Teile geworfen hatten, um sich zu retten. Immer wieder konnte man beobachten, dass trotz der großen Feuersnot Juden es vorzogen, lieber wieder ins Feuer zurückzukehren, als in die Hände der SS zu fallen. Soweit war es gekommen, dass Menschen den qualvollen Feuertod eher wählten, als anderen Menschen, die zu Unmenschen geworden waren, in die Hände zu fallen.

Diese von der SS zum Zwecke der Vernichtung entfachten Flammen sind aber bis heute Fanal eines neuen Anfangs geworden. Der Anfang einer neuen jüdischen Identität, deren Entschlossenheit zur Selbstbehauptung und autonomen Selbstverwirklichung wenige Jahre später im Staate Israel bleibende Gestalt gewann …

Dass ein hoch organisierter Staat der Neuzeit mit erschreckender Effektivität alle Menschen eines Volkes, deren er habhaft werden konnte, ausrottete, nur deren Abstammung wegen, ob Greis, Mutter oder Kind, das ist einmalig und historisch ohne Vorbild. Wer das begreift und das unvergleichliche Schicksal des jüdischen Volkes in der Vergangenheit nicht verkleinert, der hat die Chance, in Gegenwart und Zukunft zum Partner dieses Volkes zu werden, dem unsere eigene Geschichte so viel verdankt ...

Wir Deutschen können das Potential der Partnerschaft mit den vielen Juden realisieren, wenn wir unserer eigenen Geschichte, unseren eigenen Wurzeln mit Offenheit begegnen. Dann könnten wir auch über das Dritte Reich hinaus in jene fruchtbare Zeit zurückblicken, als die Stadt Berlin über Jahrhunderte ein Ort der Hoffnung und der Emanzipation für seine jüdischen Mitbürger war. Gerade dadurch wurden Menschen wie Moses Mendelssohn, Max Liebermann und Walter Rathenow, Albert Einstein und die vielen, vielen anderen ... von Berlin angezogen und trugen maßgeblich zu seiner kulturellen Blüte vom 18. bis 20. Jahrhundert bei. Sie sind Teil deutscher Geschichte ...

Wenn wir Auschwitz nicht verdrängen und verkleinern, dann brauchen wir auch diesen fruchtbaren Teil der deutsch-jüdischen Geschichte nicht zu vergessen und dürfen hoffen, daran anknüpfen zu können. Die kleine, aber lebendige jüdische Gemeinde Berlins und ihr Beitrag zur kulturellen Vielfalt unserer Stadt sind ein ermutigendes Zeichen. Heinz Galinski betont immer wieder, dass diese Gemeinde ein integraler Bestandteil Berlins ist, also, wenn ich ihn recht verstehe, eine Berliner Gemeinde und nicht nur eine Gemeinde in Berlin.

In diesem Zusammenhang beschäftigt mich stark ein Brief, den mir ein Mitglied unserer jüdischen Gemeinde vor wenigen Wochen geschrieben hat. Darin heißt es, mein ganz persönliches Problem ist die Klärung der Frage, Jude in Deutschland oder deutscher Jude.

Dieser Berliner ist 1920 in Berlin-Neukölln geboren und verweist darauf, dass sein Vater deutscher Soldat im 1. Weltkrieg war. Ich weiß nicht, ob er emigriert war oder ob er die Deportation überlebt hat oder mit Hilfe stiller Helden untergetaucht ist, jedenfalls hat er ein Schicksal erlitten und seine Angehörigen Schicksale erleiden sehen, die verständlich machen würden, wenn er nicht mehr deutscher Jude, sondern allenfalls Jude in Deutschland sein wollte. So ist es aber nicht, sondern er fühlt sich zwischen beiden Identitäten hin- und hergerissen.

Wir, die nichtjüdischen Deutschen, haben kein Recht, dieses persönliche Problem für den einzelnen oder für die Gemeinschaft zu entscheiden. Eins aber können wir tun und tun es mit vollem Herzen: Wir freuen uns über alle, die sich wieder als deutsche Juden zu fühlen vermögen. Noch deutlicher: Wir wollen, dass sie sich als deutsche Juden fühlen können und fühlen. Aber wir respektieren alle, die sich lieber Juden in Deutschland nennen. Mit dem einen wie dem anderen verbindet uns und alle Menschen guten Willens in Deutschland der Respekt vor den Widerstandskämpfern des Warschauer Ghettos und der feste Wille, ihre Opfer dadurch zu ehren, dass wir einen Staat und eine Gesellschaft der Menschenwürde aufbauen und bewahren. Ein solches Land wird ebenso zur Heimat seiner jüdischen Bürger wie Partner des jüdischen Staates sein ...«

Das hat dem Regierenden Bürgermeister jemand aufgeschrieben, aber eine Antwort ist es nicht.

Die Frage bleibt – heute wie gestern – ohne Antwort.

___HERTA WOLFF

Hat uns jemand gerufen?

Jeder hat seinen eigenen Roman erlebt. Jeder kann etwas erzählen. Ich verdränge das gerne. Ich spreche nicht gerne darüber.

Ich heiße Herta Wolff, geborene Berger. Die Bergers kamen aus Westpreußen, aus der Gegend von Schneidemühl, das später polnisches Gebiet wurde. Meine Eltern hatten für Deutschland optiert, deshalb mussten sie 1919 ihre Heimat verlassen. Wir kamen nach Berlin. Mein Vater war Händler. Er hat mit allem Möglichen gearbeitet. Er hat sich so recht und schlecht durchgeschlagen.

Die alteingesessene Familie Wolff stammt aus Berlin, wo sie in der Landsberger Allee seit mehreren Generationen Viehhandel und Großfleischerei betrieben hatte.

Mein Beruf ist Verkäuferin. Das habe ich gelernt. Erst habe ich bei Karstadt und dann im Geschäft meines Mannes gearbeitet, seit wir geheiratet haben.

In der Kristallnacht habe ich in einem Geschäft an der Frankfurter Allee gearbeitet. Alle Fensterscheiben wurden zerschlagen. Ein Mob zog durch die Straßen und freute sich über die Gelegenheit, die Geschäfte ausräubern zu können. Die

Waren wurden aus den Geschäften auf die Straße geworfen, und jeder hat genommen, so viel er tragen konnte. Die Plünderer kamen nicht aus der Nachbarschaft. Aus einem Papiergeschäft holte ich Packpapierrollen, um die geborstenen Fenster abzudichten, damit wir den Laden aufräumen konnten. Die Angreifer warfen Steine, standen vor dem Geschäft und verhöhnten uns.

Es war grausam anzusehen, wie die Tempel alle gebrannt haben. Weil meine Eltern in Weißensee wohnten, gingen wir zur Synagoge in der Rykestraße, die zum Glück nicht vom Feuer zerstört wurde.

Ich war bis 1940 hier in Berlin. Die ersten Bomben waren schon auf die Stadt gefallen. Mein Mann durfte sein Geschäft nicht mehr betreiben, sondern musste zwangsweise bei der Reichsbahn arbeiten. Wir wohnten seit unserer Hochzeit im Herbst 1938 in Charlottenburg, in der Kantstraße 33 bei meinen Schwiegereltern. Man durfte nur noch stundenweise auf die Straße. Das Leben war stark eingeschränkt.

Ich war verheiratet. Mein Kind hatte ich im Jüdischen Krankenhaus entbunden. Die Auswanderung war schon viel früher geplant, aber mein Mann wollte nicht nach Shanghai. Die Fahrkarten waren schon zusammen mit meinen Schwiegereltern gebucht worden, aber wir gaben sie wieder zurück. Erst als die Lage für uns brenzliger wurde, schrieben wir einen Brandbrief an meine Schwiegereltern, die schon in Shanghai angekommen waren. Als ich gerade entbunden hatte, kam das Telegramm: »Affidavits für euch unterwegs.« Und als ich kaum aus dem Krankenhaus raus war, haben wir uns auf den Weg gemacht; zweieinhalb Monate nach der Geburt, im September 1940, konnten wir endlich emigrieren. Das war sehr spät. Wir waren so ziemlich der letzte Transport. Anfang 1941 war wohl Schluss.

Erst im September 1940 bin ich zusammen mit meinem Mann und meiner kleinen Tochter mit der Bahn über Russland nach Shanghai gefahren. Shanghai war von den Japanern eingenommen und besetzt. Meine Schwiegereltern hatten mit den japanischen Behörden verhandelt. Natürlich hat das viel Geld gekostet, aber wir erhielten die Einreisegenehmigung von Japan.

Die Reise begann am Lehrter Bahnhof in Berlin und ging über Moskau nach Shanghai mit nur zehn Mark in der Tasche. Wir mussten alles zurücklassen. In Moskau sind wir vier Tage geblieben, weil unser Kind ja noch sehr klein war. Man hat Rücksicht auf uns genommen. Der Frauenverein hat uns sehr geholfen. Und dann sind wir mit der Transsibirischen Eisenbahn weiter gefahren. Nach viertägiger Schiffsreise ab Harbin gelangten wir nach Shanghai. Mit dem Baby im Coupé-Kinderwagen war die Reise sehr schwer. Was ich da geleistet habe, ist mir erst aufgegangen, als ich im Exil angekommen war. Ich hatte keine Windeln, keine Hemdchen, keine Babywäsche. Ich habe Laken zerschnitten, um das Kind sauber zu halten. Weil ich den Säugling nähren konnte, blieb das Kind gesund.

Die Emigranten, die nach 1938 einreisten – Österreicher, Deutsche, Polen –, lebten in einem abgesonderten Stadtteil. Das frühere Kuli-Viertel war für uns freigemacht worden. Dort haben wir uns recht und schlecht zehn lange Jahre durchgeschlagen. Die sanitären Verhältnisse waren grausig. Es war ganz, ganz schlimm, keine Toiletten, die Eimer mit den Fäkalien wurden jeden Tag abgeholt. Das war eine ganz andere, uns fremde Welt. Dort ist dann 1948 mein Sohn geboren worden.

Die Russen, die vor Stalin geflohen sind, waren schon vor 1938 in Shanghai und brauchten nicht in das Ghetto, sie durften ihre Geschäfte in der Stadt abwickeln.

Wir im Kuli-Viertel mussten einen Japaner erdulden, der sich selbst zum »King of the Jews« ernannt hatte. Der war grausig. Ein von der Gestalt her kleiner Mann. Besonders Akademiker mochte er nicht leiden. Sobald er einen Akademiker, einen Doktor oder einen Anwalt, sah, ist er auf einen Stuhl gestiegen, hat ihn geohrfeigt, ihm die Brille und das Gebiss zerschlagen. Wenn ich ihn auf der Straße gesehen habe, bin ich mit den Kindern auf die andere Seite gegangen, um ihm nicht zu begegnen. Wir mussten bei ihm Passierscheine holen, wenn wir die Grenze vom Ghetto zur übrigen Stadt überschreiten wollten. Zwar war das Ghetto nicht eingezäunt, aber wir wussten, dass wir nicht von einer Seite auf die andere überwechseln durften. Und wenn man es doch tat, hatte man Repressalien zu erwarten.

Als der Krieg zu Ende und das Ghetto dann offener war, sind sehr viele Emigranten von den Japanern verhaftet worden, denn die Japaner hatten noch nicht aufgegeben. Sie waren ja Verbündete der Deutschen.

Wir sind nur durch die Gnade der Japaner ins Land gekommen. Sie taten es wohl aus finanziellen Gründen; es ging um das Geld der Emigranten. Die Chinesen hätten uns niemals reingelassen. China war sehr nationalistisch eingestellt: »China den Chinesen.«

In Shanghai ist es uns schließlich gelungen, einen Fleischereistand in der Markthalle aufzumachen, denn mein Mann war Fleischer von Beruf, so wie nahezu die ganze Familie Wolff. Meine Schwiegermutter hat das Kind aufgezogen, und ich bin jeden Morgen gegen vier, halb fünf in die Markthalle mitgegangen. Ja, es war hart, aber wir haben auf diese Weise überlebt.

Ich bin die Einzige, die aus meiner Familie rausgekommen ist. Alle Angehörigen und Verwandten sind umgekommen.

Wir waren fünf Kinder – drei Mädchen und zwei Jungen. Meine Eltern, Geschwister, Tanten und Onkel – alle sind ermordet worden. Aus der Familie Berger bin ich als Einzige übrig geblieben.

Meine Eltern waren zurückgeblieben in Berlin. Sie hatten keine Möglichkeit auszuwandern. Sie waren eigentlich registriert für Amerika, weil unser Geburtsland polnisch geworden war. Aber die polnische Quote war überfüllt.

Natürlich haben wir in unserem Ghetto gehört, dass in Deutschland der Krieg am 8. Mai 1945 zu Ende gegangen ist. Japan hatte noch keinen Frieden geschlossen, und viele von uns sind umgekommen, weil sie gedacht haben: Der Krieg ist zu Ende, wir sind wieder freie Menschen. Aber wir mussten im Ghetto bleiben, sie haben uns nicht rausgelassen. Die aus dem Ghetto raus wollten, wurden verhaftet und in Gefängnisse gesteckt.

Erst 1949 konnten wir mit dem Schiff nach Israel gelangen. Wir haben zweimal den Äquator überquert, weil wir nicht durch den Suez-Kanal durften. Wir waren 56 Tage auf dem Meer. Und das mit zwei kleinen Kindern. Mein Sohn war ein halbes Jahr, meine Tochter zehn Jahre alt. Die Reise wurde von Israel aus organisiert. Das Schiff war so ein »Seelenverkäufer«. Wir schliefen tief unten in den Fachträumen in Hängematten. Es war eine grausige Reise. Über zwei Monate lang. Im Hafen von Kapstadt durften wir das Schiff nicht verlassen. Es sind weitere Leute zugestiegen, die nach Israel wollten. Als wir in Haifa ankamen, war Schabbath. Wir mussten warten, bis Schabbath zu Ende war – ein schier endloser Tag. Die Besatzung hatte schon frei. Und wir blieben oben an Deck. So viele Menschen. Eine Odyssee.

Wir kamen in ein Auffanglager zwischen Haifa und Hadera. Das war nur ein freier Platz, auf dem Zelte aufgestellt waren.

Die Betten waren so eng gestellt, dass wir nicht von der Seite einsteigen konnten. Wir lagen neben wildfremden Menschen. Besonders unerträglich war es für meine Schwiegereltern, die ja schon weit über siebzig Jahre alt waren. Aber unsere Familie hat immer eng zusammengehalten. So konnten wir das überstehen. Es war für uns eine sehr schwere Zeit in Israel.

Wir waren zwei Jahre in Israel. Mein Mann hat auf dem Bau gearbeitet, ich habe die Kinder aufgezogen. Jerusalem war ohne Wasser. Wir mussten das Regenwasser auffangen. Unter den Häusern waren Zisternen, in denen das Wasser von den Dächern aufgefangen wurde. Das haben wir dann mit Stricken und Eimern raufgezogen, um zu waschen und zu kochen. Trinkwasser musste man damals in Jerusalem vom Wasserwagen kaufen. Aber wir waren dankbar, überlebt zu haben und nicht in einem deutschen KZ umgekommen zu sein.

Als der Krieg mit den Arabern zu Ende war und die Araber raus mussten, haben wir eine Wohnung im deutschen Viertel bekommen. Aber mein Mann wollte nicht in Israel bleiben, er strebte zurück nach Deutschland. 1950 waren wir genau zehn Jahre aus Deutschland weg. Israel war im Aufbau, und wir konnten uns da nur mit Mühe einordnen. Wir waren eine Familie von zehn Personen, meine Schwiegereltern und mein Schwager mit der Familie und wir. Wir waren zusammen von Shanghai nach Israel eingereist.

Mein Mann konnte sich in Israel nicht zurechtfinden. Auf dem Bau war er nicht gewöhnt zu arbeiten, und andere Arbeit hat er nicht bekommen. Und da hat er zu mir gesagt: »Entweder du kommst mit nach Deutschland zurück oder du bleibst mit den Kindern in Israel.« Ich blieb natürlich bei ihm. Wir beantragten die Ausreise aus Israel. Das ging, war aber nicht gerne gesehen. Die vierköpfige Familie reiste im Jahre 1950 – zehn Jahre nach unserem Exodus – zurück nach Berlin. Meine

Schwiegermutter folgte uns später nach. Mein Schwiegervater ist in Israel gestorben.

Die Reise von Israel nach Berlin ging per Schiff von Haifa nach Marseille, dann mit der Bahn bis Frankfurt. Und von dort aus sind wir nach Tempelhof geflogen.

Mit zehn Mark in der Tasche, unserem letzten Geld, fuhren wir mit dem Taxi vom Flughafen Tempelhof zum Altersheim in der Iranischen Straße. Dort wollte man uns zunächst nicht aufnehmen, denn die Überlebenden aus Theresienstadt wurden erwartet, und der Heimleiter Hirsch hat den Platz gebraucht. Notgedrungen hat er uns aber doch aufgenommen, weil ich sonst mit zwei kleinen Kindern auf der Straße gestanden hätte. Nach einiger Zeit bin ich dann mit den Kindern zu einer Verwandten nach Ost-Berlin gezogen – damals gab es die Mauer noch nicht –, bis wir in Moabit eine eigene Wohnung bekamen.

Wieder in Berlin: Man musste sich erneut einordnen. Irgendwo muss man leben. Ich hatte Kinder, die essen und trinken wollten. Ich bin nicht gern, wirklich nicht gern zurückgekommen. Und wenn mich jemand darauf angesprochen hat, habe ich gesagt: »Ich habe den Führer nicht gerufen, ich wollte ihn nicht.« Die anderen Deutschen haben geschrien: »Wir wollen den Führer.« Ich habe Deutsch gesprochen, die anderen haben gesehen, dass ich eine Deutsche bin. Ich habe ja nicht gebrochen Deutsch gesprochen wie Polen oder Russen. Auch in der Emigration haben wir miteinander nur Deutsch gesprochen. Selbst die Chinesen haben mit uns Deutsch gesprochen. Wenn ich mich vollkommen isolieren würde, könnte ich hier nicht leben. Ich bin deutsch geboren, ich spreche Deutsch, meine Eltern, meine Großeltern waren deutsche Juden, wie meine Onkel und mein Schwiegervater. Mein Großvater hätte keinen Schwiegersohn akzeptiert, der nicht als deutscher Soldat gedient hätte. Sie alle waren deutsche Juden. Sie waren in erster Linie Deutsche und dann Juden, wenn sie auch fromm und gläubig waren. Mein Großvater hat – noch mit siebzig Jahren – in Gedanken vor seinem General stramm gestanden, wenn er uns von ihm erzählte. Wir waren in erster Linie deutsche Staatsbürger jüdischen Glaubens. Man fragt doch auch nicht, ob einer katholisch oder evangelisch ist.

Es war für uns ein bedeutender Schritt, ein tiefer Einschnitt in unserem Leben, wieder nach Deutschland zurückzukehren, wo man doch so viel Leid erfahren hatte. Ich wollte nicht zurück, ehrlich nicht, aber mein Mann wollte es.

Wie sind meine Empfindungen heute, bin ich akklimatisiert? Es sind jetzt 52 Jahre, dass ich wieder in Deutschland bin. Die Wirtschaft hat sich verändert. Die Menschen haben sich verändert. Es haben sich viele jüdische Menschen im Ausland eingeordnet, obwohl viele das Klima nicht vertragen. Seit der Wiedergutmachung in materieller Hinsicht sind einige zurückgekommen. Warum sind sie zurückgekommen? Es hat uns keiner gebeten zurückzukommen. Wir sind freiwillig wiedergekommen. Hat uns jemand gerufen?

Nach alldem, was war, zurückzukommen, war für mich auf jeden Fall sehr schwer. Ich habe die Deutschen kennen gelernt, wie sie in der schlechten Zeit waren, und glaube ihnen nicht, was sie mir nach dem Krieg erzählt haben – dass jeder einen Juden versteckt gehalten hat oder eine jüdische Großmutter hatte. Vorher haben sie alle geleugnet, dass sie Ahnen hatten aus einem jüdischen Haus.

Wir haben uns akklimatisiert. Ich habe akzeptiert, dass ich in Deutschland bin. Am Anfang konnte ich wirklich mit Deutschen nicht sprechen. Ich habe in jedem einen Mörder gesehen. Aber man gewöhnt sich daran. Schließlich hat es ja auch Deutsche gegeben, die Juden unter Gefährdung ihrer eigenen

Sicherheit versteckt haben. Wäre das bekannt geworden, wäre die ganze Familie vernichtet worden. Und sie haben das trotzdem gemacht. Dafür haben sie meine Hochachtung.

Es waren nicht alle schlecht, das muss man ja auch berücksichtigen. Ich kann sie nicht alle verurteilen. Hänschen Rosenthal oder alle, die versteckt gelebt haben die Jahre, sind doch von Deutschen unterstützt worden. Aber ich bleibe sehr skeptisch. Die Deutschen brauchen einen Führer, sie sind ein Volk, das angetrieben werden muss.

Ich habe hier so viel Böses erlebt, das ich nicht vergessen kann. Wer das nicht selbst erlebt hat, kann sich nicht hineindenken in meine Empfindungen. Ich habe gute und schlechte Erlebnisse gehabt. Jeder hat so seinen Roman erlebt. Jeder kann etwas erzählen. Wie gesagt, ich verdränge das gerne. Ich spreche nicht gerne darüber. Und ich belästige niemanden gerne. Ich möchte keinem lästig fallen und ordne mich ein.

Als ich nach Berlin kam, war Berlin zerstört. Und die Menschen? Keiner war Nazi. Es gab keine Nazis. Ich sage es so, wie ich es erlebt habe.

Mein Mann hat überlegt, was er anfangen könnte. Er begann bald wieder als Viehhändler. Er traf gute nichtjüdische Geschäftsfreunde aus der Vorkriegszeit. Er war ja damals sehr bekannt. So hat er bald wieder Fuß gefasst. Er hat Vieh aus Westdeutschland geholt und in Spandau verarbeitet. In der Markthalle in Moabit haben wir einen Fleischstand gehabt und en gros an Metzgereien verkauft. Langsam und allmählich normalisierte sich das Leben.

Natürlich hat man immer wieder darüber gesprochen, was geschehen war. Im Allgemeinen lag ein Schleier der Verdeckung und Verdrängung über den Ereignissen der Nazizeit.

Im Leben der Jüdischen Gemeinde um 1950 war Heinz Galinski die herausragende Figur. Er war ein wunderbarer Organisator und ein tüchtiger Manager. Er hatte alles fest in der Hand. Und die Gemeinde war anders als heute, sie stand viel enger zusammen. Es gab viele Polen, die nach dem Krieg hier geblieben sind. Es gab schon ein reiches Gemeindeleben. Der Jüdische Kindergarten wurde wieder eingerichtet. Wir sind überhaupt eine sehr gläubige Familie. Ich bin aus einem frommen Haus. Beide Familien waren von Hause aus streng jüdische Familien. In der WIZO (Women International Zionist Organisation) habe ich aktiv mitgearbeitet von Anfang an, bis ich nicht mehr konnte. Und auch meine Kinder sind in der Gemeinde tätig.

Ob es richtig war, dass sich jüdische Menschen wieder in Berlin angesiedelt und eine Gemeinde gegründet haben, kann ich nicht beurteilen. Notgedrungen sind wir wieder hier zu Hause. Ich habe keine andere Wahl, als mich hier zu Hause zu fühlen. Wenn wir uns nicht isolieren wollten, mussten wir mit der Gemeinschaft, mit unserer Umgebung zusammen leben. Das war nicht immer einfach, auch nicht für die Kinder in den Schulen.

Meine Kinder sind auf normale deutsche Schulen gegangen. Dort wusste man schon, wer jüdisch ist. Meine Kinder sind manchmal von Mitschülern angefeindet worden. Ich selbst habe nach der Rückkehr keine Anfeindungen erleben müssen. Ich habe mich wehren können. Aber wir haben trotzdem nicht an Auswanderung gedacht. Wir sind eine Familie mit engem Zusammenhalt.

Ich wohne jetzt alleine, das ist mein eigener Wille gewesen. Ich wollte mich nicht bei meinen Kindern rumdrücken. Ich brauche sie – Gott sei Dank – nicht und kann mich alleine unterhalten. Aber im Sinne meiner Kinder war es nicht. Meine Tochter wollte mich, und mein Sohn wollte, dass ich bei ihm lebe, aber ich habe es vorgezogen, alleine zu sein. Ich habe mich auch hier sehr gut eingeordnet. Ich glaube nicht, dass ich irgendjemandem auf die Füße trete oder zur Last falle.

Heute gibt es wieder junge Leute, die eigentlich überhaupt nichts von der jüngsten Vergangenheit und von der NS-Zeit wissen können und doch schon wieder antisemitisch eingestellt sind. Denn sie hören nichts davon zu Hause. Die Eltern haben Angst, es ihnen zu erzählen. Sie wollen nicht mit ihrer Schuld konfrontiert werden.

Die Jugend hat keinen Halt. Deshalb passieren die Übergriffe. Warum verurteilt man die Kommunisten und nicht die Rechten, die Neonazis, die immer mehr Zulauf finden? Immer wieder werden jüdische Friedhöfe geschändet. Was können die Toten ihnen tun? Sie schmeißen Steine und beschmieren die Grabsteine. Das ist verwerflich.

Ich bin nicht politisch, aber sehe klar die Gefahren. Ich lebe bewusst, ich tue keinem was Schlechtes an und erwarte von den Mitmenschen, dass sie mich auch achten.

Wenn ich zurückblicke von heute, vom Jahr 2002, auf die letzten fünfzig Jahre, auf die Nachkriegszeit in Berlin, so hat sich mehr zum Schlechten als zum Guten entwickelt. Die Jugend hat keinen Respekt. Vieles ist doch schrecklich, was sich heute abspielt. Das ist für mich schwer zu ertragen. Solange Juden auf der Welt sind, werden sie Angriffen ausgesetzt sein. Wir sind den anderen ein Dorn im Auge. Aber wir dürfen trotzdem nicht resignieren. Die Existenz jüdischer Menschen in Deutschland ist auch ein Prüfstein für die Demokratie.

Biografien

Manfred Alpern, 1931 in Berlin geboren, emigrierte 1939 mit seinen Eltern in das damalige Palästina. In den 50er Jahren kam er nach Berlin, wohin dann auch seine Eltern zurückkehrten. Kürzere Aufenthalte in England und den USA folgten. Verheiratet, Vater und Großvater, lebt er heute mit seiner Familie in Berlin, ehrenamtlich wirkt er als Vorstand der Synagoge Pestalozzistraße.

Inge Borck, geborene David, hat bisher ihr gesamtes Leben in Berlin verbracht. Sie war Absolventin der Theodor-Herzl-Schule am Kaiserdamm, überlebte die NS-Zeit versteckt in und um Berlin. Nach der Schoa war sie im eigenen Unternehmen als Modeschöpferin tätig. Die heute allein lebende Mutter ist langjährige Vorsitzende des TUS Makkabi.

Ernst Cramer, in Augsburg 1913 geboren und aufgewachsen, arbeitete zunächst in einem Kaufhaus, ließ sich ab 1937 zum Landwirt ausbilden, wurde dann nach der Pogromnacht 1938 in das Konzentrationslager Buchenwald deportiert, konnte aber freikommen, weil er eine Emigrationsmöglichkeit in die USA hatte. Er kehrte 1945 als amerikanischer Soldat zurück. Nach Tätigkeiten für die US-Militärregierung wurde Cramer 1957/1958 Mitarbeiter des Axel-Springer-Verlages und dort zum eng vertrauten Mitarbeiter Axel Springers. Ernst Cramer, Träger des Großen Verdienstkreuzes der Bundesrepublik Deutschland mit Stern und Schulterband und vom Berliner Senat zum Professor ehrenhalber ausgezeichnet, ist Vorstandsvorsitzender der Axel-Springer-Stiftung und trotz seines hohen Alters im Verlagshaus aktiv. Er lebt zusammen mit seiner Frau als Vater und Großvater in Berlin. Der Axel-Springer-Verlag nahm seinen neunzigsten Geburtstag zum Anlass eines großen Empfanges, auf dem Altbundeskanzler Dr. Helmut Kohl die Laudatio hielt und eine Grußbotschaft von US-Präsident George W. Bush verlesen wurde.

Ruth Galinski, geborene Weinberg, kam in Dresden zur Welt, ist dort aufgewachsen und zur Schule gegangen. Da ihr Vater ur-

sprünglich aus Bialystok stammte, wurde sie von den Nationalso-
zialisten Ende Oktober 1938 nach Polen abgeschoben. Sie überlebte unter Decknamen, kam 1946 nach Berlin, lernte auf dem
jüdischen Sportplatz Grunewald Heinz Galinski kennen und lieben, heiratete ihn und wurde Mutter. Sie verbrachte bis zu seinem Ableben 1992 ihr Leben an der Seite des Mannes, der die
Jüdische Gemeinde zu Berlin wieder aufbaute und allseits akzep-
tierter Sprecher der Juden in Deutschland war. Ruth Galinski lebt
in Berlin.

Ingeborg Hunzinger, gelernte Steinbildhauerin, wurde ihrer jüdischen Herkunft und ihrer kommunistischen Überzeugung wegen in der NS-Zeit verfolgt. Sie überlebte zunächst in Italien,
dann im Hochschwarzwald. Nach der Befreiung entschied sie sich
1949 bewusst für die DDR und lebt seitdem als Bildhauerin, die
Kunst für die Arbeiterklasse schafft, in Berlin. Sie ist Mutter und
Großmutter.

Jerzy Kanal, geboren 1921 bei Kalisch, wuchs in Warschau auf.
Zusammen mit seinen Eltern und seiner Schwester kam er durch
die NS-Verfolgungen ins Warschauer Ghetto. Er gehört zu den
wenigen, die die blutige und brutale Niederschlagung des Ghetto-
Aufstandes überlebten und nach Auschwitz und dann in andere
Konzentrationslager deportiert wurden. Nach der Befreiung heiratete er in Prag und kam über Paris 1953 nach Berlin, wo er als
Kaufmann bis zu seinem altersbedingten Rückzug aus dem Geschäft Anfang der 90er Jahre tätig war. Seit den 60er Jahren war
Jerzy Kanal zunächst Mitglied der Repräsentantenversammlung
der Jüdischen Gemeinde, dann Vorstandsmitglied, langjähriger
Stellvertreter Heinz Galinskis und schließlich nach dessen Tod
über fünf Jahre sein Nachfolger. Jerzy Kanal lebt als Witwer, Vater
und Großvater in Berlin.

Eva Kemlein, geborene Grauke, aus einer alten Berliner Familie
stammend, die mit Giaccomo Meyerbeer verwandt ist, ließ sich
zunächst am Lette-Haus zur Medizinisch-Technischen Assistentin
ausbilden. Sie überlebte nach der Scheidung von Herbert Kemlein
im Untergrund zusammen mit ihrem Lebensgefährten, dem Jour-

nalisten Werner Stein, und wurde nach der Befreiung in West-Berlin Theaterfotografin der *Berliner Zeitung* in Ost-Berlin.

Peter Kirchner, 1935 in Berlin geboren, überlebte die NS-Zeit an der Seite seines nichtjüdischen Vaters und wurde schließlich bei Berlin von sowjetischen Truppen befreit. Nach Kriegsende konnte er seine Schulbildung vollenden und studierte Medizin an der Humboldt-Universität. Er wurde Nervenarzt. Von 1971 bis zur Wende war er Vorsitzender der Jüdischen Gemeinde Ost-Berlins, der größten Jüdischen Gemeinde in der DDR. Ab 1990 war er bis zu seinem altersbedingten Ausscheiden als Gutachter bei der Bundesversicherungsanstalt für Angestellte beschäftigt. Heute lebt er zusammen mit seiner Frau Renate, die lange Jahre Bibliothekarin der jüdischen Gemeinde in der Bibliothek Oranienburger Straße war, als Pensionär in Berlin.

Lilli Nachama entstammt der Familie Schlochauer, die in den 80er Jahren des 19. Jahrhunderts von Schlochau bei Posen nach Berlin kam. Die Unternehmerfamilie war in der Bekleidungsindustrie tätig. Lilli Nachamas Mutter verstarb 1937, ihr Vater 1939. Ohne Schulabschluss überstand sie die NS-Zeit nach Zwangsarbeit, teils mit falscher Identität lebend, teils versteckt. Seit der Befreiung 1945 lebt die seit dem Jahr 2000 verwitwete Ehefrau des Oberkantors Estrongo Nachama als Hausfrau, Mutter und Großmutter in Berlin.

Ilse Rewald, geborene Basch, wurde in Berlin geboren und hat ihr ganzes Leben in Berlin zugebracht. 1938, kurz nach der Pogromnacht, heiratete sie. Zusammen mit ihrem Mann, wie sie verfolgt, überstand sie mit Hilfe nichtjüdischer Helfer die NS-Zeit in Berlin. Sie blieb in Berlin und lebt heute als Witwe in unmittelbarer Nachbarschaft ihres Verstecks der NS-Zeit. Sie sieht es als ihre Aufgabe an, Schülern über ihre Erlebnisse zu berichten, damit ihnen erspart bleibe, was sie erdulden musste.

Heinrich Simon wurde 1921 in Berlin geboren. Nach dem Abitur gelang es Heinrich Simon, noch nach Kriegsausbruch in das damalige Palästina zu fliehen. Zunächst begann er dort ein Studium und nahm dann als Soldat der englischen Armee am Kampf gegen

das NS-Deutschland teil, unter anderem in der Jüdischen Brigade. Nach dem Ende des Zweiten Weltkriegs kehrte er über Palästina nach Berlin zurück, heiratete seine Schulfreundin Marie Jalo-
wicz (verstorben 1998), die im Untergrund in Berlin überlebt
hatte. Das Ehepaar Simon studierte an der Humboldt-Universität,
wo sie 1951 gemeinsam promoviert wurden. Beide waren Professoren an ihrer Alma Mater. Heinrich Simon lebt wie sein Sohn
und dessen Familie in Berlin.

Susanne Thaler, in Berlin als Tochter des Inhabers der Engelhardt-Brauerei, Dr. Hermann Eisner, und der Staatsschauspielerin
Camilla Spira geboren, überlebte die NS-Zeit trotz fünfmonatiger
Inhaftierung im KZ Westerbork in Amsterdam. 1947 mit ihren
Eltern nach Berlin zurückgekehrt, hat sie sich seit den 80er Jahren politisch in der FDP engagiert, die sie wegen der Antisemitis-
muskampagne Jürgen W. Möllemanns unter Protest verlassen
hat. Susanne Thaler verstarb am 10. Januar 2003 in Berlin und
wurde auf dem Dahlemer Waldfriedhof beigesetzt.

Horst Tichauer, 1920 in Berlin geboren, konnte seine Schulaus-
bildung wegen antisemitischer Vorfälle nicht abschließen. Er ließ
sich in der Konfektionsbranche ausbilden. Auf der Flucht vor dem
NS-Terror gelangte er zunächst zusammen mit seinem Bruder und
seiner Mutter via Prag und Polen in die UdSSR, wo er nach Kriegsausbruch als Deutscher 13 Jahre lang, bis 1952, zusammen mit
deutschen Kriegsgefangenen in unterschiedlichen Lagern interniert war. Nach seiner Rückkehr nach Berlin war er wieder in der
Konfektionsbranche tätig und heiratete. Er lebt heute als Witwer
in Berlin.

Herta Wolff, geborene Berger, wurde 1914 geboren. Sie lebte in
Berlin und ließ sich zur Verkäuferin ausbilden. Inzwischen verheiratet, emigrierte sie 1940 mit ihrer Tochter und ihrem Mann zu
ihren Schwiegereltern, die bereits nach Schanghai ausgewandert
waren. Dort überlebte sie die NS-Zeit und kam 1950 via Israel
zurück nach Berlin. Hier arbeitete sie zusammen mit ihrem Mann
bis zur altersbedingten Geschäftsaufgabe in einem eigenen Laden. Heute lebt sie als Witwe, Mutter und Großmutter in Berlin.